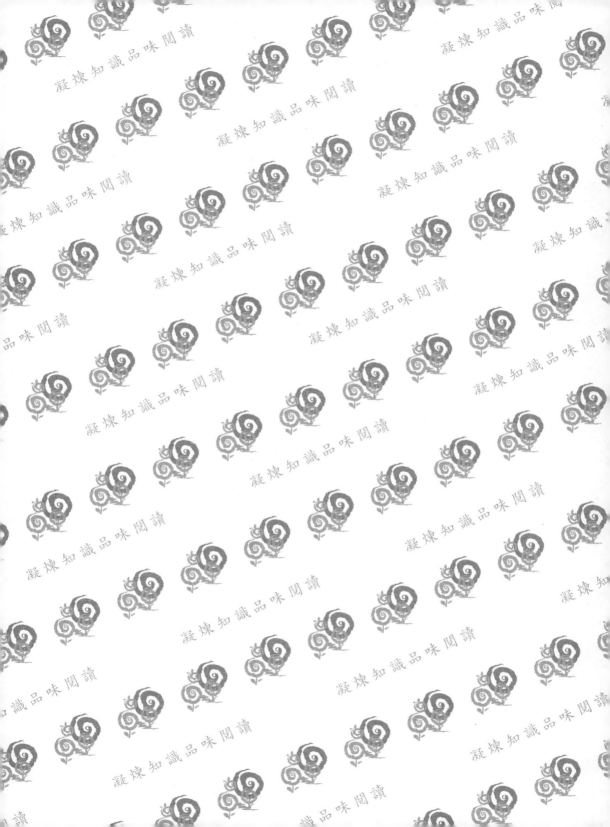

教育新議題叢書4

教育政策與教育發展

吳清基　主編

吳清基　張國保　胡茹萍　顏國樑
任育騰　蔡進雄　劉君毅　王滿馨
陳政吉　楊振昇　陳盈宏　宋雯倩　合著
周華琪　林立生　謝念慈　范熾文
白雲霞　鄭來長　鄭杏玲　許泰益

五南圖書出版公司 印行

主編序

　　教育發展和社會變遷一向有著因果互動的關係存在，一般來說，一個國家社會有了急劇的政治經濟和社會變遷發展後，必也同時會對教育發展產生相對應的衝擊。因此，面對社會的快速變遷，教育工作者無不都要有周全的因應對策，從教育政策面的改革，去謀求對下一代的教育措施的調整改變，以促使環境變遷，對社會人民的影響程度，能減到最低。

　　臺灣社會多元開放，社會變遷發展快速，其對教育發展的衝擊自然不小。大體來說，主要可分七大方向來看：1.少子女化與高齡化的趨勢；2.教育M型化的影響；3.氣候變遷與環境永續的關注；4.全球化時代的競爭；5.本土化意識的興起；6.網路時代的學習衝擊；7.校園生態環境的轉變。

　　少子女化的問題，或許有人認為會是一個國家危機問題，造成工廠人力缺工，學校退場，軍隊缺兵，社會各層面連帶都會有問題產生。但如何去鼓勵生育率提升，學前幼兒免學費從五歲延伸到三歲，甚至二歲幼兒政府公托問題，都是值得去研議試行的。高齡化問題已在臺灣逐漸呈現，老人安養長期照顧問題，樂齡教育中心的擴充及推廣，終身教育的問題，老人的價值和尊嚴維護，都是值得發人深省的課題。

　　教育M型化發展情形，也引人關注偏鄉弱勢子女的教育機會均等問題，新住民子女教育及原住民子女教育、城鄉教育落差的縮少，都是值得大家去重視的教育發展問題。

　　全球化時代的競爭，如何讓臺灣能在自然資源不豐沛的先天不足環境下，努力去透過教育政策的改革實施，提升人力資源的充分開發，打造有利的競爭條件和平臺。

因此，十二年國民基本教育的實施，技職教育第二期的再造計劃，和大學通識教育的普遍大力推展，都是當前提升臺灣國際競爭力的重要政策和措施，只許成功不能失敗，雖有爭議，但卻是一條必須向前走的正確道路。

　　面對知識經濟社會，強調在知識密集時代，創新力等於競爭力。如果今天的青少年學生仍停留在「考試引導教學」的教育制度下，學生學習只重記憶背誦，只念考試要考的教科書內容，其他考試不考的就不會去學習。不只學生缺乏主動學習的精神，也缺乏創新思考的能力。如此下去，真不知我們未來國家的競爭力何在？因此，經過十三任教育部長，從民國72年開始倡議實施延長國民教育年限，到民國103年8月1日正式實施十二年國民基本教育，沒有藍綠政黨的對立，歷經三十餘年的共同努力，希望未來的十二年國民基本教育，都能找到孩子性向、興趣和能力的亮點，作創新的學習，為臺灣許下更有希望的下一代未來。

　　「找回技職教育的價值和尊嚴」，這是民國83年，臺灣教育政策改革如火如荼展開的時候，我個人適逢承乏教育部技職教育司長時，所提出的一個教育政策願景。的確，技職教育不是次等的教育，技職教育學校學生也不是二流的學生。他們是一群學術性向可能不明確，但是職業性向實作技能很明確的孩子。在今天工業4.0時代，一切講求大數據運算、資訊雲端應用、網際網路運作及行動資訊處理。技職教育學生不再是傳統黑手、勞力工匠，技職教育生只要擁有專業知識和技能，一樣在冷氣房、電腦室從事精密儀器的創意操作生產。職業教育學校的學生，或許，在過去升學制度下，曾輸在起跑線上，但是，只要能終身學習、不斷參加回流教育、在職進修，終必可贏在終點。行行出狀元，技職教育學校的學生，依然人人頭上都有一片藍天。

　　大學通識教育的實施，希望能跨領域、跨學科的開設，充實大

學生的專業知識和技能。在今天，國內各大學都相當重視通識教育的實施，除設有「通識教育中心」外，有些大學更開設有「通識教育學院」，都是一級單位，用以有效實施通識教育。通識教育希望以「全人教育」為目標，讓大學生能有博雅宏觀的學科視野器識，讓大學生能具有第二專長，有附加價值的成長學習開展空間，以因應未來工作職場或生活品味上的需要。無論科技知能或人文素養，都是現代公民所不可或缺的。

　　《教育政策與教育發展》一書的付梓，我要感謝一群年輕有為的學者，他們平時努力在國內教育工作職位上服務，或在大學教書，或在政府機關做行政工作，但他們總不會忘記從教育專業角度出發，去努力成功扮演好自己的角色，為教育這塊園地去用心耕耘播種，以期開花結果收成。他們期約一年在教師節前後見面一次，大家相勵相勉，分享教學研究及行政服務的心得，並將其等智慧結晶分享彼此，並公諸社會以饗宴教育同好。本書之出版，是本系列叢書第四輯，全書十五佳文，分「教育政策」和「教育發展」二篇，對當前臺灣教育政策焦點和教育發展走向，提出最中肯深入的剖析論述，確值推薦給各界關心教育發展人士來共同研閱共勉。

臺灣教育大學系統總校長
臺灣師大教育系名譽教授
淡江大學教政所講座教授
教育部前部長

吳清基　謹識
104年11月12日

目　次

第一篇　教育政策

第一章　臺灣技職教育政策發展與前瞻
　　　　　　——適性揚才、務實致用　　　　　　　（吳清基）

第二章　技術及職業教育法對我國技職教育的影響
　　　　　　　　　　　　　　　　　　　　　　　（張國保）

第二篇　教育發展

第十五章　國家考試評分判斷餘地的再商榷 （許泰益）

第一篇
教育政策

第一章

臺灣技職教育政策發展與前瞻——適性揚才、務實致用

吳清基

壹　前言

　　孩子是我們的希望，投資教育就是投資我們的未來！臺灣自然資源不多，天然災害卻不少，要與人競爭，就要靠「教育」，以培育有利的「人力資源」。技職教育人力，對臺灣經濟成長深具貢獻。

　　臺灣的發展現況，是值得肯定的。臺灣土地面積36,191.5平方公里，占世界面積0.024%；人口2,343萬（2015,1），占世界總人口數0.33%；外匯存底4,126.1億美元（2013,9），世界第四，國民生產毛額（GNP）平均每人21,455美元，世界經濟體排名為第二十五；國際競爭力排名依瑞士洛桑管理學院（IMD）排名為世界第十一（2015），曾經排名世界第六；依世界經濟論壇（World Economic Forum, WEF）臺灣的國際競爭力排名為世界第十二（2014）。這是一張非常亮麗的國家發展成績單，足為國際上欲邁向開發國家者所借鏡，而其中，臺灣教育發展的普及化及優質化，應是居功厥偉。

貳　技職教育在臺灣

一、技職教育學制──系統性進路規劃

　　(一) 技職教育包括中等技職教育及高等技職教育兩大體系。

　　(二) 中等技職教育體系包括國民中學的技藝教育：高級職業學校、普通高中附設職業類科或綜合中學專門學程。

　　(三) 高等技職教育體系包括專科學校、技術學院及科技大學。

二、技職教育學制圖

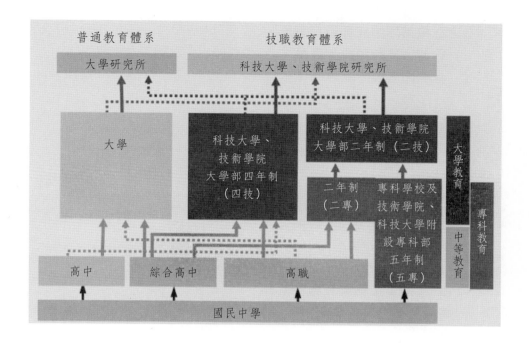

參 技職教育的發展理念

一、配合經濟建設發展需要培育人才

(一) 1950年代

1. 經濟建設重點

(1) 成功土地改革，提高農業生產。

(2) 發展勞力密集民生工業。

2. 技職教育發展情形：重視高級職業學校教育，以農業、工業為核心。

3. 高職、高中學生比例：4：6。

(二) 1960年代

1. 經濟建設重點：拓展對外貿易。

2. 技職教育發展情形
   (1) 實施九年國民義務教育。
   (2) 推動國中技藝教育專班。
   (3) 擴增高職類科和數量。
   (4) 開辦五專、二專職業教育。
   (5) 工業、商業職教為核心。
3. 高職、高中學生比例：4：6。

(三) 1970年代

1. 經濟建設重點
   (1) 進行十大建設。
   (2) 發展資本、技術密集工業。
2. 技職教育發展情形
   (1) 創設技術學院。
   (2) 改進工業職業及專科教育。
3. 高職、高中學生比例：6：4。

(四) 1980年代

1. 經濟建設重點
   (1) 發展高科技產業。
   (2) 發展石化工業。
2. 技職教育發展情形：全面提升工業職業及專科教育之質與量
3. 高職、高中學生比例：7：3。

(五) 1990年代

1. 經濟建設重點
   (1) 發展知識經濟產業。
   (2) 籌設亞太營運中心。
2. 技職教育發展情形
   (1) 開辦綜合高中，增設技術學院。
   (2) 績優專科學校改制技術學院。

　　(3) 績優技術學院改名科技大學。
3. 高職、高中學生比例：5：5。

(六) 2000年代

1. 經濟建設重點：發展兩兆雙星產業。
2. 技職教育發展情形：全面發展技職教育、技職教育國際化。
3. 高職、高中學生比例：5：5。

(七) 2010年代

1. 經濟建設重點
　　(1) 推動六大新興產業：醫療照護、生物科技、精緻農業、觀光旅遊、文化創意、綠色能源。
　　(2) 發展十大服務業：美食國際化、國際醫療、流行音樂與數位內容、會展產業、國際物流、創新籌資、都市更新、WIMAX、華文電子商務、高等教育輸出。
　　(3) 推動四大智慧型產業：雲端運算、智慧電動車、智慧綠建築、發明專利產業化。
2. 技職教育發展情形
　　(1) 配合知識經濟社會發展，培育創新人力及國際移動人才。
　　(2) 加強技專校院評鑑。
　　(3) 發展典範科技大學。
3. 高職、高中學生比例：4.5：5.5。

二、追求務實致用以強化學生就業力

(一) 務實致用：縮短學用落差

1. 務實－課程：實務（理論）兼重、實習（教學）兼顧。
2. 致用－就業力：所學的技能能在產／企業上使用。

(二) 弱勢照顧

物之不齊，物之情也；資源合理分配，提供發展機會。

三、還給技職學生應有的尊嚴和驕傲

教育之可貴，在將二流學生變成一流人才，適性揚才，因材施教，開發潛能，蔚為大用。技職學生可能輸在起跑點，但經由回流教育，可以贏在終點。

(一) 經濟面：臺灣經濟奇蹟在中小企業成功發展，中小企業主大多數來自技職系統。

(二) 政治面：臺灣五院院長、部會首長不少出身技職系統。

(三) 學術面：大學校長、教授、院士亦不少來自技職系統。

肆 技職教育的學校概況

臺灣技職教育體系與普通教育體系，在中等教育後期開始分流培育、適性輔導發展。2015年，高級職業學校155校、專科學校16校、技術學院及科技大學75校，共計248校。

各級技職校院分布區域，大體適中，參見下表：

	科技大學和技術學院	專科學校	高級職業學校
北區	33	8	53
中區	14	1	34
南區	24	6	51
東區	3	1	14
金馬澎湖區	1	0	3
合計	75	16	155

2015年各級技職校院公私立校數及學生數比較，參見下表：

	公立	私立
技術學院和科技大學	16校 100,611人（23.15%）	59校 333,978人（76.85%）
專科學校	4校 9,686人（10.48%）	12校 82,695人（89.52%）
高級職業學校	94校 133,855人（38.69%）	61校 212,082人（61.31%）

伍　技職教育的特色

一、體系完整，進路暢通

(一) 縱向銜接，體系完備

從國民中學→高職→專科→技術學院、科技大學→碩士班→博士班。

(二) 1960年代

1. 回流教育管道暢通，進修推廣彈性多元。
2. 直達車與區間車雙軌並開，方便選擇。

二、學制類科，多元適性

(一) 多元學制，多樣類科，回應企業不同人才需求。

(二) 除高職、高中附設職業類科，綜合高中專門學程，專科、技術學院及科技大學（含研究所）外；另包括國中技藝教育班、高職實用技能班、建教合作班，以及技專校院的進修部、在職專班與進修學校。

(三) 除傳統農、工、商等類科外，更與六大新興產業、十大服務業、四大智慧型產業緊密結合，以滿足學生就業需要。

三、課程設計，務實致用

(一) 課程設計重視務實致用，強調專題製作及實務學習，以求畢業即可就業。

(二) 入學管道提供技優保送入學及證照加分等，以鼓勵學生重視技術實務學習。

(三) 落實學生校外實習課程，增進實務操作能力。

(四) 鼓勵學生證照考試，建立專業能力保證。

(五) 引進產業界技術教師，協同教學吸取新知。

(六) 鼓勵技職教師寒暑假參訪業界、在職進修。

四、產學合作，效能卓顯

(一) 技職教育體系強調產學合作，注重學生的養成教育與業界需求之配合。

(二) 積極推動「最後一哩」、「雙軌訓練旗艦計畫」、「產學合作」等專案計畫。

(三) 與經濟部合作，在技職校院下設「創新育成中心」合作研發創新。全面推動產學合作及智慧財產管理，並將研發成果導入教學。

(四) 目前已成立6所區域產學合作中心，以及12所聯合技術發展中心。

五、技職弱勢，全面關懷

(一) 高職學生大多數輸在國中基測、基本學科能力較弱，需要補強。雖輸在起跑點，盼能贏在終點。

(二) 技職學生、父母社經背景較低，需要透過政府學費補助，提供平等教育機會。

(三) 辦理建教合作班、實用技能班、稀有類科班、進修推廣班等，技職學生免學費補助就學方案。

(四) 自2011學年度起，高職學生在排富前提下，一律免繳學費入學。

(五) 自2014學年度起，實施十二年國民基本教育，高職學生全部免繳學費。

六、私人興學，積極有成

(一) 私人辦學，憲法鼓勵保障，值得肯定。

(二) 技職教育體系中，私人辦學積極投入，扮演重要角色。2010學年度，私立學校學生數分占高職63.57%、專科89.17%、技術學院及科技大學79.02%。

(三) 私立技職校院部分在董事會全力支持下，辦學績效極為卓越。

師資優良，設備齊全，校園規劃用心，評鑑良好。

七、國際競賽，表現優異

(一) 技職教育強調「從做中學」，希望透過實作，增加學習成效並累積經驗，達到理論和實務並重目標。

(二) 自2005學年度起，推動技專校院學生參加國際技藝能競賽。並自2010學年度起，開始補助參賽學生機票費用。

(三) 近年參加世界各大國際發明展及設計類競賽，表現極為優異。連續多年在八大發明展中，有七大發明展獲獎數列第一。

(四) 自2005年，在教育部設「技職風雲榜」網站，表彰得獎之傑出榮譽事蹟。

(五) 頒設「技職之光」代表技職技能教育最高榮譽，表揚技能各領域具有傑出表現之師生，以作為技能典範。

八、辦學績優，國際輸出

(一) 臺灣技職教育體系完備，進路通暢，學制類科多元，可以適性揚才；辦學成效，務實致用；產學合作，效能卓著；在國際上與德國、日本、澳洲並列技職教育領先群。

(二) 由於臺灣自然資源不多，天然災害又不少，能成功創造臺灣經濟奇蹟，技職教育成功扮演人才培育的功勞受人肯定。目前，東南亞國家、中國大陸、中東、非洲及太平洋群島國家，紛紛派學生來臺灣留學。

(三) 打造臺灣成為東南亞高教重鎮，是行政院核定第十大服務產業。

陸　當前技職教育發展的重點政策

一、宣導技職教育價值尊嚴

(一) 加強國中學生生涯職涯適性輔導，宣導技職教育可以適性揚才，不是二流教育、次等選擇。

(二) 推動十二年國民基本教育執行方案——「選技職，好好讀，有前途」，還給技職教育學生一片美好的天空和未來。

(三) 肯定臺灣經濟奇蹟，中小型企業功不可沒，而技職人才是中小企業主的主流。

二、實施多元管道適性入學

(一) 技專校院學制及類科具多元屬性，招生方式採考招分離制度。考試與招生工作，分由不同專責單位辦理。

(二) 測驗命題工作則由技專校院入學測驗中心承辦，考生僅需參加一次測驗，其成績可供各類多元入學管道招生採計，減少學生重複報考的次數與負擔。

(三) 技專校院多元入學主要管道圖如下：

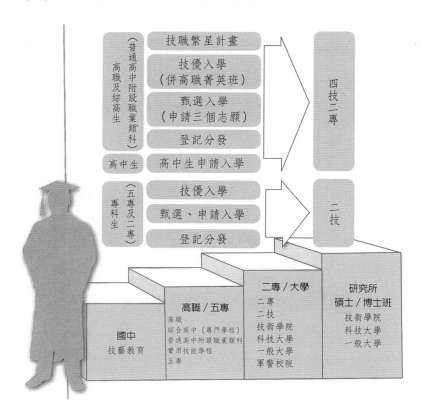

三、積極提升教學卓越品質

(一) 推動「高職適性學習社區教育資源均質化實施方案

自2009年起，推動高職均質化方案，鼓勵高職類科調整及特色發展。輔助社區內高職持續既有的橫向整合，並延伸縱向連結。加強高職與國中垂直合作，建立夥伴關係。

(二) 實施「高職優質化輔助方案」

1. 參考教育優先區精神，擇定區域內具發展潛力之高職，加以重點輔助，營造更多學習弱勢地區優質學校。

2. 自2007學年度起，訂定「高職優質化輔助方案」，由公私立高職提報競爭性計畫，核定受輔助學校。

(三) 提升專科學校教學品質

1. 自2004年起，辦理「補助技專校院提升整體教學品質專案計畫」，對專科學校給予補助。

2. 依各校條件、資源、校務發展及學校願景提出計畫，以提升教學品質，強化學生學習成效，改善課程學程規劃為目標，進而提升整體教學品質。

(四) 執行獎勵科技大學及技術學院教學卓越計畫

1. 自2006年開始執行科技大學及技術學院教學卓越計畫，提升大學教學品質，發展國內教學卓越典範。

2. 主要目標為：(1)提升教師教學專業水準；(2)健全課程規劃；(3)強化學生學習意願及成效；(4)建立教學評鑑制度；(5)建置並提升學校教學品質相關制度。

四、推動技職學校評鑑

(一) 高職

為提升高職辦學品質與績效，辦理高職評鑑；凡受評鑑學校「校務評鑑範疇」有三個領域為四等以下，或「專業類科範疇」之科別有四等以下，則必須接受發展輔導，並於輔導後一年內進行追蹤評鑑。

（二）技專校院

1. 以「學校整體」為單位辦理評鑑，分綜合校務及各科系（所）評鑑。

2. 每校每五年接受一次評鑑，並分別於評鑑一年及二年後，辦理受評三等科系所諮詢輔導訪視及追蹤評鑑。

3. 評鑑結果公布於評鑑資訊網，並提供大眾查詢，也作為核定各校調整學雜費、增減招生名額與審核獎補助經費之參據。

五、關懷照顧弱勢學生

（一）2010學年度起，實施「齊一公私立高中職及五專前三年學費方案」，就讀私立五專前三年及高職生，一律繳交公立學費，減輕私校學生經濟負擔。

（二）2011學年度起，全部高職及五專前三年級學生，符合排富條款前提，一律免學費就學。

（三）2005年起，開辦大專校院弱勢學生助學計畫，包含助學金、生活學習獎助金、緊急紓困助學金、低收入戶學生免費住宿等四項。其他尚有各類學雜費減免、工讀助學金、就學貸款等協助經濟弱勢學生之措施。

（四）設有「圓夢助學網」，提供學生所需各種助學資訊，協助其圓夢就學（網址：http://helpdreams.moe.edu.tw/）。

六、加強學生證照考照輔導

（一）為強化技職學校學生技能水準、深化專業能力，加強落實職業證照考照及輔導制度。

（二）透過辦理專案技術士技能檢定、修正入學考試相關辦法及實施專案計畫，鼓勵師生積極取得職業技術證照。

（三）因應產業結構改變、高級技術人力需求之增加，鼓勵技職校院師生持續取得專業證照，以強化教師專業能力及學生職場競爭力。

七、加強培育產學合作實務人才

(一) 產學專班

透過「產」、「學」合作互動方式，推動六種專班／學程：(1)實用技能班；(2)高職建教合作班；(3)產業特殊需求類科班；(4)產學攜手合作班；(5)產業碩士專班；(6)最後一哩學程，以緊密結合產學合作之培育方式，提供產業所需人才。

(二) 學士後第二專長學士學程

1. 以具有學士以上學位者為對象，強調專業實務導向及跨領域學習。課程要求對應產業需求，並採跨系、院專業領域之設計及組合。

2. 以促進或強化職場能力為導向，修業年限為1-2年，協助其取得專業證照、實習經驗或加強外語能力。

八、重視產學合作育成創新研發

(一) 修訂完善產業法規

修訂教育人員任用條例、大專校院產學合作實施辦法，鼓勵教師投入產學合作技術研發，合理分享產學合作利益，另得以技術作價取得營利事業股權。

(二) 推動「產學合作績效激勵」方案

補助31所大專校院，鼓勵各校建立研發成果管理機制，強化智財經營的能量，推動大學校院衍生企業，吸引更多教師從事產學合作，以推動產業發展與創新。

(三) 建立區域產學合作中心

設置6所區域產學合作中心，作為整合產官學研資源分享窗口，協助區域夥伴推動產學合作，提升合作能量。

(四) 設置聯合技術發展中心

設置12所產學需求導向之聯合技術發展中心，以鼓勵技專校院運用既有技術成果進行產學合作，並將研究成果反饋教學，以落實務實致

用技職教育特色。

(五) 推動產業園區產學合作計畫

鼓勵學校依其專業領域，主動配合產業需求，以專題製作方式，提出專題研發或創新計畫；同時協助產業園區之企業解決問題，或輔助產業轉型發展。

九、推動典範科技大學獎勵

(一) 技職教育在臺灣有很好的發展成就，但相較於普通綜合大學校院系統，在資源分配上仍較弱勢，社會上對技職教育體系，仍缺乏公平評價。

(二) 鼓勵科技大學發展優質特色，強調產學合作、創新育成、人才培育、務實致用，特推動典範科技大學獎勵。

(三) 凡是各科技大學校務評鑑及系科評鑑一等數達80%以上，產學合作之技轉金達新臺幣2千萬元以上者，皆可提出申請。

(四) 2012年第一次辦理遴選，通過六校為典範科技大學、二校產學合作示範學校，其中公立五校、私立三校。

十、推展技職輸出國際交流

(一) 打造臺灣成為東亞高教重鎮，這是既定政策目標。推動高教輸出政策，這是行政院核定第十大服務產業。

(二) 為達上述目標，提升大學校院國際化發展及厚植產業全球布局人才，乃訂定「擴大招收國際學生計畫」，及研擬「連結亞太－深耕東南亞計畫」，使擴大招收東南亞國際學生，成為未來開拓外籍生源之重點。

(三) 目前越南、印尼、泰國、印度均有選派大學教師到臺灣公費留學之計畫。另沙烏地阿拉伯、奈及利亞、甘比亞、南非、史瓦濟蘭、中南美、南太平洋群島……等相關國家，也都有國際合作交流之計畫在進行中。

柒　未來技職教育發展的展望

一、配合十二年國教，宣導技職教育價值尊嚴

(一) 十二年國民基本教育於2011年開始啓動，於2014年正式施行。除高職免學費先行、高中亦將隨後免學費入學。在沒有國中基測升學壓力下，如何讓學生適性揚才，有教無類，因材施教，將是教育重要課題。

(二) 「選技職，好好讀，有前途」的十二年國教施行方案，將大力宣導，讓師生及家長瞭解，讀技職教育一樣有一片天。技職教育對臺灣經濟建設人才培育、對臺灣經濟奇蹟的打造，扮演非常重要角色。技職教育就業和升學進路已暢通，不應再被視爲二流教育、次等選擇、別人家小孩的教育。應該還給技職教育一片美好的天空和尊嚴。

二、深耕全人教育，提升技職附加價值

(一) 「技職教育的目標，不僅在培養一個有技術的有用人才，更在培養一個有人文氣息、藝術素養和通識理念的有技術的有用人才。」這是個人在1994年擔任教育部技職教育司長時所提出的理念。

(二) 爲培養學生具備人文素養、社會關懷與國際視野等能力，鼓勵技專校院整合通識課程與專業課程，開設跨系科、跨領域的課程及學程。

(三) 鼓勵學校開設具人文關懷的勞作教育與服務學習課程，讓學生「從做中學」、「身體力行」，以實踐學習「全人教育」。

三、重視學生權益，提升技專校院教學品質

(一) 爲關注學生受教權益，提升技職教育品質，持續辦理「獎勵科技大學與技術學院教學卓越計畫」及「補助專科學校提升整體教學品質專案計畫」。

(二) 另推動「典範科技大學獎勵計畫」，鼓勵校務評鑑績優學校及

產學合作技術移轉績優學校，以落實培育理論和實務並重的卓越技職人才。

四、持續辦理技職評鑑，引導技職校務發展

(一) 為引導技專校院發展特色，提升教學品質，培育優質技職人力，並配合國際高等教育趨勢和產業發展需求，將持續辦理技職校院評鑑工作。

(二) 惟技專校院評鑑，將由等第制改為認可制。從效標參照改成自我參照，以利各校發展特色，並回歸以評鑑為自我改進的目標。

五、發展技職特色，培育務實致用專業人才

(一) 規劃技專校院實務課程革新及教師實務專業能力培養，導引回歸務實致用之辦學方針，擴展產學緊密結合人才培育模式，增加學生未來就業競爭力。

(二) 持續開辦各類產學合作專班，推動學生校外實習課程計畫；推動技職教師赴公民營機構研習服務計畫；推動業界專家赴校協同教學計畫；推動學士後第二專長學士學位學程。

六、加強創新研發，擴展產學合作效能

(一) 在勞力密集、資本密集和技術密集時代，技職教育在培育有技術人才的目標，或許正確；但在知識密集的知識經濟社會中，技職教育更在培育有創新研發能力的有技術專業人才。

(二) 各技專校院「創新育成中心」，在經濟部和教育部政策支持下，提供產學合作平臺、創新研發技術及生產，對技職教育發展有正向導引。

(三) 加強學界及產業研發人力流通，建構跨校智財聯合營運及產學夥伴聯盟創新研發平臺，使學校成為產業創新動力之來源。

七、落實終身學習，鼓勵開拓多元回流教育

(一) 鼓勵技專校院針對社會人士開拓回流教育專班，提供民眾在職進修之學習管道。

(二) 目前技專校院附設之進修學院、專科進修學校提供社會人士在職進修，亦積極推動幼保回流教育專班、護理及其他類別之產學合作回流教育專班，以及專門提供花東偏遠地區民眾進修之回流教育專班。

八、重視職場倫理，強化技職服務品質

(一) 態度決定高度，品格決定未來。技職教育應加強職場倫理，建立年輕人正確職場工作態度、工作倫理，以提供更好的服務品質。

(二) 各技專校院可透過通識課程、勞動服務學習課程、志工義工服務性社團學習，建立正確工作價值觀念和服務學習態度。

九、前瞻未來發展，積極拓展兩岸學術交流

(一) 2010年通過《兩岸人民關係條例》、《大學法》、《專科學校法》修正，乃積極推動兩岸學術交流。

(二) 因受限政治環境因素，乃採漸進式拓展學術交流，除繼續推動大陸學歷採認及陸生來臺等措施外，也將加強提升研討會、參訪、師生交流學習之品質。

(三) 目前正積極推展大陸地區專科畢業生來臺就讀二技之政策。

十、推動技職輸出，打造東亞高教重鎮

(一) 技職高教輸出，是既定政策。打造臺灣成為東亞高教重鎮，是行政院核定第十大服務產業。

(二) 招收東南亞國際學生、培育東南亞高階人才、深化與東南亞交流互動機制為技職高教輸出三大主軸。此外，印度、中東、中南美、南非、大陸等，亦為技職輸出主要區域。

(三) 因此，透過設立全英語教學園區、增加菁英學生獎學金、加強大專校院與留臺校友及臺商之互動關係等主要策略，以增加來臺就讀學生人數。

十一、推動第二期技職教育再造計畫

(一) 緣起：期間2013-2017年，總經費203億元。
1. 落實經濟動能提升方案，強化產業人力供需。
2. 回應外界對技職教育期待，增加產業界技術人才。
(二) 目標：提升技職教育競爭力。
(三) 策略：三個面向、九個策略。
1. 制度調整：政策統整、系科調整、務實選才。
2. 課程活化：課程彈性、設備更新、實務增能。
3. 就業促進：就業接軌、創新創業、證能合一。

捌 結語

技職教育在過去培育無數的基層技術人才，促進臺灣經濟和社會發展，其貢獻應予肯定。技職教育是在適應職業及實作性向較明確的學生需要，不是二流教育，亦非次等選擇。技職學生的教育選擇權應給予應有的尊重和肯定。在勞力密集、資本密集、技術密集的社會，技職學生以專科學校教育為終點站教育，或尚可接受。但是，在知識密集的社會中，將技職教育提升到大學本科、研究所碩士班、博士班階段，將有助於技術創新及創意研發的提升，對經濟競爭力的提高，絕對有其必要。技職教育的發展，強調務實致用人才的培養，改善師生教學環境，強化產學實務聯結，才能培育優質專業人才。

參考文獻

教育部（2014）。中華民國技術及職業教育簡介，1-43。臺北市：教育部。

教育部（2015）。中華民國教育統計。取自http://www.edu.tw/treasure/publish

第二章

技術及職業教育法對
我國技職教育的影響

張國保

　　我國實施技職教育已逾百年之久，但一直缺乏完整一貫的技職教育專屬法律，使技職教育的推展，無法上下銜接，更需適用同級普通學校相關法規，無法凸顯技職教育特色。2015年1月14日《技術及職業教育法》的頒布施行，對我國技職教育的發展與定位都有重新定義與規範。該法以建立技術及職業教育人才培育制度，培養國人正確職業觀念，落實技職教育務實致用特色，培育各行業人才為宗旨，共分總則、技職教育之規劃及管理、技職教育之實施、技職教育之師資及附則等5章計29條條文。本文先述該法的背景特色，其次說明該法的重要規範，再次說明該法對產官學界的影響作為，最後綜合結語並對該法美中不足之處，尤其是技職教育經費的保障、稀少性專業技術人才的公費培育、產學合作培育人才誘因的規範及技職教育國際化的輸出方面，提供未來修法之參考方向。本文的價值在使技職教育法的內涵，更有條理及層次的解析，有助讀者易於瞭解該法的重要核心內涵。

壹　技術及職業教育法的背景

　　技術及職業教育（簡稱技職教育）是我國多年來產業發展、人才培育及社會安定的重要力量，也是創造臺灣經濟奇蹟的大功臣之一。臺灣的技職教育始於劉銘傳擔任臺灣巡撫時期，為了實踐臺灣現代化，1887年引進新式實業教育並開辦西學堂與1890年電報學堂（教育部，2011），迄今124年。過去，我國的技職教育在中等及高等教育階段實施，從國民中學技藝教育學程及高級職業學校（指的是2014年8月以後《高級中等教育法》明定之技術型高級中學）屬於中等技職教育；專科學校、技術學院及科技大學屬於高等技職教育範圍，在國民小學及國民中學前二年階段，並無正式技職教育的實施規範。2015年1月14日總統頒布《技術及職業教育法》之後，對我國技職教育的發展與定位都有重新定義與規範，對我國技職教育、師資培育及國民基本教育的職業教育之實施則有重新定調之處。過去沒有完整專屬的技職教育法規，使技職教育的運作與發展，儼然如小媳婦般，寄託在普通教育之下，無法彰顯技職教育的特殊特色，同時貶低技職教育的重要性；更有甚者，誤導國人長久以來「重普通教育、輕技職教育」的價值觀與不正確心態，致使

社會、家長、學校、教師及產業界，對技職教育的認識不清、定位不明，對技職教育產生諸多誤解現象，將技職教育仍停留在「黑手」的初級技能（skill）或練習與訓練（training）階段，使技職教育被升學排序在普通教育之後，致有淪為「次等教育」的汙名。尤以對那些興趣與性向發展明確，屬於偏向型的學生而言，常被家長或教師誤指為學習成就低落學生，造成學生身心創傷、家長期望毀滅、學生放棄就學等不利因素，形成國家人才培育的損失，莫此為甚！

　　由於資訊科技的突飛猛進、國民所得的提高，以及二十一世紀知識經濟時代的競爭需求，加上國際化與政府開放兩岸大三通政策（通商、通郵、通電）之後，專業（門）技術人才的需求大增，臺商赴大陸經商的同時，也從臺灣挖聘不少專業技術人才西進，形成另一波人才移動的連漪效應。而且我國經濟的發展，也從農業、輕工業、製造業一直到目前服務業高達四分之三左右的產業結構導向，也是臺灣技職教育長久以來順應變遷過程的調適，同時協助及輔導高達97%左右的中小企業度過產業蕭條及國際金融危機的考驗，這是臺灣技職教育引以為傲的成就。為振興技職教育，教育部自2008年開始推動「技職教育再造計畫」，2012年頒布第二期，也在2013年邀集產官學研界共同研擬「人才培育白皮書」，明示「研訂技職教育專法」政策（教育部，2013），期藉技職教育專法來穩健培育所需產業人才。從而導引職業教育從試探、推廣、實施、師資養成及產業人才培育的重要鏈結加以整體連貫起來。立法院終於在2014年12月30日催生《技術及職業教育法》三讀通過，2015年1月14日頒布實施，勢對我國未來技職教育影響深遠，同時也將對技職教育師資、課程教學、實習及產業人才合作產生重大變革，進而影響教育行政與各級學校教育的重新定位。本文先述《技術及職業教育法》的特色，其次說明該法的重要規範，再次說明該法對產官學界的影響作為，最後，提出結語及對《技術及職業教育法》修正的建議，以對我國技職教育發展的憧憬與期待。

貳　技術及職業教育法的特色

　　我國是民主法治國家，各項政策的擬定、施行，以及重大措施的規

劃、執行、考核與永續經營，都須有法律的明定或授權。《技術及職業教育法》的立法訂頒，具有符應學校教育法制的需求性、彰顯技職教育的特色功能及建立技職教育的規劃管理平臺等特色，說明如下：

一、符應學校教育法制的需求性

技職教育是我國經濟發展之重要推手，與普通高中、大學併稱我國教育國道之一（教育部，2014）。技職教育的實施，雖有《專科學校法》、《職業學校法》及《高級中等教育法》的訂頒，但前二者屬於學校教育的一小部分，無法涵蓋我國六三三四學制的整體需求，後者則是針對十二年國民基本教育而訂定，對於國民教育及高等教育階段，以及技職教育的一貫性及其與產業間的互動關係等，就沒有嚴謹的規範。換言之，《專科學校法》及《職業學校法》沒有明確規範至學校以外的技職教育作為，技職教育在課程規劃、教學方式、實習實驗、教材教案設計、專題製作、師資養成與在職進修及產學互動等歷程及需求，都無法滿足技職教育的完整規範；又，《高級中等教育法》也設有針對技術型高級中學特別的課程、師資、職業試探與輔導詳細訂明。因而建立完整一貫與適合技職教育發展之技職教育法制，對再現臺灣技職教育榮景，與健全技職教育體系均有其特殊意義（教育部，2014）。且有專法依據之後，未來業師將可協同教學、國中小學課綱也應列入職業認識與探索課程，讓學生從小有系統的更認識技職教育，使技職教育更能貼近學校的教育需求。

二、彰顯技職教育的特色功能

技職教育強調務實致用特色，與普通教育重視全人發展的通識教育，顯有明顯的不同。原有《專科學校法》及《職業學校法》無法上綱到技術學院及科技大學的學制下，無法涵蓋技職教育的一貫精神與特色，尤其是國民中小學教育階段，由於技職教育的種類繁多、群科龐雜、系科知識技能相當多元廣泛，常常成為中小學教師的困擾，欠缺法制規範下，選擇性的實施，亦乏專業介入、鏈結與輔導依據。教育部自1985年起為完備技職教育專法，先後六次研擬《技術及職業教育法》

草案，卻因社會共識不明或其他各種原因擱置。爲能建立完整技職教育體系，教育部（2014）修正《技術及職業教育法》草案內容，獲立法院於2014年12月30日完成三讀程序。清楚的明定主管機關及對職業試探教育、職業準備教育、職業繼續教育，以及技職校院、技專校院與職業訓練機構等技職教育名詞之定義，使技職教育獲得專法的明確規範與保障，當能彰顯技職教育有別於普通教育之功能與特色。

三、建立技職教育的規劃管理平臺

技職教育涉及的層面甚爲廣泛。教育部技術及職業教育司（簡稱技職司）雖爲中央技職教育主管單位，但涉及產業人力、經濟發展、科技研發、勞動人力政策等，須與平行的勞動部、科技部、經濟部等相關部會協調，現行跨部會間之平行或上下關係、政府與產業及學校間之資源整合、產業人力資訊與學校系所科、學程及課程間的整合與溝通協調機制等，亦均有不足。且欠缺明定政府引導技職教育政策發展之綱領，也沒有法定技職教育審議會的設置與組織；另，主管教育行政機關雖有相關教育統計資料，卻缺乏技職教育專屬之相關調查資料，產官學研界自難掌握技職教育與產業之全貌。且教育部技職司主管高等技職教育政策，教育部國民及學前教育署（簡稱國教署）主管及督導國立及直轄市立以外之私立技術型高級中等學校，而直轄市又監督所屬直轄市立及私立技術型高級中等學校，形成政策規劃、執行、督導、經費獎補助、招生、評鑑等多頭馬車的分歧現象，更遑論直轄市及縣（市）主管機關與教育部對技職教育的互動、諮詢與例行報告事項的提出。是以，《技術及職業教育法》的施行，適足以解決技職教育上下、平行主管機關、目的事業主管機關、學校與產業等多元溝通協調的運作平臺與機制，有助於技職教育政策的推展。

綜上可知，《技術及職業教育法》的立法通過，明確技職教育的範圍以職業試探教育爲基礎，向下扎根至中小學，對適性者於高級中等以上學校施以職業準備教育，向上延伸至產業界之職業繼續教育，並輔以職業訓練機構之專業技能訓練；同時對於中央主管機關、中央目的事業主管機關及直轄市、縣（市）主管機關等，都明定有技職教育應爲之相

關事項，對於技職教育的政策規劃、執行，當可發揮平行協調溝通與上下整合之效，可說是我國技職推展的黃金時期。

參　技術及職業教育法的重要規範

教育部（2014）表示，《技術及職業教育法》共分5章，分別為「總則」、「技職教育之規劃及管理」、「技職教育之實施」、「技職教育之師資」及「附則」，全文共計29條條文。其重要內涵略整合說明如下：

一、立法宗旨

《技術及職業教育法》第1條明定：「爲建立技術及職業教育人才培育制度，培養國人正確職業觀念，落實技職教育務實致用特色，培育各行業人才。」由此法旨可細分以下四點：

(一) 該法的初始目標在於「建立技術及職業教育人才培育制度」，依其法旨係在強調技職教育之人才培育制度自應與普通教育有所區別，尤其是師資、課程、教學實習、專業技能檢定等方面，宜有特別的規範，方能強化技職教育人才培育制度的精神。

(二) 該法的目的在於「培養國人正確職業觀念」，亦即欲導正過去對技職教育的不正確觀念，需透過立法的實施與規範，用行動與法令加以實施導正。

(三) 該法的實施必須「落實技職教育務實致用特色」，方能彰顯技職教育的特殊功能，而過去教育部強調的產學合作、產業學院、產學攜手計畫專班、教師赴公民營企業機構實習等機制，均可透過專法之法源，落實務實致用的實踐。

(四) 該法的最終目標在於「培育各行業人才」。有鑑於過去的高級職業學校與專科學校定位爲就業導向的終結教育，面臨產業轉型、升級及國民所得提高之後，此項終結性目標，已無法滿足家長及產業界需求，而升學導向的技術學院與科技大學，更造成產業缺工需求嚴重。是以立法加以明確規範培育各行業人才

之鵠的，有其特殊意義與重要價值。

二、明定技職教育主管機關

該法第2條第1項「本法之主管機關：在中央為教育部；在直轄市為直轄市政府；在縣（市）為縣（市）政府。」依此法理可知，技職教育的主管機關分中央及地方二級，教育部為技職教育中央主管機關；地方主管機關含直轄市政府及縣（市）政府二類。至於第2條第2項「本法所定事項，涉及各目的事業主管機關職掌者，由各該目的事業主管機關辦理。」如職業訓練機構之目的事業主管機關為勞動部勞動力發展署即是。

三、界定技職教育的意涵

該法第3條對技職教育相關法律用詞，清楚定義如下：
(一) 職業試探教育：指提供學生對職業之認識、探索及體驗教育。
(二) 職業準備教育：指提供學生進入職場所需之專業知識、技術及職業倫理涵養教育，及建立技職專業之榮譽感。
(三) 職業繼續教育：指提供在職者或轉業者，再學習職場所需之專業技術或職業訓練教育。
(四) 技職校院：指技術型高級中等學校、普通型高級中等學校附設專業群科、綜合型高級中等學校專門學程、專科學校、技術學院及科技大學。
(五) 技專校院：指專科學校、技術學院及科技大學。
(六) 職業訓練機構：指依職業訓練法登記或許可設立之職業訓練機構。

由上可知，《技術及職業教育法》所規定之技職教育可包含三類：職業教育的養成及實施：包含職業試探教育、職業準備教育及職業繼續教育等三個部分；學校職業教育：指在技職校院及技專校院實施之職業教育，含技術型高級中等學校、普通型高級中等學校附設專業群科、綜合型高級中等學校專門學程、專科學校、技術學院及科技大學等實施之教育；職業訓練教育：指在職業訓練機構進行之教育訓練。

四、技職教育之規劃及管理

(一) 建立技職教育政策審議及諮詢機制

該法第4條第1項明定行政院應召開技職教育審議會，並制定技職教育政策綱領，且至少每二年應通盤檢討一次並公告之。而技職教育審議會的成員由行政院邀請教育部、勞動部、經濟部、國家發展委員會及其他相關部會首長組成。這對我國技職教育行政而言，由最高行政機關邀請相關部會首長審議，當可協調解決跨部會的相關問題，有助技職教育的長遠發展。且至少每二年應通盤檢討一次並公告技職教育政策綱領，更可宣示技職教育政策的重要方向，可供產官學研界依循。此外，同法第8條明定教育部應組成技職教育諮詢會，對提供技職教育相關事項之諮詢，亦可發揮集思廣益之效。

(二) 調查統計技職教育資訊

該法第5條明定教育部應進行技職教育相關資料之調查及統計，其實施方式可由教育部自行、委任或委託學校、法人、機關（構）或團體辦理。而中央目的事業主管機關應彙整所轄產業人才需求相關資料，並提供教育部有關產業人才需求調查及推估報告。教育部應定期公告技職教育統計資料與各級各類產業、職業發展及人力需求資訊。這些資訊都是學校增調系所科班及調整人才培育的重要參考訊息。另，該法第6條明定直轄市、縣（市）之地方技職教育主管機關應每三年向教育部提出技職教育報告，由教育部據以訂定技職教育發展報告。則技職教育上下之溝通協調機制以及訊息始能通明確。

五、技職教育之實施

《技術及職業教育法》明定技職教育之實施，含職業試探教育、職業準備教育、職業繼續教育、技職校院、技專校院與職業訓練機構之教育等。

(一) 職業試探教育

依該法第9條之規定，職業試探教育之實施可細分三級：

1. 高級中等以下學校

應開設或採融入式之職業試探、生涯輔導課程，提供學生職業試探機會，建立正確之職業價值觀。高級中等學校應安排學生至相關產業參訪。

2. 國民中學

應開設或採融入式之職業試探、生涯輔導課程，提供學生職業試探機會，建立正確之職業價值觀。國民中學之課程綱要，應納入職業認識與探索相關內容；並應安排學生至相關產業參訪；為實施職業試探教育，得與技職校院或職業訓練機構合作辦理技藝教育。

3. 國民小學

應開設或採融入式之職業試探、生涯輔導課程，提供學生職業試探機會，建立正確之職業價值觀。國民小學之課程綱要，應納入職業認識與探索相關內容。

(二) 職業準備教育

1. 產學共同設計職業準備教育課程

依該法第11條之規定，高級中等以上學校之職業準備教育課程，得由學校與產業共同設計；學校得參採各中央目的事業主管機關所定之職能基準，進行規劃設計，提供學生就業所需之職能。各中央目的事業主管機關依產業創新條例所定職能基準應視社會發展及產業變遷情況，至少每二年檢討更新、整併調整，並於專屬資訊平臺公告。技專校院應依各中央目的事業主管機關所定之職能基準每年檢討課程內容。同法第18條「技專校院應強化職能導向課程，並與技術型高級中等學校、普通型高級中等學校附設專業群科、綜合型高級中等學校專門學程共同建立課程銜接機制，以利學生職能培養。」此為技職教育課程銜接之一貫精神，特立法以資確保技職教育特色的施行。

2. 實習課程之實施與獎勵

該法第12條：「學校得依科、系、所、學程之性質，開設相關實習課程。」如為校外實習時，其實施方式、實習場所、師資、學分採計、輔導及其他相關事項規定，除法令另有規定外，由學校定之。實習

課程是技職教育相當重要的特色，除法令另有規定外，由學校應明訂校外實習時，其實施方式、實習場所、師資、學分採計、輔導及其他相關事項規定。另第12條亦規定校外實習課程，需由政府機關（構）、公營事業機構提供實習名額之具體做法。同法第13條規定學校之校外實習課程應由主管機關實施績效評量，辦理實習課程績優之學校、合作機構及其相關人員，主管機關得予獎勵；對於長期提供學校實習名額，且實習學生畢業後經一定程序獲聘為該機構正式員工達中央主管機關所定一定比率者，主管機關應報經中央主管機關轉請中央目的事業主管機關予以獎勵。

3. 協同教學

由學校遴聘產業專家擔任雙師，進行協同教學，也是技職教育的重要特色。該法第14條：「學校得遴聘業界專家，協同教學。主管機關對有大量員工參與學校實務教學之企業，應予獎勵。」可知過去學校重理論輕實務的現象，得有專法的明訂規範。且規定主管機關對有大量員工參與學校實務教學之企業，應予獎勵，以落實產學人才之交流互動。

4. 產業合作專班

該法第16條及第17條明定高級中等教育階段及專科以上學校為辦理職業準備教育，得與產業合作開設專班。同法第19條「技專校院得優先招收具一定實務工作經驗之學生，並於招生相關章則增列實務工作經驗之採認及優惠規定，經招生委員會審議通過，報中央主管機關核定後實施。」使早年投入職場失學民眾，得依其實務工作經驗之採認及優惠規定入學。

(三) 職業繼續教育

1. 職場所需課程

該法第20條：「職業繼續教育，得由學校或職業訓練機構辦理。職業繼續教育依其辦理性質，由學校提供學位證書、畢業證書、學分證明或學習時數證明。職業繼續教育應以開設在職者或轉業者職場所需課程為主；其課程得參採各中央目的事業主管機關所定之職能基準，進行

規劃設計，並定期更新。」而招生方面得有因應技職教育需求特別之彈性方式。

2. 職場教育及訓練課程

該法第21條第1項：「學校辦理職業繼續教育，得安排學生至職場接受教育及訓練課程。」第2項「前項職場教育及訓練課程，應由學校及合作機構共同規劃、設計，並與學生簽訂職場教育訓練契約。」可知明定職場教育及訓練內容及契約須由教育部訂定定型化契約範本及其應記載及不得記載事項。而第5項則規範學生於職場教育訓練時，學校主管機關得視需要，進行實地訪視；其訪視結果，得作為核定學校年度調整科、系、所、學程、班或經費獎勵之參考，賦予主管機關落實執行職場教育訓練之監督與考核職責。

3. 職業訓練機構

該法第22條及第23條明定，職業訓練機構辦理職業繼續教育時，擬訂職業繼續教育實施計畫，報主管機關核定後辦理，含授課師資、課程、辦理方式、學分採計等項目。主管機關得委託學術團體或專業評鑑機構辦理評鑑或訪視，並公告其結果。

六、技職教育之師資

《技術及職業教育法》對技職教育師資之規範，可分高級中等以下學校師資職前教育課程、技職校院專業科目或技術科目之教師及教師產業研習等三方面說明之。

(一) 高級中等以下學校師資職前教育課程

該法第24條將職業教育與訓練、生涯規劃相關科目列為高級中等以下學校師資職前教育課程必修學分。對於高級中等學校職業群科師資職前教育課程，應包括時數至少18小時之業界實習，並由師資培育大學安排之。將可落實技職教育理念扎根於高級中等以下學校，對教育是百年樹人的大業而言，當可發揮長遠成效。

(二) 技職校院專業科目或技術科目之教師

該法第25條規定「技職校院專業科目或技術科目之教師，應具備

一年以上與任教領域相關之業界實務工作經驗。」可知立法保障技職校院專業科目或技術科目之教師，應具備一年以上與任教領域相關之業界實務工作經驗，以確實達成教導學生業界實務經驗，落實務實致用目標。

(三) 教師產業研習

該法第26條規定「技職校院專業科目或技術科目教師、專業及技術人員或專業及技術教師，每任教滿六年應至與技職校院合作機構或與任教領域有關之產業，進行至少半年以上與專業或技術有關之研習或研究。」可說是我國技職教育的一大突破與強制作為。為使教師安心赴產業研習或研究，同法條第2項「前項研習或研究期間，技職校院應保留職務、支付薪給、給予公假，並事先簽訂契約書，約定研習或研究起迄年月日、服務義務、違反規定應償還費用之條件、核計基準及強制執行等事項。技職校院因教學或業務需要，主動薦送、指派或同意教師、專業及技術人員或專業及技術教師至與技職校院合作機構或與任教領域有關之產業研習或研究，其辦理方式不受前二項規定之限制。」

同法條第4項明定「第一項產業研習或研究，由技職校院邀請合作機構或相關職業團體、產業，共同規劃辦理；必要時，得由主管機關協助之。」可知教師赴產業研習或研究，由技職校院邀請合作機構或相關職業團體、產業，共同規劃辦理，必要時才請主管機關協助之，亦課予技職校院必須辦理教師產業研習或研究之責。第5項「技職校院推動專業科目或技術科目教師、專業及技術人員或專業及技術教師定期至產業研習或研究，辦理績效卓著者，主管機關得予獎勵。」則獎勵認真辦理學校，以收激勵之效。

七、私人團體奉獻技職教育之獎勵

該法第27條明定鼓勵私人或團體可透過技職教育教學設備研發、捐贈學習或實驗設備、提供實習機會及對學生施以職業技能訓練積極投入心力與奉獻，著有貢獻者，教育部得會商中央目的事業主管機關予以獎勵。對擴展技職教育資源，亦有激勵作用。

綜上可知，《技術及職業教育法》之通過，使技職教育邁向新的里程碑，對建立技術及職業教育人才培育制度，培養國人正確職業觀念，明定技職教育之規劃及管理機制，落實技職教育課程與實習之實施，強化技職教育之師資培育與在職進修，以及教師赴公民營機構實習之規範，鼓勵私人投入技職教育教學設備研發、捐贈學習或實驗設備、提供實習機會，落實技職教育務實致用特色，培育各行業人才，將對未來國家產業人才培育發揮莫大貢獻，對技職教育發展產生重大影響。

肆　技術及職業教育法對產官學的影響作為

《技術及職業教育法》誠我國技職教育的里程碑。但徒法不足以自行，須有相關單位的依法規劃、執行、監督與追蹤協調，方能落實良法美意。以下就該法所訂各單位應執行之事項，說明如後：

一、行政院及中央相關目的事業主管機關

(一) 行政院

該法第4條賦予行政院應辦理之技職教育相關事項有二：

1. 行政院定期召開技職教育審議會

行政院應定期邀集教育部、勞動部、經濟部、國家發展委員會及其他相關部會首長，召開技職教育審議會。由法明定最高行政機關之行政院定期邀集教育部及相關部會首長召開技職教育審議會，審議技職教育政策相關議題。從行政執行言，具有政策統整、溝通與協調的高度，亦可展現政府對技職教育的重視。

2. 行政院每二年公告技職教育政策綱領

為培育符合國家經濟及產業發展需求之人才，該法第4條明定由行政院制定宏觀技職教育政策綱領，提經技職教育審議會通過，至少每二年應通盤檢討一次並公告之。對國家經建發展總體目標及我國教育制度人才培育角度，來審視我國技職教育人才培育相關措施，當能更提綱挈領指導教育單位推動技職教育有關事項（教育部，2014）。

(二) 中央相關目的事業主管機關

1. 彙整產業人才需求資料送教育部

該法第5條：「中央目的事業主管機關應彙整所轄產業人才需求相關資料，並提供產業人才需求調查及推估報告，送中央主管機關。」

2. 會商職業訓練機構合作辦理技藝教育事項

國民中學為實施職業試探教育，得與技職校院或職業訓練機構合作辦理技藝教育；其實施辦法，由中央主管機關會商中央勞動主管機關定之。（第10條）

3. 訂定職能標準

高級中等以上學校辦理職業準備教育，其專業課程，學校得參採各中央目的事業主管機關所定之職能基準，進行規劃設計，提供學生就業所需之職能。該法第11條：「各中央目的事業主管機關依產業創新條例所定職能基準應視社會發展及產業變遷情況，至少每二年檢討更新、整併調整，並於專屬資訊平臺公告。技專校院應依各中央目的事業主管機關所定之職能基準每年檢討課程內容。」職業繼續教育應以開設在職者或轉業者職場所需課程為主；其課程得參採各中央目的事業主管機關所定之職能基準，進行規劃設計，並定期更新。（第20條第3項）

4. 提供實習名額之會商

學校辦理校外實習課程，需由政府機關（構）、公營事業機構提供實習名額時，政府機關（構）由學校檢附校外實習課程計畫書，專案報學校主管機關會商相關政府機關（構）核定；學校主管機關得會商公營事業主管機關轉洽所屬事業機構，提供實習之名額、對象及方式。（第12條）

5. 獎勵實習課程績優之合作機構及其相關人員

學校辦理校外實習之合作機構，長期提供學校實習名額，且實習學生畢業後經一定程序獲聘為該機構正式員工達中央主管機關所定一定比率者，主管機關應報經中央主管機關轉請中央目的事業主管機關予以獎勵。（第13條）

6. 彙提相關證照給主管機關

各中央目的事業主管機關應彙整所轄產業之證照，送中央主管機

關定期公告。證照之認定、獎勵之條件、方式及其他應遵行事項之辦法，由中央主管機關會商中央目的事業主管機關定之。（第15條）

7. 共同認可職業繼續教育

職業繼續教育課程之認可、學習成就之採認及其他應遵行事項之辦法，由中央主管機關會商中央勞動主管機關定之。（第22條）

8. 獎勵私人或團體

私人或團體對於技職教育教學設備研發、捐贈學習或實驗設備、提供實習機會及對學生施以職業技能訓練著有貢獻者，中央主管機關得會商中央目的事業主管機關，予以獎勵。（第27條）

二、技職教育主管機關

(一) 中央主管機關── 教育部

該法所定強調「中央主管機關」者為教育部，而只訂明「主管機關」卻仍須中央負責之高級中等學校事項，屬於教育部國民及學前教育署（簡稱國教署）之職責。至國教署主管之國立技術型高級中等學校及直轄市以外之縣（市）私立技術型高級中等學校，其扮演之角色與職責較為雷同，故不另贅敘。以下就教育部負責事項說明如次：

1. 參與技職教育審議會及制定政策綱領

該法第4條第1項明定：「行政院應定期邀集教育部、勞動部、經濟部、國家發展委員會及其他相關部會首長，召開技職教育審議會，制定宏觀技職教育政策綱領。」教育部長為法定當然委員，對於技職教育政策綱領也應負有更多的使命。

2. 技職教育相關資料之調查及統計

中央主管機關應自行、委任或委託學校、法人、機關（構）或團體，進行技職教育相關資料之調查及統計；彙整中央目的事業主管機關所送之所轄產業人才需求相關資料；同時定期公告第1項技職教育統計資料與各級各類產業、職業發展及人力需求資訊。（第5條）

3. 規劃學校技職教育之實施，並提撥經費獎勵地方

主管機關應衡酌區域產業及個人就業需求，配合社會、經濟及技術發展，規劃所轄學校技職教育之實施；訂定辦法提撥經費獎勵直轄

市、縣（市）主管機關辦理技職教育具有成效者。（第7條）

4. 召開技職教育諮詢會

主管機關應邀請政府相關單位、學者專家、社會人士、企業界代表、學校代表、教師團體代表、產業（職業）公會或工會等單位之代表，組成技職教育諮詢會，提供技職教育相關事項之諮詢。（第8條）

5. 協商訂定國中技藝教育實施辦法

國民中學為實施職業試探教育，得與技職校院或職業訓練機構合作辦理技藝教育；其實施辦法，由中央主管機關會商中央勞動主管機關定之；國民中學與職業訓練機構間之權利義務關係，應以契約定之，並由學校報主管機關備查；中央主管機關應訂定定型化契約範本及其應記載及不得記載事項。（第10條）

6. 核備校外實習課程與名額之會商

學校辦理校外實習課程，需由政府機關（構）、公營事業機構提供實習名額時，政府機關（構）由學校檢附校外實習課程計畫書，專案報學校主管機關會商相關政府機關（構）核定；學校主管機關得會商公營事業主管機關轉洽所屬事業機構，提供實習之名額、對象及方式，並由學校主管機關依會商結果彙總公告校外實習課程計畫及實習技術生之招募訊息，經評選或甄選決定之。（第12條）

7. 評量實習課程實施績效

主管機關應就學校辦理實習課程實施績效評量；其評量之內容及其他應遵行事項之辦法，由中央主管機關定之；獎勵辦理實習課程績優之學校、合作機構及其相關人員。（第13條）

8. 訂定學校得遴聘業界專家協同教學辦法及獎勵

中央主管機關訂定業界專家之認定、權利義務、管理、學校開設課程及其他應遵行事項之辦法。獎勵對有大量員工參與學校實務教學之企業。（第14條）

9. 鼓勵技藝競賽與證照

技藝競賽與證照都是技職校院學生的特色。辦理技藝競賽與證照績效卓著之學校，主管機關得予獎勵。（第15條）

10. 核定產業專班

該法第16條第1項明定：「技術型高級中等學校、普通型高級中等學校附設專業群科及綜合型高級中等學校專門學程為培育特定產業基層技術人力，得專案擬訂計畫，報學校主管機關核定後辦理專班。」專科以上學校產業合作專班之授課師資、課程設計、辦理方式、學分採計、職場實習及輔導等事項，由專科以上學校擬訂實施計畫，報經學校主管機關核定後辦理。（第17條）

11. 核准實務工作經驗之學生就學

該法第19條：「技專校院得優先招收具一定實務工作經驗之學生，並於招生相關章則增列實務工作經驗之採認及優惠規定，經招生委員會審議通過，報中央主管機關核定後實施。」職業繼續教育之招生對象、課程設計、學習評量、資格條件、招生方式及其他應遵行事項之辦法，由中央主管機關定之。（第20條第4項）

12. 訂定職場教育訓練定型化契約範本並訪視

中央主管機關應訂定職場教育訓練定型化契約範本之格式、內容及其應記載及不得記載事項；學校主管機關得視需要，進行職場接受教育及訓練課程之實地訪視；其訪視結果，得作為核定學校年度調整科、系、所、學程、班或經費獎勵之參考。（第21條）

13. 核定職業訓練機構辦理之職業繼續教育實施計畫及評鑑

該法第22條第1項：「職業訓練機構辦理職業繼續教育時，應就授課師資、課程、辦理方式、學分採計等，擬訂職業繼續教育實施計畫，報主管機關核定後辦理。」主管機關得委託學術團體或專業評鑑機構辦理評鑑或訪視，並公告其結果。（第23條）

14. 落實技職教育師資業界實務經驗

(1) 訂定任教領域相關之業界實務工作經驗之認定標準

技職校院專業科目或技術科目之教師，應具備一年以上與任教領域相關之業界實務工作經驗。其認定標準，由中央主管機關定之。（第25條）

(2) 訂定教師赴產業研習或研究之辦法

該法第26條第1項：「技職校院專業科目或技術科目教師、專業及

技術人員或專業及技術教師，每任教滿六年應至與技職校院合作機構或與任教領域有關之產業，進行至少半年以上與專業或技術有關之研習或研究。相關研習或研究之辦法，由中央主管機關定之。」技職校院推動專業科目或技術科目教師、專業及技術人員或專業及技術教師定期至產業研習或研究，辦理績效卓著者，主管機關得予獎勵。（第26條第5項）

(二) 直轄市、縣（市）主管機關 —— 直轄市、縣（市）政府

1. 向中央主管機關提出技職教育報告

直轄市、縣（市）主管機關應每三年向中央主管機關提出技職教育報告，由中央主管機關據以訂定技職教育發展報告。（第6條）

2. 召開技職教育諮詢會

主管機關應邀請政府相關單位、學者專家、社會人士、企業界代表、學校代表、教師團體代表、產業（職業）公會或工會等單位之代表，組成技職教育諮詢會，提供技職教育相關事項之諮詢。（第8條）

3. 規劃所轄技職教育學校之實施

直轄市、縣（市）主管機關應衡酌區域產業及個人就業需求，配合社會、經濟及技術發展，規劃所轄學校技職教育之實施。（第7條）

4. 實習課程實施績效評量及獎勵

該法第13條第2項：「主管機關應就學校辦理實習課程實施績效評量；辦理實習課程績優之學校、合作機構及其相關人員，主管機關得予獎勵。」獎勵對有大量員工參與學校實務教學，進行協同教學之企業。（第14條第3項）獎勵鼓勵教師及學生參與技藝競賽或取得與所學及就業相關之證照，辦理績效卓著之學校。（第15條第1項）

5. 核准產業專班

技術型高級中等學校、普通型高級中等學校附設專業群科及綜合型高級中等學校專門學程為培育特定產業基層技術人力，得專案擬訂計畫，報學校主管機關核定後辦理專班。（第16條）

6. 職場教育及訓練課程之訪視

學校辦理職業繼續教育，得安排學生至職場接受教育及訓練課程，

學校主管機關得視需要，進行實地訪視；其訪視結果，得作爲核定學校年度調整科、系、所、學程、班或經費獎勵之參考。（第21條）

7. 核准所屬技職校院教師之產業研習或研究

技職校院專業科目或技術科目教師、專業及技術人員或專業及技術教師，每任教滿六年應至與技職校院合作機構或與任教領域有關之產業，進行至少半年以上與專業或技術有關之研習或研究。辦理績效卓著者，主管機關得予獎勵。（第26條）

三、各級學校

(一) 國民小學

國民小學應開設或採融入式之職業試探、生涯輔導課程，提供學生職業試探機會，建立正確之職業價值觀。國民小學之課程綱要，應納入職業認識與探索相關內容。（第9條）

(二) 國民中學

該法第9條第2項：「國民中學應開設或採融入式之職業試探、生涯輔導課程，提供學生職業試探機會，建立正確之職業價值觀。國民中學之課程綱要，應納入職業認識與探索相關內容。國民中學應安排學生至相關產業參訪。」國民中學爲實施職業試探教育，得與技職校院或職業訓練機構合作辦理技藝教育；國民中學與職業訓練機構間之權利義務關係，應以契約定之，並由學校報主管機關備查。（第10條第1、2項）

(三) 高級中等學校

1. 職業試探課程及業界參訪

高級中等學校應開設或採融入式之職業試探、生涯輔導課程，提供學生職業試探機會，建立正確之職業價值觀。高級中等學校應安排學生至相關產業參訪。（第9條第1項）

2. 依據職能基準規劃專業課程

高級中等以上學校辦理職業準備教育，其專業課程得由學校與產業共同設計，建構合宜之課程安排，且兼顧學生職業倫理之培養與職涯發

展、勞動及技術法規之認識，並定期更新課程設計。（第11條第1項）

3. 開設相關實習課程及接受評量

學校得依科之性質，開設相關實習課程。如為校外實習時，其實施方式、實習場所、師資、學分採計、輔導及其他相關事項規定，除法令另有規定外，由學校定之。並由學校檢附校外實習課程計畫書，專案報學校主管機關會商相關政府機關（構）核定名額。（第12條）

4. 積極實務教學

該法第14條第1項明定：「學校得遴聘業界專家，協同教學。」學校應鼓勵教師及學生參與技藝競賽或取得與所學及就業相關之證照，提升學生就業能力。（第15條第1項）；技術型高級中等學校、普通型高級中等學校附設專業群科及綜合型高級中等學校專門學程為培育特定產業基層技術人力，得專案擬訂計畫，報學校主管機關核定後辦理專班。（第16條）

5. 技職一貫課程之銜接

技專校院應強化職能導向課程，並與技術型高級中等學校、普通型高級中等學校附設專業群科、綜合型高級中等學校專門學程共同建立課程銜接機制，以利學生職能培養。（第18條）

6. 辦理職業繼續教育

職業繼續教育，得由學校或職業訓練機構辦理。職業繼續教育依其辦理性質，由學校提供學位證書、畢業證書、學分證明或學習時數證明。（第20條）；學校辦理職業繼續教育，得安排學生至職場接受教育及訓練課程。由學校及合作機構共同規劃、設計，並與學生簽訂職場教育訓練契約。（第21條）

7. 執行教師產業研習或研究事項

專業科目或技術科目教師、專業及技術人員或專業及技術教師，每任教滿六年應至與技職校院合作機構或與任教領域有關之產業，進行至少半年以上與專業或技術有關之研習或研究。（第26條）

(四) 技專校院

1. 依據職能基準每年檢討課程

技專校院辦理職業準備教育，其專業課程得由學校與產業共同設計，建構合宜之課程安排，且兼顧學生職業倫理之培養與職涯發展、勞動及技術法規之認識，並定期更新課程設計；並應依各中央目的事業主管機關所定之職能基準每年檢討課程內容。（第11條）

2. 開設相關實習課程及接受評量

技專校院得依科、系、所、學程之性質，開設相關實習課程。如為校外實習時，其實施方式、實習場所、師資、學分採計、輔導及其他相關事項規定，除法令另有規定外，由學校定之。並由學校檢附校外實習課程計畫書，專案報學校主管機關會商相關政府機關（構）核定名額。學校主管機關得會商公營事業主管機關轉洽所屬事業機構，提供實習之名額、對象及方式，並由學校主管機關依會商結果彙總公告校外實習課程計畫及實習技術生之招募訊息，經評選或甄選決定之。（第12條）；主管機關應就學校辦理實習課程實施績效評量。（第13條）

3. 積極實務教學

學校得遴聘業界專家，協同教學。（第14條第1項）；學校應鼓勵教師及學生參與技藝競賽或取得與所學及就業相關之證照，提升學生就業能力。（第15條第1項）；專科以上學校為辦理職業準備教育，得與產業合作開設專班，授課師資、課程設計、辦理方式、學分採計、職場實習及輔導等事項，由專科以上學校擬訂實施計畫，報經學校主管機關核定後辦理。（第17條第1項）

4. 技職一貫課程之銜接

技專校院應強化職能導向課程，並與技術型高級中等學校、普通型高級中等學校附設專業群科、綜合型高級中等學校專門學程共同建立課程銜接機制，以利學生職能培養。（第18條）

5. 招收實務工作經驗學生入學

技專校院得優先招收具一定實務工作經驗之學生，並於招生相關章則增列實務工作經驗之採認及優惠規定，經招生委員會審議通過，報中央主管機關核定後實施。（第19條）

6. 辦理職業繼續教育

職業繼續教育，得由學校或職業訓練機構辦理。職業繼續教育依其辦理性質，由學校提供學位證書、畢業證書、學分證明或學習時數證明。（第20條）；學校辦理職業繼續教育，得安排學生至職場接受教育及訓練課程。前項職場教育及訓練課程，應由學校及合作機構共同規劃、設計，並與學生簽訂職場教育訓練契約。（第21條）

7. 執行教師產業研習或研究事項

專業科目或技術科目教師、專業及技術人員或專業及技術教師，每任教滿六年應至與技職校院合作機構或與任教領域有關之產業，進行至少半年以上與專業或技術有關之研習或研究。（第26條）

四、師資培育機構

(一) 高級中等以下學校師資職前教育課程

高級中等以下學校師資職前教育課程應將職業教育與訓練、生涯規劃相關科目列為必修學分；高級中等學校職業群科師資職前教育課程，應包括時數至少18小時之業界實習，由師資培育大學安排之。（第24條）

(二) 專業科目或技術科目之教師應具業界實務經驗

技職校院專業科目或技術科目之教師，應具備一年以上與任教領域相關之業界實務工作經驗。但本法施行前已在職之專任合格教師，不在此限。（第25條）

四、產業及產業（職業）公（工）會或組織

(一) 參與中央及直轄市、縣（市）技職教育諮詢會

主管機關應邀請政府相關單位、學者專家、社會人士、企業界代表、學校代表、教師團體代表、產業（職業）公會或工會等單位之代表，組成技職教育諮詢會，提供技職教育相關事項之諮詢。（第8條）

(二) 產業與學校共同設計課程

高級中等以上學校辦理職業準備教育，其專業課程得由學校與產業

共同設計，建構合宜之課程安排，且兼顧學生職業倫理之培養與職涯發展、勞動及技術法規之認識，並定期更新課程設計。（第11條）

(三) 提供實習名額

學校辦理校外實習課程，學校主管機關得會商公營事業主管機關轉洽所屬事業機構，提供實習之名額、對象及方式，並由學校主管機關依會商結果彙總公告校外實習課程計畫及實習技術生之招募訊息，經評選或甄選決定之。（第12條第3項第2款）

(四) 擔任協同教學專家

學校得遴聘業界專家，協同教學；主管機關對有大量員工參與學校實務教學之企業，應予獎勵。（第14條）

(五) 配合辦理產業專班

技術型高級中等學校、普通型高級中等學校附設專業群科及綜合型高級中等學校專門學程為培育特定產業基層技術人力，得專案擬訂計畫，報學校主管機關核定後辦理專班。（第16條）；專科以上學校為辦理職業準備教育，得與產業合作開設專班。（第17條）

(六) 鼓勵在職者參與職業繼續教育

職業繼續教育應以開設在職者或轉業者職場所需課程為主。（第20條）；有必要產業鼓勵在職者參與。

(七) 提供職場教育及訓練課程

學校辦理職業繼續教育，得安排學生至職場接受教育及訓練課程。（第21條）；有必要產業提供機會並協助之。

(八) 協助教師業界實務之研習或研究

技職校院專業科目或技術科目教師、專業及技術人員或專業及技術教師，每任教滿六年應至與技職校院合作機構或與任教領域有關之產業，進行至少半年以上與專業或技術有關之研習或研究。（第26條）；此項政策須足夠的產業界願意支持協助。

(九) 熱心參與及貢獻技職教育

　　私人或團體對於技職教育教學設備研發、捐贈學習或實驗設備、提供實習機會及對學生施以職業技能訓練著有貢獻者，中央主管機關得會商中央目的事業主管機關，予以獎勵。（第27條）

伍　結語與建議

一、結語

　　《技術及職業教育法》為我國技職教育歷經一百多年來的一大突破，對於彰顯技職教育特色，強化技職教育審議、協調與諮詢功能，明定高級中等以下學校應開設或採融入式之職業試探、生涯輔導課程，提供學生職業試探機會，建立正確之職業價值觀，專業課程得由學校與產業共同設計；學校得開設相關實習課程、學校得遴聘業界專家，協同教學；專科以上學校為辦理職業準備教育，得與產業合作開設專班。得由學校或職業訓練機構辦理職業繼續教育，安排學生至職場接受教育及訓練課程。明定技職教育師資的實務專業——含師資職前教育課程、職業群科師資、技職校院專業科目或技術科目之教師等，應具與任教領域相關之業界實務工作經驗等，都有完整的規範。對於我國落實技職教育人才培育的實現，指日可待，值得肯定。

二、建議

　　雖然《技術及職業教育法》的施行，對技職教育已有康莊願景，惟該法尚有美中不足之處，尤其是技職教育經費的保障、稀少性專業技術人才的公費培育、產學合作培育人才誘因的規範及技職教育國際化的輸出方面，本文提供未來修法之參考建議如下：

(一) 技職教育經費的保障

　　技職教育的類、群、科領域相當多元與廣泛，技職教育的軟硬體投資成本，相較於普通教育有過之而無不及，但過去教育經費預算對於需要經常汰舊換新設施的技職校院，往往較低於同層級的普通教育學校。該法是技職教育的特別專法，對於技職教育所需的相關經費若能比

照《科技基本法》模式，加以明確規範保障或設定基本成長幅度，其對技職教育未來的發展，更有充裕經費及十足的保障。

(二) 稀少性專業技術人才的公費培育

由於國內產業變遷迅速，產業結構亦不斷調適因應。許多稀少性類科，常因工作性質或場所恐有安全風險或職場環境不佳，甚或需仰賴體能勞力的職業，面臨人才不易尋覓，或產生斷層現象，加上少子女化的衝擊，勢將造成人才不濟的現象，如海事、漁業、模具、機械、化工等類學生漸少，技術型高級中學卻不斷增加餐飲、美容美髮等類服務性質學生。因而，對於稀少性專業技術人才的培育，有必要透過政府更強勢的政策導引以解產業缺工危機。建議政府比照《師資培育法》採部分公費措施，透過《技術及職業教育法》的公費培育規範，促使我國產業人才的培育更能永續均衡發展。

(三) 產學合作培育人才誘因的規範

產學合作是技職教育的重要特色之一。該法雖然規範學校應與業界共同設計課程、提供實習課程、遴聘業界專家進行協同教學，以及專業科目或技術科目教師、專業及技術人員或專業及技術教師赴產業研習或研究。這些思考的主體方向，都是站在學校端思考，較欠缺自產業端的角度來構思，如產業需工類別、人才層級、證照標準，以及產業投入技職教育之軟硬體經費得予減免稅賦之誘因措施，均乏特別規範，未來在落實產學合作人才互動與交流方面，宜有更多產業興利誘因，使產業界樂於主動奉獻更多技職教育的投入。

(四) 技職教育國際化的輸出

政府積極推展教育國際化，設定2015年招收境外學生人數可達10萬人以上目標。多年來教育部技職司亦採「向上取經、向下傳經」的技職教育輸出政策，且已發揮不少成效。換言之，技職教育是臺灣足以對外輸出的強項，該法在此方面亦未涉及，殊稍可惜。未來若有修法，可考慮將技職校院招收國際學生、境外學生、國際技藝能人才培訓中心、申辦國際技能檢定等構思加以考量，一方面提高我國技職教育能見

度：另一方面達成技職教育文化交流之政策目標。

參考文獻

技術及職業教育法（2015年1月14日）。教育部主管法規查詢系統，取自http://edu.
　　law.moe.gov.tw/LawContent.aspx?id=GL001405

教育部（2011）。建國百年技職教育專刊。取自http://www.edu.tw/FileUp-
　　load/1052-14037/Documents/建國百年技職教育專刊（印）.pdf

教育部（2013）。人才培育白皮書。取自http://www.edu.tw/userfiles/url/201503191852
　　01/%e6%95%99%e8%82%b2%e9%83%a8%e4%ba%ba%e6%89%8d%e5%9f%b9%
　　e8%82%b2%e7%99%bd%e7%9a%ae%e6%9b%b8.pdf

教育部（2014）。立法院三讀通過「技術及職業教育法草案」。取自http://www.
　　edu.tw/news1/detail.aspx?Node=1088&Page=25977&Index=1&WID=560d2ade-
　　378e-4cb6-8cb4-c2ce2b227759

討論與問題

一、我國已實施技職教育多年，為何還須訂頒《技術及職業教育法》？

二、《技術及職業教育法》的立法宗旨與重要特色為何？

三、《技術及職業教育法》有哪些重要規範具有創新價值？

四、《技術及職業教育法》在技職教育之規劃及管理方面，對政府機關有哪些具體規範？對技職教育有何影響？

五、《技術及職業教育法》在職業試探教育之實施有哪些具體規範？對高級中等以下學校提供學生職業試探機會，建立正確之職業價值觀有何影響？

六、《技術及職業教育法》在職業準備教育之實施有哪些具體規範？對高級中等以上學校之課程、實習、協同教學、技藝競賽、就業相關之證照及產業專班等有何影響？

七、《技術及職業教育法》在職業繼續教育之實施有哪些具體規範？對學生至職場接受教育及訓練課程有何影響？

八、《技術及職業教育法》對師資職前養成及專業科目或技術科目教師、專業及技術人員或專業及技術教師赴產業研習或研究有何規範？對技職教育的發展有何影響？

九、《技術及職業教育法》對主管機關應行事項有何規範？對技職教育有何影響？

第三章

歐盟職業教育與訓練品質確保策略初探

胡茹萍

吾生也有涯，而知也無涯。 ～莊子

　　歐盟職業教育與訓練品質確保之推動策略，其脈絡清晰，自2000年以降，每二年定期檢視及確認發展要項，並形成正式文書，以利遵循。為利各國確保其職業教育與訓練之品質，歐盟積極發展相關工具，例如：品質確保參考架構、歐洲資歷架構、歐洲職業教育與訓練學分轉換系統、歐洲通行證、歐洲移動力品質許可證等，供各國、個人、團體及相關部門運用。而為利決策周延及減少實施阻礙，設立品質確保網絡，經由歐盟各會員國、候選國及歐洲經濟區協定國家所推派之代表、社會夥伴、歐盟執委會、指導委員會顧問、秘書處及協同專家，共同監督、管理及執行品質確保事宜。且為使職業教育與訓練能與時俱進、創新並契合勞動市場需求，並藉由相關網絡之連結，例如：歐洲終身輔導政策網絡、訓練者訓練網絡，以及相關研究之支持與協助，例如：歐洲研究綜覽、歐洲技術及職業教育與訓練論壇，歐盟推動職業教育與訓練品質保證之策略，持續創新。

🏵 壹　前言

　　2001年歐盟執委會（European Commission）首度設立歐洲職業教育與訓練品質論壇（the European Forum on Quality in VET），期藉由該論壇促使各會員國、社會夥伴及歐盟執委會共同協力，就職業教育與訓練品質確保事宜，進行溝通及持續對話。2002年再建置職業教育與訓練品質技術工作團隊（以下簡稱技術工作團隊）（the Technical Working Group on Quality in Vocational Education and Training, TWG）以推展哥本哈根進程（Copenhagen Process）中所提對職業教育與訓練應達成之品質目標。技術工作團隊於2004年發展「歐洲職業教育與訓練品質確保通用架構」（以下簡稱品質確保通用架構）（the Common Quality Assurance Framework, CQAF），提供各會員國研訂及改善各國職業教育與訓練系統之參照（EQAVET, 2015a; European Commission, 2014）。

　　2005年歐盟執委會建置職業教育與訓練品質確保歐洲網絡（以

下簡稱歐洲網絡）（European Network on Quality Assurance in VET, ENQA-VET），俾以庚續及強化技術工作團隊（TWG）之任務及提供會員國對話平臺。2009年6月歐洲議會（European Parliament）及歐盟理事會（Council of the European Union）共同通過《歐洲職業教育與訓練品質確保參考架構建制建議書》（*Recommendation of the European Parliament and the Council on the Establishment of a European Quality Assurance Reference Framework for Vocational Education and Training*）。2010年歐盟執委會設立歐洲職業教育與訓練品質確保網絡（以下簡稱品質確保網絡）（European Quality Assurance in Vocational Education and Training network, EQAVET）取代歐洲網絡，繼續扮演改進及支援歐洲職業教育與訓練品質提升之任務（EQAVET, 2015a; European Commission, 2014）。

另自2000年「里斯本策略」（Lisbon Strategy）提出後，歐盟教育與訓練間之合作關係，逐步增強，而2001年所提出之「教育及訓練2010方案」（the Education and Training 2010 work programme）則是將合作策略具體化並予以實踐。2009年歐盟理事會接續再提出「歐洲教育與訓練合作策略架構」（the strategic framework for European cooperation in education and training, ET2020），冀意藉由教育與訓練之合作，提供各會員國、歐洲公民及相關職業教育與訓練機構能達成「實踐終身學習及跨域、跨界流動」、「增進教育與訓練之品質及效能」、「提升公平、社會融合及活躍之公民權利」及「增強各階段教育及訓練之創意與創新能力」，俾以配合歐洲社會經濟成長需求及達成社會正義與融合之目標（EQAVET, 2015b; Cedefop, 2015a）。

本文藉由文獻及文件分析，針對影響歐洲職業教育與訓練品質確保之重要政策、主要推動機構及其職責，以及推動之相關措施，分別予以說明，期以之形塑品質保證制度之具體圖像，提供我國技術及職業教育建構品質保證制度之參考。

貳　影響歐盟職業教育與訓練品質確保之重要政策

茲根據時間先後，說明影響歐盟職業教育與訓練品質確保制度之

重要政策如下（EQAVET, 2015b; European Commission, 2008, 2010, 2014）：

一、里斯本進程（Lisbon Process）

2000年3月，歐洲理事會（the European Council）於葡萄牙里斯本召開會議，並提出里斯本策略，定位歐洲於2010年將成為世界上最具有競爭力之知識經濟地區，因此提升歐洲公民之移動力（mobility）及就業力（employability）即屬重要，而高品質之職業教育與訓練，則為關鍵之驅力。自此，職業教育與訓練之品質問題，開始受到歐盟之關切。

二、哥本哈根進程（Copenhagen Process）

2002年11月，歐盟執委會與歐盟各會員國、候選國及歐洲經濟區協定國家負責職業教育與訓練之部長級人員，共同在丹麥哥本哈根會商，並確認通過強化歐洲各國職業教育與訓練之合作，達成里斯本進程所提出之策略；換言之，提升歐洲各國在職業教育與訓練品質確保層面之努力，係為哥本哈根進程重要任務之一。是以，發展具共同性之職業教育與訓練品質確保架構，乃為此時之重點項目。

三、馬斯垂克公報（Maastricht Communiqué）

2004年12月在荷蘭馬斯垂克召開部長層級會議，除對已進行之哥本哈根進程予以檢討外，並持續執行且與「教育及訓練2010方案」更加緊密結合。在馬斯垂克公報中，除重申職業教育與訓練系統高品質及創新之重要性外，並特別指明各國應加強訓練單位及工作職場之教學方法與學習環境，強化職業教育與訓練教師及訓練師之能力，提升公私部門對於職業教育與訓練之資源投入，以及對於年老工作者、學校中輟生、移民、身障者、失業者或低技能者之需求，應予關注。基此，在歐盟層級上，設定研擬「歐洲資歷架構」（European Qualifications Framework, EQF）及「歐洲職業教育與訓練學分轉換系統」（European Credit Transfer System for Vocational Education and Training,

ECVET）。此外，對於職業教育與訓練教師及訓練師之學習需求與有關職業教育與訓練統計資料之準確性，亦受到重視。

四、赫爾辛基公報（Helsinki Communiqué）

2006年12月，歐盟執委會與歐盟各會員國負責職業教育與訓練之部長級人員，以及具全歐代表性之社會夥伴（Social Partners）在芬蘭赫爾辛基舉行會議，並發表赫爾辛基公報。公報中設定二年內應達成之重點目標，包括強化與職業教育與訓練利害關係人之對話溝通，讓職業教育與訓練之品質提升及具備吸引力，繼續發展「歐洲資歷架構」（EQF）及「歐洲職業教育與訓練學分轉換系統」（ECVET）等共通性工具，增強歐盟各國在品質確保機制上之協同合作，以及至2008年相關統計資料應具備可信賴性與可比較性。

五、波爾多公報（Bordeaux Communiqué）

2008年11月，歐盟執委會與歐盟各會員國負責職業教育與訓練之部長級人員，以及具全歐代表性之社會團體在法國波爾多召開會議，研商未來二年之重點執行項目。波爾多公報指出工作重點將聚焦於「歐洲職業教育與訓練學分轉換系統」及「歐洲職業教育與訓練品質確保參考架構」（以下簡稱品質確保參考架構）（European Quality Assurance Reference Framework for Vocational Education and Training, EQARF for VET）之實施；此外，亦藉由職業準備教育與職業繼續教育之提供，強化與勞動市場之緊密結合。而為確保職業教育與訓練之品質，以利各國間之職業教育與訓練體系能透明及相互信任，則職業教育與訓練之教師及訓練師，渠等能力之提升應再予增強，且契合式課程之提供，亦為趨勢之一。

六、布魯日公報（Bruges Communiqué）

2010年12月，歐盟執委會與歐盟各會員國負責職業教育與訓練之部長級人員，以及具全歐代表性之社會團體在比利時布魯日，針對哥本哈根進程相關策略，予以檢討，並再設定2011至2020年期間，各國職

業教育與訓練之發展及合作重點。在布魯日公報中特別強調應大量提供民眾各階段教育與訓練學習管道,並應提供更多機會促進歐洲公民海外體驗與訓練之機會,以利提升語言能力、增強自信及適應力。

承上,歐盟對於職業教育與訓練之品質確保策略,除訂定具體政策外,並定期(每二年)檢視及再確認執行重點項目;而合作及執行內容,則自各國制度檢視,再提供相關工具供各國參照運用,同時並逐步廣納參與代表,與實務現場作更緊密結合。

參 推動歐盟職業教育與訓練品質確保策略之主要機構及其職責

2010年由歐盟執委會所設立之品質確保網絡(EQAVET),乃是推動歐盟職業教育與訓練品質確保策略之主要機構,其任務主要有四項,分別是:1.協助成員國發展有效之方法,以利執行《歐洲職業教育與訓練品質確保參考架構建制建議書》;2.發展重視職業教育與訓練之品質文化;3.協助成員國及歐盟執委會監督管理及執行《歐洲職業教育與訓練品質確保參考架構建制建議書》;以及4.協助維持「歐洲資歷架構」(EQF)及「歐洲職業教育與訓練學分轉換系統」(ECVET)之施行品質。而品質確保網絡之執行方法則是經由討論,形成共識,並藉由團體協力,實踐政策。品質確保網絡係由歐盟各會員國、候選國及歐洲經濟區協定國家所推派之代表、社會夥伴及歐盟執委會共同組成;同時並設有指導委員會(Steering Committee)、顧問、祕書處及協同專家(EQAVET, 2015c)。

一、各國代表

迄至2015年參與品質確保網絡之國家,共計34國[1]。各國有二位代

---

1 參與品質確保網絡之國家分別是:奧地利、比利時、保加利亞、克羅埃西亞、賽普勒斯、捷克、丹麥、愛沙尼亞、芬蘭、法國、德國、希臘、匈牙利、愛爾蘭、義大利、拉托維亞、立陶宛、盧森堡、馬爾他、荷蘭、波蘭、葡萄牙、羅馬尼亞、斯洛伐克、斯洛維尼亞、西班牙、瑞典、英國、馬其頓、土耳其、冰島、列支敦斯登、挪威及瑞士。

表，其中一位為負責職業教育與訓練品質確保事務之相關部會部長，另一位則為各該國有關品質確保機制之聯繫窗口，又稱為國家品質確保參照據點（Quality Assurance National Reference Point, NRP）。國家品質確保參照點之主要功能為協助歐盟層級相關品質確保政策及活動之推行，同時亦提供各國，發展及建立內部自身品質確保機制之協助。

二、社會夥伴

社會夥伴對於歐洲職業教育與訓練品質確保參考架構（European Quality Assurance Reference Framework for Vocational Education and Training）之執行，至為關鍵。迄至2015年，社會夥伴代表計有四大組織，分別是歐洲工會聯盟[2]（European Trade Union Confederation, ETUC）、歐洲雇主組織[3]（BUSINESSEUROPE）、歐洲手工業及中小企業協會[4]（European Association of Craft, Small and Medium-sized Enterprise, UEAPME），以及歐洲公共服務雇主及企業中心[5]（European Centre of Employers and Enterprises, CEEP）。社會夥伴之參與可提供來自職業現場之真實需求，同時亦可瞭解各國職業教育與訓練利害關係人之意見，有利於職業教育與訓練品質確保之實踐。

三、歐盟執委會

品質確保網絡之主席係由歐盟執委會推派代表擔任之，同時也由執委會負責敦促各國及社會夥伴共同參與。每四年歐盟執委會要向歐洲議會就執行成效及未來作為，包括對2009年發布之《歐洲職業教育與

2　歐洲工會聯盟創立於1973年，包括83個全國性工會聯盟，會員數達6,000萬人。

3　歐洲雇主組織創立於1949年，2007年更為此名，包括40個聯盟，涵蓋34個國家，2,000萬家公司之組織。

4　歐洲手工業及中小企業協會包括82個組織，代表1,200萬家手工業及中小企業，涵蓋5,500萬名員工。

5　歐洲公共服務雇主及企業中心，其成員包括17個國家有關提供公共服務之組織及3個聯盟團體，分別是：歐洲廣播協會、歐洲醫院及健康照護雇主協會與歐洲教育產業聯合會。

訓練品質確保參考架構建制建議書》之檢討或修正意見，提出正式報
告。

四、指導委員會

指導委員會共有9位成員，其中3位由歐盟推派，4位為選舉委員，
2位為社會夥伴代表。其主要任務包括向歐盟執委會提供建言，反映各
會員國政策需求情境，以及協調其他相關政策間之發展重點與策略銜
接。

五、顧問

品質確保網絡有二大技術及科學支援單位，分別是：歐洲職業訓練
發展中心[6]（European Centre for the Development of Vocational Train-
ing, Cedefop）及歐洲訓練基金會[7]（European Training Foundation），
提供歐洲職業教育與訓練相關議題及研究成果，以利品質確保之政策決
定、機制建置及相關改善措施之研議。

六、祕書處

祕書處乃為品質確保網絡之執行單位。藉由創造有效之協同合作文
化（collaborative culture），祕書處針對歐洲職業教育與訓練品質確保
參考架構，提供領導、專業及行政支援，尤其與各國國家品質確保參照
據點（NRP）間之密切聯絡與合作，以利各國推動相關事務。品質確保
網絡所有成員原則上一年舉行一次年度大會，平時則是運用線上通訊系
統，進行對話、形成共識、協同合作及實踐行動。

---

6 歐洲職業訓練發展中心創立於1975年，其主要任務為提升及發展歐盟職業教育與訓練
之研發機構。

7 歐洲訓練基金會創立於1990年，其任務為協助歐盟夥伴國家，例如：經濟轉型國家
（transition countries）或發展中國家（developing countries）藉由教育與訓練之革
新，充分運用各該國家之人力資本，以增進社會融合及社會繁榮。

七、協同專家

　　爲協助祕書處推展品質確保事宜，聘請決策及品質確保專家進行協助，亦有實務上之需要，而專家之選聘資格，多爲具備參與擘劃歐盟職業教育與訓練政策經驗之專業人士，例如：參與訂定「教育及訓練2010方案」、「歐洲教育與訓練合作策略架構」或哥本哈根進程等，以利政策推動之修正與延續。

　　據上說明，推動歐盟職業教育與訓練品質之主要機構──品質確保網絡，乃是由多方關係人所共同組織而成，且具有各方代表性，包括國家政策決策單位、產業、雇主、就業者及專業人士。另外，以國家品質確保參照據點，再擴及各國相關利害關係人之方式，除就各國之意見蒐集有對口單位外，就歐盟相關政策之推動，亦能確保資訊傳遞精確之效。

肆　歐盟推動職業教育與訓練品質確保相關措施

　　有鑑於品質確保網絡（EQAVET）之主要任務爲實踐《歐洲職業教育與訓練品質確保參考架構建制建議書》，故就品質確保參考架構（EQARF for VET）之內容，予以概述；另外，職業教育與訓練品質之提升，非僅依賴上述品質確保參考架構之實施即爲已足，爰就歐盟相關措施，概述於後，以利綜覽全貌。

一、歐洲職業教育與訓練品質確保參考架構

　　品質確保參考架構乃是植基於品質確保通用架構（CQAF）及歐洲網絡（ENQA-VET）所建置之基礎。品質確保參考架構之方法論包括四大步驟，分別是：「目的及規劃」（purpose and plan）、「實施」（implementation）、「評鑑及評價」（assessment and evaluation）及「回饋及改善」（feedback and procedures for change），且此四大步驟是循環進行。至於品質確保參考架構之指標則有十項，分別是：1.職業教育與訓練提供者其品質確保系統之關聯性；2.教師及訓練師之訓練投資；3.職業教育與訓練課程參與率；4.職業教育與訓練課程完成

率；5.職業教育與訓練課程人員配置率；6.在工作職場所學技能之運用情形；7.失業率；8.弱勢團體之多寡情形；9.確認勞動市場訓練需求之機制；及10.提升職業教育與訓練學習機會之體制結構（Cedefop, 2007; European Union, 2009a）。

二、歐洲資歷架構

2008年4月歐洲議會及歐盟理事會通過「邁向終身學習之歐洲資歷架構建制建議書」（Recommendation on the Establishment of the European Qualifications Framework for Lifelong Learning），其主要目的是藉由「歐洲資歷架構」（EQF）之建立，涵蓋普通教育、職業教育與訓練體系之資格獲得，俾利彼此間之轉銜能有透明及比較之基礎；也因其強化不同管道之學習能促進學習者或工作者融合所學，培養就業力及移動力，是以，歐洲資歷架構之建立有助於正規教育、非正規教育及非正式教育間之轉銜。而為兼顧各管道之學習品質，上開歐洲資歷架構建制建議書亦強調各會員國在依循歐洲資歷架構建立自身資歷架構時，應就內部及外部之品質監督管理系統，詳予規劃。且於建議書內亦載明品質確保系統應包括「明確及可量測之目標及標準」、「適配之資源投入」、「一致及連貫之評價方法」、「自我評鑑及外部檢核之結合運用」、「回饋及改善機制」，以及「評鑑或評價結果之可取得性」等項目（European Communities, 2008）。

三、歐洲職業教育與訓練學分轉換系統

2009年5月歐洲議會及歐盟理事會通過「歐洲職業教育與訓練學分轉換系統建制建議書」（Recommendation on the Establishment of the European Credit Transfer System for Vocational Education and Training）。歐洲職業教育與訓練學分轉換系統（ECVET）旨為承認、認證及累積學習者個人之學習成果，以利資格之取得。也因為有此學分轉換系統，個人學習成就能藉由公開透明之設計，達成跨地域之學習及促進個人之移動力（European Union, 2009b）。

四、歐洲通行證

2004年12月歐洲議會及歐盟理事會通過建立歐洲通行證（EURO-PASS），幫助個體建立自身之能力及資歷檔案，使個體之資格條件更容易被其他歐洲國家瞭解，不僅能增進個體就業之機會，亦能讓雇主瞭解職工之能力，同時也有助於教育及訓練單位檢視課程內容之適切性。歐洲通行證網頁上提供五份文件檔案供個體運用，亦即「履歷」（Curriculum Vitae）及「語言護照」（Language Passport）二份文件檔案由歐洲公民自行填寫使用；另外三份，分別是「歐洲通行移動檔」（Europass Mobility），記錄個體在其他歐洲國家所獲得之知能及技能資料；「證書檔案」（Certificate Supplement），描述職業教育與訓練證書持有者之知能及技能；以及「文憑檔案」（Diploma Supplement），描述高等教育文憑持有者之知能及技能，此三份文件則必須由各該國家歐洲通行證中心核發，始具效力（EUROPASS, 2015）。

五、歐洲終身輔導政策網絡

歐洲終身輔導政策網絡（European Lifelong Guidance Policy Network, ELGPN）之建立，主要係為協助歐盟各會員國之教育及就業部門能以終身輔導之思維，發展相關政策，以利歐洲公民終身學習，進而促進歐洲各國之繁榮。在終身學習思維引導下，本政策網絡藉由主題活動設計，透過各會員國現有政策之實踐，以證據（evidence-base）為基礎，並自使用者角度出發，進行各會員國教育與訓練系統所定品質確保指標之再檢視及改進（ELGPN, 2015）。

六、歐洲移動力品質許可證

2006年8月歐洲議會及歐盟理事會通過建立歐洲移動力品質許可證（European Quality Charter for Mobility），其係根據2000年移動力行動計畫（Mobility Action Plan of 2000）及2001年歐洲議會及歐盟理事會就移動力所作第一次建議書之內容，再予強化。歐洲移動力品質許可證之主要目的即為強化赴國外學習之學生、受訓者、教師、訓練師

或志工等，無論其係因正規、非正規、個人興趣或專業成長所需之學習及經驗，不管是在學習國或是回到本國，都能確保該學習及經驗具備積極與建設性之效益。基此，移動力品質許可證中所列各要項即為品質確保之指引，包括詳細資訊及輔導說明、學習計畫、個別化資訊（含相關學習管道、技能需求或參與動機等）、事前準備（例如：語言、教學、行政、法律規範、文化差異、財務資訊等）、語言能力及可獲協助評估、相關支援（含住宿、交通、保險、工作許可、獎助金或貸款等）、負責指導人員或單位、資格或能力認證（例如：歐洲通行證）、學習計畫成效評量，以及相關參與者之承諾等事項（European Union, 2006）。

七、歐洲研究綜覽

歐洲研究綜覽（European Research Overviews, ERO）係屬於歐洲職業訓練發展中心（Cedefop）下之一項計畫，提供職業教育與訓練及相關領域之跨國研究，其研究主題包括職業教育與訓練之效益、勞動市場之轉變、職業教育與訓練之效能及品質保證，以及職業教育與訓練及相關就業之勞動力及移民政策等（Cedefop, 2015b）。

八、歐洲技術及職業教育與訓練論壇

歐洲技術及職業教育與訓練論壇（European Forum of Technical and Vocational Education and Training, EfVET）是唯一由全歐洲國家之技術及職業教育與訓練提供者所組成之專業組織。其任務主要係促進歐洲各國技術及職業教育與訓練之品質及創新，並透過歐洲各國之合作技術及職業教育與訓練機構之合作，對歐洲技術及職業教育與訓練政策產生影響力（EfVET, 2015）。

九、訓練者訓練網絡

訓練者訓練網絡（Training of Trainers Network, TTnet）係於1998年由歐洲職業訓練發展中心所設立。其服務對象主要為技術及職業教育教師與訓練師，提供教師與訓練師創新教學方法與提升教學品質

（Cedefop, 2015c）。

伍　結語

綜觀歐盟職業教育與訓練品質確保之推動策略，其脈絡清晰，自2000年以降，每二年定期檢視及確認發展要項，並形成正式文書，以利遵循。在終身學習思維下，職業教育與訓練扮演促進社會融合、經濟發展及提升個體移動競爭力及就業力之重要角色，是以，確保職業教育與訓練之品質係為政策推動核心目標，故為利各國確保其職業教育與訓練之品質，歐盟積極發展相關工具，例如：品質確保參考架構、歐洲資歷架構、歐洲職業教育與訓練學分轉換系統、歐洲通行證、歐洲移動力品質許可證等，供各國、個人、團體及相關部門運用。而為利決策周延及減少實施阻礙，設立品質確保網絡，經由歐盟各會員國、候選國及歐洲經濟區協定國家所推派之代表、社會夥伴、歐盟執委會、指導委員會顧問、祕書處及協同專家，共同監督、管理及執行品質確保事宜。且為使職業教育與訓練能與時俱進、創新並契合勞動市場需求，並藉由相關網絡之連結，例如：歐洲終身輔導政策網絡、訓練者訓練網絡，以及相關研究之支持與協助，例如：歐洲研究綜覽、歐洲技術及職業教育與訓練論壇，歐盟推動職業教育與訓練品質保證之策略，持續創新。

按2015年對於臺灣技術及職業教育之發展，具有劃時代意義，蓋因《技術及職業教育法》經總統明令公布施行。就技職教育之實施，《技術及職業教育法》明示技專校院應強化職能導向課程；對學校辦理實習課程者，主管機關應實施績效評量；學校辦理職業繼續教育安排學生至職場接受教育及訓練課程時，主管機關得進行實地訪視，而職業訓練機構辦理職業繼續教育時，主管機關應辦理評鑑或訪視。至就學校辦學之品質，則係回歸各級學校或教育階段法律規範之。參酌歐盟職業教育與訓練之品質確保策略，吾人可進一步思索臺灣技術及職業教育相關法制規範是否周全，以及技術及職業教育之品質確保機制是否周延及有效！

參考文獻

Cedefop (2007). Fundamentals of a common quality assurance framework (CQAF) for VET in Europe. Luxembourg: Office for Official Publications of the European Communities.

Cedefop (2015a). *Stronger VET for better lives*. doi:10.2801/8123

Cedefop (2015b). *European research overviews*. Retrieved from http://www.cedefop.europa.eu/en/events-and-projects/projects/european-research-overviews

Cedefop (2015c). *Training of trainers network*. Retrieved from http://www.cedefop.europa.eu/en/events-and-projects/networks/training-trainers-network-ttnet

EfVET (2015). *Information*. Retrieved from http://www.efvet.org/index.php?option=com_frontpage&Itemid=25

ELGPN (2015). *About us*. Retrieved from http://www.elgpn.eu/about-us

EQAVET (2015a). *An instrument for improving the quality of VET system*. Retrieved from http://www.eqavet.eu/gns/policy-context/european-quality-assurance-reference-framework/framework-overview.aspx

EQAVET (2015b). *European policy*. Retrieved from http://www.eqavet.eu/gns/policy-context/european-policy.aspx

EQAVET (2015c). *Network members*. Retrieved from http://www.eqavet.eu/gns/about-eqavet/network-members.aspx

EUROPASS (2015). *About europass*. Retrieved from http://europass.cedefop.europa.eu/en/about

European Commission (2008). *Bordeaux Communiqué*. Retrieved from http://ec.europa.eu/education/policy/vocational-policy/doc/bordeaux_en.pdf

European Commission (2010). *Bruges Communiqué*. Retrieved from http://ec.europa.eu/education/policy/vocational-policy/doc/brugescom_en.pdf

European Commission (2014). *Report from the Commission to the European Parliament and the Council*. Retrieved from http://ec.europa.eu/education/policy/vocational-policy/doc/eqavet_en.pdf

European Communities (2008). *The European qualification framework (EQF)*. Retrieved from http://www.ecompetences.eu/site/objects/download/4550_EQFbroch2008en.pdf

European Union (2006). European quality charter for mobility. *Official Journal of the European Union*, L394/8. Retrieved from http://q-planet.org/O_D7.3_Annex1_European%20Quality%20charter%20for%20mobility_official.pdf

European Union (2009a). Recommendation of the European Parliament and of the Council on the establishment of a european quality assurance reference framework for vocational education and training. *Official Journal of the European Union*, C155/11. Retrieved from http://eur-lex.europa.eu/LexUriServ/LexUriServ.do?uri=OJ:C:2009:155:0001:0010:EN:PDF

European Union (2009b). Recommendation of the European Parliament and of the Council on the establishment of a european credit system for vocational education and training (ECVET). *Official Journal of the European Union*, C155/11. Retrieved from http://www.ekk.edu.ee/vvfiles/0/ecvet_recommendation_2009_en.pdf

問題與討論

一、我國技術及職業教育之品質確保機制為何？

二、為確保技術及職教育品質，我國是否需要專責機構執行之？

三、為我國技術及職業教育之永續發展，我國是否需要設立專門研究中心？如何整合現有研發能量永續發展？

第四章

檢視十二年國民基本教育政策執行 ——政策分析的觀點

顏國樑、任育騰

仁言，不如仁聲之入人深也。善政，不如善教之得民也。善政
民畏之，善教民愛之；善政得民財，善教得民心。

〜孟子・盡心篇

壹　前言

　　教育政策在於解決教育問題，而教育問題能否圓滿解決，則有賴教
育政策的有效執行。教育政策在規劃階段就須考慮經費、人員、資訊
等執行因素，亦即應考慮以充分的經費作為政策執行的主要資源；次以
具有強烈執行信心，和具備足夠知識與技術之質量適當的工作人員，作
為推動政策的動力；而人員是否能夠發揮執行力，則有賴於充足的資
訊（林政逸，2005；顏國樑，1997；Sabatier & Mazmanian, 1979）。
換言之，所謂教育政策執行之意義係指「教育政策經過合法化後，負責
執行的教育機關與教育人員，結合各種資源，採取適切有效的行動策
略；並在執行過程中，因應外在環境，不斷進行協商和修正，使政策內
容付諸實施，以達成教育政策目標的過程」（顏國樑，2014a）。

　　十二年國民基本教育（簡稱十二年國教）首先揭櫫「提升中小學教
育品質、成就每一個孩子」的教育願景，而有關國家發展議題之「厚
植國家競爭力」亦跨入教育領域，成為十二年國教的第三個願景（教
育部，2011a）。此政策所欲處理的教育政策問題，以其與政府教育部
門的教育目的、本質有關，並涉及政府機關內部或彼此間最高層次的問
題，即中央、省市、縣市政府所須共同面對的教育整體問題，故屬重大
問題（major problems）（丘昌泰，2013；吳定，2013），不僅涉及教
育機關任務的問題，並與教育理念的改革息息相關。

　　教育政策的分析即是分析政策的運作過程，始於「政策問題形
成」，銜接後續「政策規劃、政策合法化、政策執行及政策評估」等階
段，此五個階段並皆受到環境系絡及回饋的影響。上述五個階段有其彼
此前後連續性的系統性關係（吳定，2013；顏國樑，2014a、2014b；
Anderson, 2003; Dunn, 2011）。而教育政策之付諸實施，強調政策執
行的層面，應重視教育政策制定與政策執行的緊密配合，應避免二者之

間產生「失去連結（missing link）」的狀況（Hargrove, 1981）。

　　就十二年國教教育政策過程而言，政策執行階段居於承先啓後的位置，並爲將來政策評估的標的之一。因此，本文對十二年國教政策執行階段進行探討，檢視和分析其中衍生而出的若干非預期問題。此一分析工作，恰爲其時，並爲值得研究的重要議題。

貳　十二年國教政策的規劃歷程與執行現況

一、規劃過程

　　以2000年和2008年爲分界點，十二年國教政策方案的相關規劃分別如下（任育騰，2015）：

(一) 2000-2007年之政策規劃

　　2000年總統大選後，教育部研擬十二年國民教育的規劃作業。2001年進行「延伸國民基本受教年限規劃研究」。2003年委託學者進行十二年國教的理論基礎、辦理模式、教學資源及課程，以及教育經費需求推估等研究計畫。2003年9月，教育部舉辦「新世紀全國教育發展會議」，決議推動「十二年國民基本教育」。2004年，籌組「推動十二年國民教育先期工作小組」，積極推動十二年國教規劃工作。2006年完成十二年國教規劃方案，擬訂經濟弱勢私立高中職學生學費補助計畫。2007年2月27日，行政院蘇貞昌院長宣布推動十二年國教實施計畫，2009年全面實施。重點爲：「基測、非強迫入學，補助弱勢學生學費」。

(二) 2008-2012年之政策規劃

　　2008年6月教育部成立「中小學永續發展委員會及升學制度審議委員會」，研議高中職升學制度。2009年4月發布《高中職適性學習社區教育資源均質化實施方案》，9月發布《擴大高中職及五專免試入學實施方案》。2010年8月教育部召開第八次全國教育會議，達成設立「跨部會專案小組」的共識。2011年2月成立十二年國教教育推動小組，由吳清基部長擔任小組召集人，研議實施計畫及相關配套措施。2011年9

月20日行政院核定《十二年國民基本教育實施計畫》，宣布自2014年實施。重點爲：「免試、自願非強迫入學，免學費」。

二、十二國教政策執行現況

我國自1968年起，實施九年國民義務教育，前六年爲國民小學教育，後三年爲國民中學教育。迨至1979年《國民教育法》確立了九年國民教育爲義務教育；1982年修正公布《強迫入學條例》，6至15歲學童全面強迫入學，九年國教之實施至今，其成效已能普遍提高我國國民素質。至於在中等教育方面，聯合國教科文統計機構的《2011全球教育摘要報告》曾指出：中等教育（secondary education）之重要角色在於凝聚與創造健全的社會；中等教育爲教育系統的關鍵階段，不僅連接了初等教育與高等教育，亦串連了學校系統與勞動市場，而具有刺激經濟成長的作用（UNESCO Institute for Statistics, 2011）。

往昔社會輿論皆認爲升學壓力肇因於文憑主義，社會上執持著「萬般唯有讀書高」的士大夫觀點。然而，處在知識與科技發展迅速的今日，人力資本論者則指出了升學壓力的實際因素——人們求學並接受教育，是爲了獲得較高的薪資。加以目前推廣之證照制度，考試常是能脫穎而出的社經路徑，致使文憑制度根深柢固於世人的腦海中，難以拔除。

比較前述二期間之十二年國教規劃重點，2011年之規劃，雖已將「基測」置換爲「免試」的名詞，但社會上仍不明瞭政策的相關配套措施，直指教育會考仍等同國中基測（林萬益，2014；謝國清，2012）。

2013年7月10日作爲實施後期中等教育的法源依據——《高級中等教育法》公布之後，十二年國教正式踏上了政策執行的階段。政策所欲照顧的對象爲受教主體——學生，並直接影響到國中學生，如何將學生分發至不同類型（科）學校的升學方式，爲社會大眾所最爲關切的重要議題（李然堯，2003；林新發、鄧珮秀，2013；林芬妃，2013；詹盛如，2007）。在政策實際執行上，會考的確是免試入學的登記條件，考試成績仍是能否進入理想學校的關鍵。

　　2014年第一次教育會考，103學年度第一次免試入學之志願序的比序結果，第一志願報到的人數比率為83.06%（戎華儀，2014；教育部，2014a），但有高分低就與低分高就現象，引發諸多爭議。雖然，心理與教育測驗研究發展中心（2014）聲明「教育會考的主要功能為學力監控」，但在十二年國教的實施初期，會考被冀望能額外達成「安定入學之階段性目標」，但由於15個免試就學區的比序標準不一，卻早已造成一國15制之譏（王鼎鈞，2014；黃以敬，2013；鄭惠仁，2014）。而教育行政主管機關對此之說法為，各區比序標準不同，係其為地方自治之故。對於比序的公平性與全國15區比序標準不一的問題，民間有了「教改應改革教學方法和內容，卻常改考試的入學制度」的聲音（林倖妃，2014；周美里，2014）。8月21日在南投縣埔里鎮舉行之103年度第二次全國教育局處長會議，總結「先免試、後特招、多元入學及一次分發到位」，作為高度共識之說（臺北市教師研習中心，2014）。

　　2015年，考試入學的執行方向仍有變動的傾向，教育部在4月研擬「十二年國教五年精進計畫」，構想免試入學擬自105學年度起採計在校成績（陳映竹，2015）。

　　綜觀上述，實際上政策執行的焦點，確實仍未脫離與國中學生密切相關的升學方式。十二年國教之政策目標大部分與教育理念相關，卻有著無法讓利害關係人能有深切體認與感受的窘境。

參　十二年國教的挑戰

　　政策分析乃是描述與解釋政府活動的原因與結果（Dye, 2007），其分析在於探討政府採取政策行動之後，社會有何變動與不同？在政策執行之際，應有即時（real-time）檢視或評估之必要，檢視的層面包括政府之行動界線（line of action）、組織（organization）、執行能力（competence）和政策執行的各項資源（resources）等，並應注意社會上的非預期問題（unexpected problems）（Hanberger, 2001）。

　　本文基於政策分析的角度，僅檢視十二年國教之政策執行在社會層

面所引起的相關問題，首先分述免試入學[1]、特色招生[2]、政策目標、教師專業與教學負擔，及社會對政策的信心等重大挑戰議題如下：

一、免試入學

(一) 教育會考與免試入學的關係

　　教育部自始以「免試入學」作為政策宣導之重點內容，冀以舒緩升學壓力。並在《十二年國教的願景、理念、目標及方案》架構，如圖1，略去「教育會考」的位置。然而「辦理國中教育會考」的字眼係出現於《十二年國民基本教育實施計畫》之中，載明了「教育會考」只是免試入學的六項配套措施之一（教育部，2011b：8-13）。

(二) 分析教育會考後免試入學所衍生之三項問題

1.《實施計畫書》所列之免試入學目標的虛實問題

　　103學年度第一次免試入學報到的比率為83.06%，已達成《實施計畫》內所擬訂的「75%以上國中應屆畢業學生得以免試方式進入就學區內高中高職學校就讀」的目標（教育部，2011b：37）。比對2006年資料，全國公私立高中97-99學年度新生入學基本資料，如以直轄市、縣（市）行政區並輔以鄰近縣市所形成之共同就學區為規劃範圍，新生入學平均比率已達80%以上（教育部，2006）。就高中入學考試而言，國中基測與教育會考二者之升學率似乎並無差別。

1　「免試入學」不採計國中學生學習領域評量，在國中階段做好性向探索與適性輔導，參酌學生性向、興趣及能力，提供進路選擇的建議，讓學生適性選擇鄰近學校就讀。當參加免試入學學生之登記人數，未超過主管機關核定學校之招生名額，全額錄取；超過主管機關核定學校之招生名額，依各主管機關訂定適性輔導免試入學作業要點辦理。

2　「特色招生」是指103學年度各招生區有0-25%學生可選擇透過考試分發入學（採學科測驗），或甄選入學（採術科測驗），進入經各主管機關核准辦理特色招生之高中職或五專就讀。

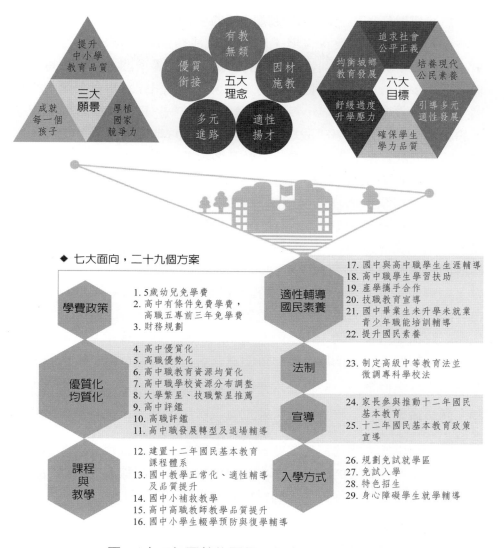

圖1　十二年國教的願景、理念、目標及方案

資料來源：教育部（2014b）。十二年國民基本教育──成就每一個小孩子（頁9）。臺北市：作者。

2. 全國與基北區在免試入學超額比序的爭議問題

103學年度首屆教育會考，因為會考成績的比序所產生的混亂現象，造成學生與家長等利害關係人的非議，而彼等所關心的問題是如何考上理想學校的問題。為此，教育部（2015）推出104年會考比序的全國共識版，宣導以變動最小為原則來解決問題——即「調整作文、志願序的順序，合理反映學科成績的表現，消除103年亂象」，並認為「基北區將不同計分系統不當拼裝，分數及名次間會產生重大矛盾」。

3. 免試入學的實質問題

「免試入學」的理念向為學生暨其家長所期待。中教司長曾表示「免試入學的精神只在於減輕孩子的升學壓力，並非完全取消入學考試」（張明文，2010）。而教育研究機構則擬運用教育會考成績作為修訂課綱基礎（國家教育研究院，2013）。但問題是對利害關係人而言，則鮮少能夠理解會考作為課程修訂與高中時期補救教學的參考角色。因此，免試未必能緩和升學競爭與壓力的問題。

綜觀上述三項問題，作為配套措施的「國中教育會考」主宰了「免試入學」的標準，並成為政策執行的重要手段，教育行政主管機關要如何因應，是項需要面對的嚴峻挑戰。

二、特色招生

特色招生的入學途徑係基於多樣性與普及化高中教育的教改理念。為因應學生多元素質的傾向，高中職學校設置特色課程者，得經由特色招生的途徑，達成適性揚才、因材施教的目的。

(一) 特色招生不等於明星學校的關係

十二年國教之特色招生，尤其是考試入學的特色招生，並非等同於進入明星學校之唯一途徑，卻容易被連結至所謂的明星學校，忽略因材施教之辦學意義。所以，應強調特色課程設計乃是作為特色招生基礎的關係，故「甄選入學（術科）的特色招生」與「考試入學的特色招生」的方式與明星高中並非直接相關。

(二) 分析特色招生所滋生的問題

103年特色招生分為「甄選入學（術科）的特色招生」與「考試入學的特色招生」的方式，而「甄選入學（術科）的特色招生」早先於教育會考之前辦理，如圖2。

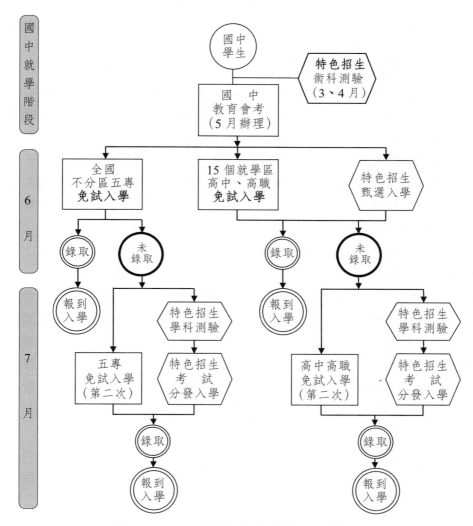

圖2　十二年國教高中教育階段入學流程

資料來源：教育部（2012）。十二年國民基本教育——開啓孩子的無限可能（頁34）。臺北市：作者。

其次，《高級中等教育法》限定「考試入學的特色招生」須在「免試入學」後舉辦——「先免後特」；並且考生必須放棄第一次免試入學登記，亦即放棄會考成績，方能參加「考試入學的特色招生」。相對於「特色招生之術科測驗」可提早在會考之前辦理，則入學方式之調整不無商討餘地！因此，免試入學與特色招生，孰先孰後的問題和與特色課程核定標準之爭議頗多。

三、政策目標

我國《人才培育白皮書》載明了：「十二年國教政策須簡單、明確，讓民眾一目瞭然」（教育部，2013：19）。但是，十二年國教之三大願景、五大理念、六大目標、七大面向及廿九項配套方案，其體系頗為繁複龐雜（江志正，2013；林海清，2012；楊朝祥，2014；薛承泰，2014），以致讓受教相關教育人員、學生及社會大眾有如霧裡看花，難以凝聚共識。

圖1之六大目標中，「追求公平正義的目標和實施特色招生」，互有衝突，自陷困境，無法舒展教育理念；又如「確保學生學力品質的目標與免試入學」，亦難以兼容並蓄；「5歲幼兒免學費的方案與高中有條件免學費」，雖有政府德政之美意，但不應同時置於政策方案中予以等量齊觀，導致政策有失焦之虞。亦有學者認為十二年國教目標體系之繁雜，有著技術面擊垮理念，造成教育理念無法落實的疑慮（薛承泰，2014）。

此外，楊朝祥（2014）指出《十二年國教實施計畫》中列示七項總體目標[3]，僅其中第六項「有效舒緩過度升學壓力，引導國中正常教

3　七項總體目標（教育部，2011b：6）：(1) 提升國民基本知能，培養現代公民素養。(2) 強化國民基本能力，以厚植國家經濟競爭力。(3) 促進教育機會均等，以實現社會公平與正義。(4) 充實高級中等學校資源，均衡區域與城鄉教育發展。(5) 落實中學生性向探索與生涯輔導，引導多元適性升學或就業。(6) 有效舒緩過度升學壓力，引導國中正常教學與五育均衡發展。(7) 強化國中學生學習成就評量機制，以確保國中學生基本素質。

學與五育均衡發展」普爲社會、家長等利害關係人所關注；其餘六項目標，原本即爲教育本身應努力者，未能具足充分地說服力，亦無從獲得社會充分的支持。而如何避免教育價值受到政治與經濟的左右（梁雅賀、孫玉中，2014），更是嚴重的挑戰問題。

四、教師專業與教學負擔

2011年，我國國中生畢業升學率爲97.67%，國中畢業生平均就學機率更高達105.28%，事實上，已實現十二年國民教育的普及教育成果（林新發、鄧珮秀，2013）。而國教年限的延長，對於十二年國教之高中升學率並無加分效果。在推動十二年國教的受教年限延長之際，切莫認爲年限方面之量的擴充，跟上延長受教年限的國際趨勢，就等於提升教育素質，達成教改目標，而應該更注重教育品質的提升與改進。

面對十二年國教政策暨不同程度學生的教育現場，楊朝祥（2014）認爲「教師是否準備好了？」，絕對是十二年國教能否成功的關鍵。此外，在回顧往昔推動「建構式數學」，因教師未能瞭解「建構理念」，以至於數學之教學改革失敗，大幅降低了學生的數學能力；而「九年一貫的國中小一貫課程」也因未有適度的師資培訓，成效大打折扣。

當前十二年國教政策爲了改革國中基測，所實施的教育會考和免試入學的方式，在一免時所造成了高分低就，和二免時所產生低分高就的問題，已擴大了學生的差異性。學生的程度不一，教師面對了難以全面照顧的負擔與困擾，如何維持或提升教育品質必爲重大的挑戰與考驗。

五、社會對十二年國教政策的信心

學生、家長、教師及相關民眾持續不斷的爭議，實屬利害關係人對十二年國教較不具信心的問題。

學術界曾分別就公私立國、高中職教師，和對民眾從十二年國教議題進行問卷和電話調查的統計結果（林宜眞，2012；蔡明學、林信志，2012），相關研究指出：1.民眾和教師對「免試入學」和「特色招

生」之入學方式，存有疑慮；2.對教師在班級教學中能否實施適性教育和提高教學品質，不具信心；3.對學生未來的學習品質和程度，呈現負面的看法。

　　國中教師與教育行政機關人員對於「有效舒緩過度升學壓力」目標的認同度均爲最低（顏國樑，2014c）。而在七年級國中學生方面，亦有80%的學生不認同十二年國教可以紓解學生的升學壓力，對「十二年國教高中職入學制度」的支持度僅有16%（臺北市教師會，2012）。

　　綜合上述，關於免試入學、特色招生、教學品質、學生學力、升學壓力等等問題，關聯到利害關係人不瞭解十二年國教政策所導致的信心問題，亦爲政府教育當局必須正視之問題。

肆　十二年國教的策略

　　政策分析工作，不僅須對政策的每一構成部分加以檢視，並可設計其他替選方案（Quade, 1989）。基於此，針對上述挑戰議題，在十二年國教政策執行方面，宜持續關切免試入學和特色招生之入學方式、政策目標、課程教學和學生學習，及國人信心等層面，並提出建議策略如下：

一、免試入學方面

　　在適性主義與升學主義的拉鋸之下，十二年國教爲了避免升學主義的攻擊，採用了免試入學的口號，卻又不得不舉辦教育會考，以偵測學生受教的品質。由於適性教育是適應孩子的性向學習和教育，發展適合於學習者的本性和個性。即是孔子所倡導的「因材施教、有教無類」。適性教育的先決條件爲學校教師具備了看待每位學生均爲可教之才的教育價值觀，實踐「成就每一位小孩」的理念，進行教與學的活動。其目的在於提供有效的學習，彌補學生智能差距，以充分發展優勢的智能。因此，其策略之建議方向爲：

（一）建議以「適性入學」取代免試入學之詞語，並且教育主管機關若擬自105學年度起採計在校成績，則應修訂《高級中等教育法》中不採計國中成績之限制，消弭教育利益團體對政策的負

面看法。

(二)「適性入學」仍具備會考爲入學的配套措施，以維持學力品質；同時對於擬議中的《十二年國教五年精進計畫》，應修訂原實施計畫中有關「免試入學不採計國中學生學習領域評量」等文字敘述。

二、特色招生方面

現行特色招生規定，不採計教育會考的成績，且學生欲另行參加特招者，應先放棄第一次免試入學登記。國教行動聯盟理事長王立昇即曾主張，宜將「先免後特」之硬性規定，修正爲「先特後免」，或者免試入學與特色招生均可採計教育會考的成績，以根本解決問題（林志成，2014）。關於特色招生之策略建議爲：

(一) 基於兼採國中在學成績之措施已被教育部所考量，但仍須修訂《高級中等教育法》，方能實施。故建議：應一併修正「免試入學必須在先」的規定，使特色招生具有彈性，也讓「適性入學」與特色招生均可採計同一次的考試成績，既能符合103年度第二次全國教育局處長會議之「一次分發到位」的結論，又能解決十二年國教升學制度的問題。

(二) 現行特招之特色課程仍須由縣市教育局處嚴正予以核定。在面對少子化與重視受教主體適性發展的理念的環境，採取特色招生途徑的高中職學校須由具有創見與遠見的教育工作者著手經營，應有的策略爲：1.建請由政府定期開辦研習會議，提供各校觀摩學習，並進行特色課程教材的研究發展；2.增強學校與社區的交流，並促進產學合作，創造學生多樣性的升學與技職選擇機會。

三、政策目標方面

教育宗旨則爲國家最高的教育目標，各級學校依據國家教育宗旨而訂有不同目標，例如：國民中學教育目標、高中職學校教育目標等。而十二年國教之公共教育使命在於滿足人民的教育基本需求。基於教與學

是學校教育的主要功能，所以，教育目標應以教與學爲核心而訂定。因此，建議政策目標之修訂的策略方向宜爲：

(一)《十二年國教實施計畫》中的「啓動準備階段具體目標」（民國100年8月至103年7月）屬於政策應達成之階段性目標，亦即是期程目標，而非屬教育理念的教育目標，建議依其屬性另行列示（任育騰，2015）。

(二) 十二年國教的主要教育目標爲「成就每一個小孩子」，提升國家競爭力爲其衍生的次要目標（梁敬賢，2012）。對於社會上認爲十二年國教「複雜與琳瑯滿目的目標體系」的諸多聲浪，建議七項總體目標暫勿觸及或修訂經濟性質的競爭力目標，而宜務實地讓學生成爲現代經濟體系中具有生產力的從業者（Cookson, 1995）。此外，與其讓政府政策失敗，不如思考如何策略性地再處理目標（strategic retreat on objectives）（Wildavsky, 1979），並可使《十二年國教實施計畫》中之文字與架構圖之六項目標相符。

(三) 教育是維持個人平等與建構社會良善的基礎（Nussbaum, 2000），依據憲法保障受教權與「人人都有受教育的權力」的觀點。在基礎教育過程之中，應以教育理念爲核心而訂定教育目標，並與教育價值緊密配合，以獲得實際成效。

四、教師專業與學生學習方面

科技發達的結果，促進網路資訊與教學科技的運用，推動了翻轉教育理念的盛行，故教師應將教學的重心由教師的「教」轉向學生的「學」的層面（楊朝祥，2014）。因應翻轉教育的趨勢，其策略建議如下：

(一) 在學生方面

由於十二年國教目前免試入學的設計，欲以舒緩升學壓力，不採計國中在校成績的方式，造成高中職學生之異質性加大，由於同儕之間程度不一，在生活上與學習上之影響頗大。因此，應讓學生認知：1.學習

應由學生自行負責，課前預習、網路搜尋資料、課堂中討論、分享學習經驗、自主思考、自我學習；2.學生應以學校所強化之生涯輔導方案爲基礎，積極做好升學、就業的準備。

(二) 在教師方面

十二年國教高中職階段，具有升大學和銜接中、小學課程的重要性，此一階段之課程必須轉變，以因應學生普及入學的需求。所以，教師必須：1.注重教師之專業發展；2.改變現行的教學方式與態度；3.教師應站在輔導、協助、諮詢的地位，以配合學生升學、就業需要。

(三) 在教育行政機關方面

關於教與學轉變之嶄新形態與觀念，都需要進行教師培訓的工作，作爲順利推動的重要因素。亦即全面推動教師在職培訓，促進教育專業成長，必爲十二年國教成敗的關鍵。因此，教育行政主管機關應以前車之鑑爲借鏡，其積極之策略方向爲：1.全面培訓教師，更新教育理念，提升教學能量；增進高中職教師在教學、輔導態度、方法上配合調整，讓教師順利適應且消除學生學習之困境；2.修訂教育系統之師資培育的制度與法規，喚起老師教學的熱忱，以作爲推動十二年國教的堅強後盾。3.重新研析完全中學的環境角色與地位。往昔規劃完全中學是朝向快速增設、節省成本、有效運用國中空餘教室爲原則（石文南、陳俊雄，2012）。當前面臨少子化環境和因應高中職社區化政策理想，應可以《高級中等教育法》第7條條文[4]作爲完全中學設立之法源依據，成爲社區化中學另一選項。

五、社會對十二年國教政策的信心方面

十二年國教政策目標強調舒緩國中升高中的升學壓力，但升學壓力

4　《高級中等教育法》第7條第1項「高級中等學校經各該主管機關核定，得於同一直
　　轄市、縣（市）設國民中學部」；第2項「設有國民中學部之高級中等學校，基於中
　　小學一貫教育之考量，經各該主管機關核定，得於同一直轄市、縣（市）設國民小學
　　部。」

恐將延至高中升大學階段。面對強調免試入學卻會考、考試分發入學的實質效果、超額比序之高分低就與低分高就、受教主體仍倍感升學壓力，以及對政策更不具信心的狀況。建議政策行銷的策略途徑如下：

(一) 持續宣導「適性入學」，讓利害關係人瞭解完整的政策内涵

宣導內容包括學校的「適性輔導」、教師的「適性教學」、學生的「適性學習」，及學生個人的「適性發展」等面向，作為學校教育與學生學習的理念，並令社會大眾知悉。

(二) 弭平校園不平等的現象，勿僅強調考試為升學壓力的來源

妥適考量孩子適性發展的需求，迴避政治干擾，妥擬各階段學校教育的課程綱要，消除課業壓力。其次，從教育公平的角度，處理並避免教育環境的不公，例如：超額比序辦法之不公，教育體系支撐社會、文化與經濟的不公、種族與性別的不平等、學校中勞動分工的不平等，以及獎賞的不公平等所引起與社會不滿和更大的升學壓力。

(三) 教育機關加強與傳播媒體的溝通工作，凝聚社會共識

教育機關本於良善立意，對於所實施之學校教育的興革措失，亦可舉辦研習營，邀請媒體工作者參與，並宣導十二年國教對社會與利害關係人之利益，增加正面報導，以凝聚社會共識，促進民眾對政策的信心。

伍　結語

十二年國教政策是政府以相關活動，包括制定教育政策暨其相關之法律、典章、制度、計畫、方案、細則、服務、產品等作為其內涵，以規範國內教育組織的運作與利害關係人的權益，並維持社會安定與滿足人民對教育的需求。

當前十二年國教政策執行，在社會上產生了若干挑戰——免試入學和特色招生之入學方式、政策目標、課程教學和學生學習，以及社會對政策信心等議題。經過政策文本之政策分析，提出相對之政策策略建議，期能做為改進當前教育執行所遭遇問題的參考。從而有助於順利

推動十二年國教之人才培育的基礎工作，透過學校提供適性教育與輔導，讓學生順利依據其性向、發展其興趣與能力；並經由教育體系長期、有系統的培育，政府各項資源的投入，以及家長與社會的關心，以成就每一個孩子。

參考文獻

(一) 中文文獻

心理與教育測驗研究發展中心（2014）。104年國中教育會考量尺分數設計與應用說明。國立臺灣師範大學，臺北市。

王金國（2012）。十二年國教之超額比序爭議、影響與解決。臺灣教育評論月刊，1(11)，51-52。

王鼎鈞（2014）。十二年國教怒火，江宜樺指示教育部設置專線疏通。NOWnews，2014/06/12。取自http://history.n.yam.com/nownews/politics/20140612/20140612351335.html

丘昌泰（2013）。公共政策：基礎篇（第五版）。臺北市：巨流。

石文南、陳俊雄（2012）。教育一點通──完全中學存廢，雙北大不同。親子天下，取自http://www.parenting.com.tw/article/article.action?id=5044976

任育騰（2015）。十二年國民基本教育政策問題形成批判論述分析（未出版之博士論文）。國立新竹教育大學，新竹市。

戎華儀（2014）。國教署：十二年國教志願序計分──地方自治。中廣新聞網，2014/07/02。取自https://tw.news.yahoo.com/國教署-12年國教志願序計分-地方自治-041530342.html

江志正（2013）。從倫理角度談十二年國民基本教育的特色招生。教育人力與專業發展，30(3)，35-43。

吳定（2013）。公共政策。新北市：國立空中大學。

李然堯（2003）。延長國民基本教育入學方式之探討。教育研究月刊，158，15-29。

周美里（2014）。目標不明、立場不良的「十二年國教」。新世紀智庫論壇，67，76-82。

林志成（2014）。明年高中免試名額，不得低於5成。中時電子報，2014/07/22，取自http://www.chinatimes.com/newspapers/20140722000364-260102

林宜眞（2012）。國中及高中職教師對十二年國教看法的問卷調查結果。載於2012年11月「2020教育願景國際學術研討會」論文集，國立臺灣師範大學，臺北市。

林芬妃（2013）。十二年國民基本教育政策入學方式之研究——以竹苗區爲例（未出版之碩士論文）。國立新竹教育大學，新竹市。

林政逸（2005）。從政策執行的觀點思考如何提高教育執行力。學校行政雙月刊，37，36-49。

林倖妃（2014）。十二年國教何去何從？會考爲何淪爲選填志願的賭局？天下雜誌，551，80-89。

林海清（2012）。十二年國民基本教育政策方案的評析與展望。教育研究月刊，223，4-15。

林新發、鄧珮秀（2013）。十二年國民基本教育關鍵議題與解決策略。教育資料與研究。109，25-51。

林萬億（2014）。唯有回到全面免試。自由時報，2014/07/14。取自http://news.ltn.com.tw/news/opinion/paper/795795

國家教育研究院（2013）。103年十二年國民基本教育課綱準備就緒。新北市：作者。

張明文（2010）。談免試升學制度——專訪教育部中教司張明文司長。中等教育，61(4)，8-10。

張民杰、濮世緯（2013）。卓越與均等的難題：談十二年國教高中職的特色招生。教育研究月刊，225，39-52。

教育部（2006）。十二年國民基本教育規劃方案。臺北市：作者。

教育部（2011a）。十二年國民基本教育宣導手冊。臺北市：作者。

教育部（2011b）。十二年國民基本教育實施計畫。臺北市：作者。

教育部（2012）。十二年國民基本教育——開啓孩子的無限可能。臺北市：作者。

教育部（2013）。**教育部人才培育白皮書**。臺北市：作者。

教育部（2014a）。**教育施政理念與政策**。臺北市：作者。

教育部（2014b）。**十二年國民基本教育──成就每一個小孩子**。臺北市：作者。

教育部（2015）。**104年免試入學超額比序全國共識版與基北區爭議說明**（完整版）。取自十二年國教網站http://12basic.edu.tw/Detail.php?LevelNo=1479

梁雅賀、孫玉中（2014）。從法治國的願景看十二年國教。**臺灣教育評論月刊，** 3(1)，70-72。

梁敬賢（2012）。十二年國教的首要目的──國家競爭力？菁英教育？**臺北市教育e週報，**578（2012年10月23日）。取自http://enews.tp.edu.tw/paper_show. aspx?EDM=EPS20121031122951X24

陳映竹（2015）。免試入學採計在校成績？吳思華：最快108年。**中廣新聞網，** 2015/04/28。取自http://www.bcc.com.tw/newsview.2557062

陳國祚（2015）。特色、適性與就近入學的矛盾。**聯合報**，2015/05/07，A15版。

黃以敬（2013）。星期專訪－臺聯黨主席黃昆輝：十二年國教應暫緩，幼教技職先改革。**自由時報**。2013/06/17。取自http://iservice.ltn.com.tw/2011/specials/inter-view/news.php?no=688888

楊朝祥（2014）。十二年國民基本教育：政策爭議與對策。**教育資料與研究**，115，1-26。

詹盛如（2007）。十二年基本教育與明星高中的存廢。載於蘇永明、方永泉主編。**尋找國民教育的新方向：十二年國民教育研究**（頁91-115）。臺北市：學富。

臺北市教師研習中心（2014）。吳思華：十二年國教今年入學分發制度不理想。**臺北市教育e週報**，673期。取自http://enews.tp.edu.tw/paper_show. aspx?EDM=EPS201408221038539OD

臺北市教師會（2012）。**十二年國教高中職入學制度七年級學生支持度**。取自 http://www.coolloud.org.tw/node/69341。

蔡仁政（2014）。十二年國教免試入學超額比序項目適切性評估。**臺灣教育評論月刊**，3(1)，63-69。

蔡明學、林信志（2012）。**2011-2012臺灣地區民眾對十二年國民基本教育議題之調查研究**。載於2012年11月「2020教育願景國際學術研討會」論文集，國立臺

灣師範大學，臺北市。

鄭惠仁（2014）。會考落榜生，他…特招狀元。**聯合報**。2013/07/23。取自http://udn. com/search/result/2/會考落榜生%20他…特招狀元%20-

謝國清（2012）。免試入學是十二年國教成敗之關鍵。**教育研究月刊，223**，15-24。

顏國樑（1997）。**教育政策執行及其相關因素之研究──理論建構與應用分析**（未出版之博士論文）。國立臺灣師範大學，臺北市。

顏國樑（2014a）。**教育政策合法化理論與實務**。高雄市：麗文。

顏國樑（2014b）。我國中小學教師專業發展評鑑執行成效、挑戰與對策──教育政策運作過程的觀點。**新竹縣教育集刊，14**，5-38。

顏國樑（2014c）。十二年國民基本教育政策規劃運作過程與相關問題。**科技部研究計畫結案報告**，臺北市。

(二) 英文文獻

Anderson, J. E. (2003). *Public policymaking: An Introduction (5th ed.).* Boston, MA: Houghton Mifflin Company.

Cookson, P. W. Jr. (1995). Goals 2000：Framework for the new educational federalism. *Teachers College Record, 96*(3), 405-417.

Dunn, W.N.(2011). *Public policy analysis (5th edition).* N.J.:Prentice Hall.

Dye, T. R. (2007). *Understanding public policy* (12th ed). Englewood Cliffs, N.J.: Pearson Prentice Hall.

Hanberger, A. (2001). What is the policy problem? Methodological challenges in policy evaluation. *Evaluation, 7*(1), 45-62.

Hargrove, E C. (1981). *The search for implementation theory.* ERIC ED. 207158.

Nussbaum, M. C. (2000). *Women and human development: The capabilities approach.* Cambridge: Cambridge University Press.

Quade, E. S. (1989). *Analysis for public decision.* N.Y.: American Elsevier Publishing Co.

Sabatier, P. A., & Mazmanian, D. A. (1979). The conditions of effective implementation: A guide to accomplishing policy objectives. *Policy Analysis, 5*, 481-504.

UNESCO Institute for Statistics (2011) . *Focus on secondary education: Global education digest 2011_Comparing education statistics across the world.* Montreal, Quebec Canada: UNESCO Institute for Statistics.

Wildavsky, A. (1979). *Speaking truth to power: The art and craft of policy analysis.* Boston: Little, Brown and Company.

問題與討論

一、請以政策變遷的觀點分析十二年國民基本教育政策的發展？有何特性？

二、請分析十二年國教免試入學制度的優缺點？有何改進建議？

三、請分析十二年國教特色招生制度的優缺點？有何改進建議？

四、依據相關研究發現，十二年國教難以達成舒緩升學壓力的目標，請分析其原因？有何改進策略？

五、以政策行銷的觀點，提出如何增強利害關係人對十二年國教政策的認同與瞭解？

第五章

少子女化對高中職教育的影響與因應策略

蔡進雄、劉君毅

壹　前言

　　少子女化已成為國內重要的焦點議題,總統府曾召開會議,將少子化、高齡化及外籍配偶增加等人口結構改變列為國家安全隱憂議題（王浩博,2006）,可見少子女化已是國家層級的問題。臺灣是全世界生育率最低的國家,如表1所示,從民國80至100年的20年間,臺灣新生兒人口數從321,932人降到民國100年的196,627人,整整少了125,305人,減少幅度為38.92%,是以臺灣之少子女化現象是相當值得我們重視的課題（王金國,2012）。臨近日本及韓國也都有出生率下降的問題（Lee, 2009; Oshio, 2008）。

　　少子女化所造成的人口結構改變,可能產生年輕人負擔加重之社會危機,消費市場萎縮之經濟危機,人口減少之人力枯竭危機及學校招生不足之教育危機等（張世旺,2012）,少子化現象必然也是國內各階段教育所面臨的重大問題之一,由於少子女化情況使得各教育階段必須提出相對的因應策略,否則將面臨學校經營及招生之困難,少子女化甚至與教師教學及學生學習都息息相關。

表1

臺閩地區出生人口

年別 （中華民國）	出生人數			粗出生率0/00
	合計	男性	女性	
70	414,069	213,948	200,121	22.97
75	309,230	160,226	149,004	15.93
80	321,932	168,865	153,067	15.70
85	325,545	169,488	156,061	15.18
90	260,354	135,596	12,758	11.65
95	204,459	106,936	97,523	8.96
96	204,414	106,898	97,516	8.92
97	198,733	103,937	94,796	8.64
98	191,310	99,492	91,818	8.29

續表1

年別 （中華民國）	出生人數			粗出生率0/00
	合計	男性	女性	
99	166,886	87,213	79,673	7.21
100	196,627	101,943	94,684	8.48

資料來源：引自王金國，2012：38。

　　高中職教育是屬於後期中等教育階段，其教育目標在於為高等教育預作準備及培育各領域之人才，高中職教育對於國家教育的發展有深遠之影響，而由於少子女化現象對於高中職之發展亦產生重大影響，因此如何積極面對並加以克服，乃為刻不容緩之課題。張國保（2008）就曾根據統計推估指出至民國106年起，每年高中職總數已較當年應入學的人口數為多，若加上五專平均每年近2萬人的招生人數，後中教育將呈現供給過剩的招生缺口。吳錦惠（2008）也表示少子化現象對高級中學造成不少影響，分別是「學校面對減班壓力，招生不足」、「各校招生競爭，日益激烈」、「學校師資超額，面對未來茫然」、「學校空間閒置或廢校的可能」及「特色高中的積極營造」。研究亦顯示新北市私立高職學校普遍感受到少子化所帶來危機（梅玉書，2010）。在民國102年已明顯看出少子女化對高中職的衝擊及影響，民國102年國中畢業生較民國101年減少2萬3,000多人，造成公立高中缺額達1,599人，比起民國101年的270人，呈倍數成長，全臺今年（民國102年）有四所公立高中招生缺額超過100人（胡清暉，2013），而以臺北市為例，民國102年臺北市多所私校在登記分發管道中，僅錄取不到十名學生，大部分的私校在登記分發中也沒有招滿學生，招生人數太少的私校將面臨轉型或退場問題（陳瑄喻，2013），預計106學年度時臺北市國中畢業生僅剩2萬3,000人，但公立高中職的招生容量就2萬3,000人，以家長和學生先公立後私立的選校思維，屆時私校可能會招不到學生（林志成，2013）。由此可見，少子女化情形對於高中職教育衝擊及所應擬定的教育政策方向是值得深入探究的議題，是以本文在於探析少子女化對高中職教育的影響及因應策略，以供教育領導者及教育政策規劃執行之參考。

貳　高中職學校現況

　　薛承泰於2009年表示，在完成升學的條件下，來推計高中職未來每年新生人數，十年之後約只有60萬人，也就是會減少約五分之一的學生數。因此，高中職教育及政策必須及早面對此一課題。所幸高中平均每班人數為39.8人，高職為41.5人，仍屬偏高，未來可逐漸調降將可減緩一些衝擊（薛承泰，2009）。依教育部在102年所公布的「高級中等教育階段學生人數預測分析報告」之預測結果也指出：

　　1. 100學年國中畢業生數為30萬9,159人，較99學年之31萬6,906人減少7,747人。

　　2. 預測101學年以後至112學年國中畢業生將大幅減少近10萬人，平均每年減8千餘人，平均每年減幅3.6%。在生育率逐年下降的階段，國中一年級新生數至99學年度起開始銳減，而高中新生數則將在102學年開始受到波及。

　　3. 101學年高級中等教育一年級學生數32萬8,063人；全體在校學生總數94萬7,630人，較100學年減少6,546人。

　　4. 預測102學年度高級中等教育一年級學生數將減少為30萬3,686人，較101學年少2萬4千餘人；全體在校學生總數將減少為91萬9,345人，較101學年少2萬8,285人。

　　5. 預測103至112學年高級中學教育一年級學生將持續減少7萬7千人，平均年減8千餘人；全體在校學生總數將減少27萬2千餘人，平均年減3萬人。

　　由以上統計及推估可知，高級中等教育階段之生源確實逐年遞減。表2是多年來高中職校數的變動情形，從表中可知，高中數不斷增加而高職校數是減少的，前者從70學年之180所增加到101學年之340所，後者從70學年之196所減少至101學年之155所，整體觀之，高級中等教育之校數是逐年增加，然私立高職有明顯減少之趨勢。

表2

歷年高中職校數變動情形

年度	高中			高職		
	合計	公立	私立	合計	公立	私立
70學年	180	80	100	196	85	111
71學年	175	79	96	202	87	115
80學年	177	80	97	212	95	117
81學年	186	88	98	211	95	116
90學年	295	162	133	178	95	83
91學年	302	166	136	170	95	75
99學年	335	190	145	156	92	64
100學年	336	191	145	155	92	63
101學年	340	194	146	155	92	63

資料來源：102年6月30日取自教育部統計處網站。

參　少子女化對教育的影響與衝擊

　　所謂少子化是指當每名婦女平均生育率低於兩人以下，致使孩子愈來愈少的一種現象（蔡銘津，2008）。具體而言，少子化是指婦女平均生育所增加之新生兒，將不足以彌補未來人口消滅的數量，使得社會人口愈來愈少的現象（紀金山，2012）。薛曉華（2004）認為少子化趨勢對教育生態造成的各種影響，不外乎學生人數減少及師資政策調整的問題。吳金香、顏士程與王桂卿（2007）亦指出國內少子化可能產生的教育問題有二：一是班級數及學生數的減少，二是師資培育過剩的問題。張國保（2008）認為少子女化的技職教育問題是招生不足的隱憂、資源的重置與浪費、人力供需間的失衡及學校經營管理特色。鍾德馨（2007）分析少子化趨勢下對國民教育師資人力可能產生的衝擊包括：造成各縣市教師甄試陸續停辦，取得教師資格者不易成為正式教師，以及「流浪教師」與超額教師問題。蔡銘津（2008）陳述少子化趨勢對教育體系的衝擊，就正面影響方面，可以使家庭減少教養的支出

並增加親子陪伴與互動的時機、有助於國民教育降低班級人數政策的達成、相對舒緩升學壓力及耗竭性資源的消耗速度減緩；就負面影響方面，各級學校面臨招生不足的危機、教師缺額及工作機會減少影響師資培育機構的發展危機、造成學校空間設備的閒置與荒廢、家庭親職教育與生活教育遭受嚴重挑戰等。

王金國（2012）認為少子化衍生的教育問題可包括部分學前教育機構因招收不到學生而關門、中小學之班級數減少、迷你學校遭裁併、中小學出現超額教師、學校很少甄選新教師、修習教育學程的學生數減少及高等教育入學機會供過於求。陳聖謨（2012）則歸納人口結構變化對教育發展的影響，在學生人數方面，受到出生率下降的影響，班級數及學校規模會縮小；在教師供需方面，少子女化會使得師資供過於求及師資培育機構數量萎縮；在家長參與方面，少子女化獨生子女多，使得每一個孩子獲得更多關照，且參與校務日趨積極；在資源設備方面，教育經費補助因學校規模縮減而減少，使得城鄉教育資源差距日益加大。針對高等教育方面，羅綸新（2007）指出當前我國高等教育在少子化與急速擴張下所面臨的問題包括大學數量的過度擴張、大學入學人數推估非常不樂觀及升學壓力依然如此。對於少子女化對後期中等教育的衝擊方面，吳忠泰（2009）認為招生競爭將日趨激烈、十二年國教之節奏將決定中等教育的未來、特色高中及特殊教育（如數理資優班）不減反增、職校類科發展更紛歧、班級人數仍需朝精緻化推動及學校設備應與日俱進。

再者，陳淑敏、廖遠光與張澄清（2008）曾針對少子化趨勢與教育改革進行民意調查研究，結論指出民眾認同少子化趨勢下的教育政策但仍信心不足、民眾認為不能因少子化而犧牲國民教育與偏遠地區教育、民眾期待提升高等校院的辦學品質。此外，香港地區亦面臨少子化現象，黃宗顯與劉健慧（2010）研究發現少子化對香港教育也造成「學生人數減少」、「學校關閉」、「教師超額」、「校舍閒置」等衝擊。

肆 面對少子女化的因應策略

薛曉華（2004）陳述在少子化的時代，小班小校的人性化教學理想更應順水推舟，不應走裁班併校的粗廉主義回頭路；站在人性化的教學與學習現場考量，因應少子化時代順勢降低師生比，才是一種百年樹人的價值思維。吳政達（2006）研究則指出在少子化趨勢下除行政區內單一學府、部落文化傳承、原住民為主的學府及地理條件特殊等特殊因素外，規模不經濟學校的整併策略為第一階段改為分校區，第二階段為改分班，第三階段即廢校。李聖民（2007）認為少子化既已成為趨勢，偏鄉學校必須及早因應，在質的方面力求精進，描繪學校長處及未來發展方向，創造學校教育永續發展的契機。蔡榮哲（2007）研究發現國小校長對於少子化的衝擊之因應態度為：1.在閒置空間應用上，傾向改善學生學習環境；2.在學校轉型上，傾向與社區產業、文化結合，發展特色課程；3.在招生問題上，重視透過行銷達成招生宣傳；4.在教師超額問題上，傾向建立評鑑制度作為教師退場依據；5.在經費問題上，以節流方式為主；6.在學生行為管教上，傾向提升家長與教師管教知能，解決學生問題。施宜煌（2008）指出少子化趨勢下臺灣幼兒教育的因應之道是順應新生兒人數降低法定生師比、讓辦學品質差之幼兒園自然淘汰、鼓勵辦學品質佳之幼兒園所擴大經營規模，以及鼓勵年輕家長生育以提升臺灣的出生率。張國保（2008）表示少子化技職教育的因應策略，在國民中學方面：1.適性輔導學生選修國中技藝教育學程；2.發揮有教無類因材施教的教育愛；3.改變教師及家長價值觀念；4.拓展學生學習視野。在職業學校方面：1.建立學校優勢特色；2.整合群科設置；3.調整課程規劃；4.提升教師產業實務經驗；5.實習教學與輔導；6.調整行政組織；7.進行招生宣導。林松柏、張鈿富與吳柏林（2009）研究發現未來幼教學生人數下降，幼兒教育的需求數量亦會逐年減縮，因此建議幼教政策提倡重點性非廣大性設置、僅於偏遠或有需求的地區設立幼教機構、進行各級教育機構間的資源共享、進行現有幼教機構的教學品質、輔導目前的幼教人員、逐年培育適當的幼教師資人數，以及逐年落實幼教評鑑制度等。林庭玉與楊淞丞（2009）

表示幼兒園因應少子化之道為：1.重新規劃評估園所的經營方針；2.提升教學品質，提升競爭力；3.凝聚向心力，實施有效的行政管理；4.建立園所特色並精緻化邁進；5.開源節流，把錢花在刀口上；6.加強親職教育。

　　鄧進權與張鈿富（2009）針對國民中學學生人數趨勢、班級人數變化及教育政策進行探討，提出三項政策規劃的建議：1.降低國民中小學班級人數不宜持續推動；2.推動不減班及不減師的政策以解決師資供需失調問題；3.重視教師課室教學能力的提升。劉世雄（2012）陳述面對少子化的教育政策與教師作為是「政府調整小班教學，教師關心學生個別發展」、「政府規劃活動課程，教師引導學生實踐知識」及「政府投入科技資源，教師培養運用科技能力」。李建興（2013）則主張少子女化趨勢之教育的積極改革為擴大幼兒教育機會、落實小校小班計畫、高中職適度轉型、大專校院增加招收外籍生、僑生及陸生。在高等教育方面，羅綸新（2007）整理出四個高等教育因應少子化的建議，分別是：教育部應宏觀規劃我國高等教育的發展方向、公正團體建立完善的大學評鑑與改善機制、各大學應主動開發招生來源、內政部宜及時鼓勵生產。此外，從人口政策來看，鼓勵生育也是解決少子女化減少生源不足的重要課題，國內生育意願低迷主要是受經濟因素影響所致，改善措施為推動托育公共化體制、推展性別平等意識、改善女性就業環境及加強企業社會責任觀（陳南君，2011；鍾俊文，2004）。再者，發展更高階的經濟體制並提高生育及養育的意願也是解決少子女化之道（劉世雄，2012）。香港地區同樣面對少子化問題，香港教育局的因應策略主要有（黃宗顯與劉健慧，2010）：「減班殺校」、「跨境招生」、「提供優質教育基金」、「小班教學」、「縮短師資培育員額」、「提早退休計畫」、「編制助理教師專款」、「活用閒置校舍」等。日本及韓國也面臨出生率下降的問題（Lee, 2009; Oshio, 2008），日本教育委員會因應少子化對其境內小學教育衝擊所採取的因應政策有：1.學生學習指導的改善；2.教師專業能力的提升；3.學校整體教育力的提高；4.學校設備設施的彈性運用（王怡文，2009），此外，日本政府對於少子化現象亦透過整合社會政策來鼓勵生育，並由教

育面向來提供年輕男女育兒知識及建立男女分擔家庭育兒的責任（鄭毓霖，2004）。

雖然少子化現象對學校發展有所衝擊，但王金國（2012）認為少子化也是一種教育契機，例如：可以增加對學生的關心與指導品質，教師較有機會透過活化教學來提升教學品質，以及藉此檢視現有教育政策。換言之，少子女化問題何嘗不是帶來教育改革與教育品質提升的重大契機（李建興，2013）。由此可見，危機也是一種轉機，故少子女化現象可以從不同面向加以觀察看待及因應。

伍　少子女化與高中職教育的相關研究

國內有關少子女化的實證研究頗多，以下就少子女化與高中職教育的相關研究加以探討。伍嘉崎（2008）研究發現少子化將對臺北市私立高職學校的「招生」、「部分類科」、「閒置資源運用」以及「學校未來經營型態」帶來很大的影響。蒙天祥（2010）研究發現把自己的學校辦到特色領域的頂尖，少子化的衝擊是不會對學校有影響。要能辦好一所學校首要堅持使命，其次教職同仁能發揮熱忱，另外要有良好的董事會為基礎並配合優秀的領導者，就可以成就一個優質的學校，而不被少子化的洪流所淘汰。阮淑美（2011）研究得知私立高中職教師均贊成以本位管理、本位課程與本位行銷，來因應少子化帶來的衝擊。

陳姵樺（2011）研究個案私立中學歷經的經營困境分別為：少子化對招生的衝擊、學校經營的特色不明、教育政策的無所適從、教師對創新的抗拒、家長對學校的阻力等困境，個案私立中學建立優勢競爭之具體策略為：校長卓越領導、學校定位發展、行政運作改革及招生行銷宣傳等。呂木源（2012）以一所私立高中為例之研究結果發現：1.十二年國教與102學年度開始面臨少子女化現象，將導致高中職產生極大變遷；2.個案學校教師皆感受到少子化的危機，但危機意識及向心力不足；3.個案學校學生逐漸減少，教師福利也有逐漸減少之趨勢；4.個案學校學生弱勢，更需要學生競爭力；5.個案學校地理位置不佳，導致招生困難；6.個案學校特色不足，仍須積極尋求。研究者並提出如下的建議：1.個案學校生存的根本，在提升辦學績效；2.個案學校應未雨綢

繆，轉型有其必要性；3.個案學校學制龐雜，找出瘦身方法；4.找出個案學校特色，達到差異化；5.個案學校需開源節流；6.個案學校應建立多元化行銷管道，創造最大利基；7.個案學校應凝聚全體向心力，創造成功可能性。

　　從以上研究可知，多數研究是探究私立高中職的少子化問題，可見私立高中職比公立高中職面對更多的挑戰，甚至有廢校之生存危機，依前述表2之教育部統計資料顯示，私立高職已從70學年之111所到101學年已減少為63所。總括說來，少子女化對於高中職教育的影響主要是招生問題、學校轉型、教師教學精進、學校特色及辦學績效的彰顯等。

陸　少子女化下高中職教育及政策之因應

　　少子女化已列為國家層級之問題，少子女化對於教育的影響更是不容忽視，經由以上文獻之探討可知，少子化對於學校教育的衝擊主要是招生人數減少，學校面臨生存壓力及小校合併問題，且師資培育人數供過於求，影響師資培育之動向，此外亦會影響親職教育之發展，至於契機則主要為學生數量少相對地教育品質可以提升，例如：因為班級學生人數減少，教師更能因應學生個別差異進行教學輔導，以提升教學品質，再者藉此可鼓勵學校經營發展特色以吸引學生就讀，而提供各項補助及獎勵生育和養育亦是政府相關部門應該可以努力的方向。至於高中職學校及相關教育政策如何因應及提出更為前瞻作法方面，錢雅靖（2008）陳述我國私立高職經營管理者面對少子化趨勢之永續經營，可以從招生策略、財務經營、師資質量維持及公關發展等構面提出經營策略。吳忠泰（2009）表示後期中等教育和國中小面對少子化的衝擊有同有異，而十二年國教的政策走向又將牽動生態，由於有公私立的區別，政府無能力直接調整全部學校的定位，是以此時靈活性高及敏感性高的學校經營者將可能因積極因應而處於優勢。薛承泰（2009）針對少子化趨勢，高中教育的發展面向有：1.加強地區就學通勤的便利性及優質廉價的住校條件；2.提升高中教育品質及降低班級學生人數；3.重新考量高中職分流的必要性；4.重視新移民所生育之「新臺灣之子」的

輔導；5.降低家庭所產生的階層化。

　　吳錦惠（2012）指出面對少子化現象，高中的經營與管理必須有所改變，其因應策略為學校經營理念的改變、學校管理工作全面重新思考、學校領導及發展定位的重新擬定、學校軟硬體設備升級及使用各項招生行銷策略、提升教學品質並重視教師進修與專業成長。蔡婕詠（2012）建議少子化下之私立高中職經營策略為提升學校組織行政效能與競爭力、激勵組織成員專業成長、發展學校特色、培養學生就業知能與技能、運用招生策略及推動產學合作及邁向學校經營精緻化。

　　綜合上述，高中職面對少子女化問題之因應策略，可從以下幾方面加以闡述：

一、強化辦學特色及績效

　　面對少子女化，公私立高中職面對愈來愈多的挑戰，學校間的競爭也愈來愈激烈，因應之道首要是強化辦學特色及提升辦學績效，唯有如此才是吸引學生前往就讀的保證。強化辦學特色及績效的具體作法包括堅持正確辦學理念、優質行政領導、發展學校課程特色、提高教師素養及教學品質、適時調整科別、規劃招生及行銷策略等。

二、持續推動高中職評鑑及高中職優質化政策

　　在教育政策方面，高中職校務評鑑宜持續進行，以確保高中職的教育品質，評鑑未通過者可令其改善、轉型或退場，以維護學生的受教權，再者高中職優質化政策亦宜繼續推動，以全面提升高中職之教育品質及水準。

三、降低班級人數並提升教學品質

　　在結構制度面向，由於人口及學生數減少，故降低班級人數及師生比之策略，一方面可使班級數不至於大量減少，因而不必刪減師資人數，可紓解超額教師問題，另一方面班級人數減少，教師更容易照顧到每位學生，教學輔導品質及學生學習效果也得以提升。

四、鼓勵生育與養育

在人口政策方面，過去政府的主張是兩個恰恰好，但未來政府應鼓勵生育及養育，相關單位亦宜提供補貼補助等相關配套措施，以舒緩少子女化所衍生的國家競爭力及教育問題。此外，國內高齡化社會現象亦日益明顯，是以鼓勵國人生育及養育，另一方面可減緩高齡化之情形。

總結說來，少子女化之高中職教育主要因應策略面向為：堅持正確辦學理念、強化行政領導、發展學校及課程特色、提高師資素養及教學品質、發展招生及行銷策略及展現辦學績效等。在教育政策可努力方面，主要是持續推動高中職評鑑及優質化政策，加強高中職學生適性輔導，降低師生比以提升教學品質，或者輔導退場等。在人口政策方面，鼓勵生育、養育或托育公共化也是政府相關單位要持續推動的重要政策。

柒　結語

本文在於探討高中職教育階段面對少子女化趨勢，學校及教育政策應提出哪些適切的政策方案，以解決少子女化現象所衍生的問題。經由本文的探討可知，少子女化對我國高中職教育有相當大的衝擊及負面影響，包括學生人數減少造成招生困難、學校可能面臨退場及轉型壓力、教師超額問題、調整類科及閒置空間環境運用等問題，本文綜合歸納後提出強化辦學特色及績效、持續推動高中職評鑑及高中職優質化政策、降低班級人數並提升教學品質、鼓勵生育與養育等策略，以供高中職教育與政策研擬及未來展望之參考。總之，危機就是轉機，阻力就是一種助力，雖然少子女化帶給高中職學校不少壓力及威脅，但這也是高中職教育發展更為優質、更為卓越的新契機。

參考文獻

(一) 中文部分

王怡文（2009）。日本政府因應少子化對國小衝擊的教育政策研究。國立臺南大學
　　教育經營與管理研究所碩士論文，未出版，臺南市。

王金國（2012）。少子化的教育問題與因應。**臺灣教育評論月刊**，1(5)，38-43。

王浩博（2006）。教育研究論壇：少子化對我國教育的影響及因應之道。**研習資**
　　訊，23(2)，119-119。

伍嘉崎（2008）。**臺北市私立高職教師因應少子化之意見調查研究**。國立臺灣師範
　　大學工業教育學系碩士論文，未出版，臺北市。

吳忠泰（2009）。少子化對我國中等教育的衝擊——「少子化衝擊」v.s「中等教育
　　的轉機」。**中等教育**，60(1)，20-25。

吳政達（2006）。少子化趨勢下國民中小學學校經濟規模政策之研究。**教育政策論**
　　壇，9(1)，23-41。

吳錦惠（2012）。少子化對高中經營的影響與因應策略。**臺灣教育評論月刊**，1(5)，
　　51-55。

呂木源（2012）。**少子化現象對私立高中職校務經營策略之影響：以桃園縣一所**
　　私立高中為例。國立東華大學教育行政與管理學系碩士論文，未出版，花蓮
　　縣。

李建興（2013）。**教育新思維**。臺北：高等教育。

李聖民（2007）。從組織衰退的觀點談在少子化的時代偏鄉學校應該如何因應——以
　　高雄縣橫山國小為例。**臺灣教育**，648，49-52。

阮淑美（2011）。**私立高中職教師因應少子化現象之態度與策略研究**。國立中正大
　　學教育研究所碩士論文，未出版，嘉義縣。

林志成（2013，8月17日）。少子化4年後私校等嘸人。**中國時報**，A10版。

林松柏、張鈿富與吳柏林（2009）。出生人口下降對幼兒教育供需之影響。載於張鈿
　　富（主編），**教育行政：理念與創新**（頁143-172）。臺北：高等教育。

林庭玉、楊淞丞（2009）。「少子化」趨勢對幼兒園的衝擊與園所因應之道。**正修**
　　學報，22，269-278。

施宜煌（2008）。少子化趨勢下臺灣幼兒教育的因應之道。**研習資訊**，25(4)，105-110。

紀金山（2012）。少子化的結構緊縮與教育政策因應的行動想像。**臺灣教育評論月刊**，1(5)，8-14。

胡清暉（2013，8月3日）。公立高中缺額多　基中7班招嘸生。**中國時報**，A10版。

張世旺（2012）。少子化的教育政策因應──論國民中小學校長對少子化知覺及學校經營策略──以苗栗縣為例。**臺灣教育評論月刊**，1(7)，47-54。

張國保（2008）。少子女化的技職教育特色與因應策略。**研習資訊**，25(5)，3-9。

教育部編印（2013）。**高級中等教育階段學生人數預測分析報告**（102-112學年度）。

梅玉書（2010）。**臺北縣私立高職面對少子化現象因應策略**。輔仁大學教育領導與發展研究所碩士論文，未出版，新北市。

陳南君（2011）。**我國當前少子女化政策利害關係者之研究**。國立中正大學政治研究所碩士論文，未出版，嘉義縣。

陳姵樺（2011）。**少子化對私立學校經營管理之個案研究──以臺南市私立興國中學為例**。國立彰化師範大學工業教育與技術學系碩士論文，未出版，彰化市。

陳淑敏、廖遠光、張澄清（2008）。少子化趨勢與教育改革之民意調查研究。**教育政策論壇**，11(3)，1-31。

陳瑄喻（2013，8月1日）。招不到10人 私校擔心沒生計。**聯合報**，A9版。

陳聖謨（2012）。偏鄉人口結構變化與小學教育發展關係──以雲林縣濱海鄉鎮為例。**教育資料與研究**，106，23-56。

黃宗顯、劉健慧（2010）。少子化對國民小學的衝擊及其因應策略：香港的經驗與啓示。**教育政策論壇**，13(2)，159-196。

蒙天祥（2010）。**面對少子化私立高中辦學的策略**。世新大學行政管理研究所碩士論文，未出版，臺北市。

劉世雄（2012）。臺灣面臨少子化社會應有的教育政策與教師作為。**臺灣教育評論月刊**，1(5)，31-33。

蔡婕詠（2011）。**少子化下之私立高中職經營策略之認知差異性研究──以桃園縣為例**。國立彰化師範大學企業管理學系國際企業經營管理碩士論文，未出版，

彰化市。

蔡榮哲（2007）。**國小校長知覺少子化現象對學校衝擊及其學校經營困難態度之研究**。輔仁大學教育領導與發展研究所碩士論文，未出版，新北市。

蔡銘津（2008）。少子化趨勢對教育體系的衝擊與因應。**研習資訊**，25(5)，101-108。

鄧進權、張鈿富（2009）。少子化：義務教育班級人數之因應策略。載於張鈿富（主編），**教育行政：理念與創新**（頁173-199）。臺北：高等教育。

鄭毓霖（2004）。少子化現象在教育上的因應之道──「日本經驗」。**臺灣教育**，630，14-20。

錢雅靖（2008）。**少子化趨勢下私立高職經營策略之研究**。國立臺灣師範大學工業教育學系碩士論文，未出版，臺北市。

薛承泰（2009）。少子化與高中教育的挑戰──社會學的觀點。**中等教育**，60(1)，8-19。

薛曉華（2004）。少子化的教育生態轉變是危機或轉機？兩種價值觀的檢視──兼論因應少子化時代以學習者為中心的教育政策。**臺灣教育**，630，21-30。

鍾德馨（2007）。少子化趨勢對國民教育師資供需之影響與對策。**學校行政雙月刊**，49，254-270。

羅綸新（2007）。臺灣少子化現象對高等教育之衝擊與挑戰。**教育資料與研究雙月刊**，74，133-150。

(二) 英文部分

Lee, S. (2009). Low fertility and policy responses in Korea. *The Japanese Journal of Population*, 17(1), 57-70.

Oshio, T. (2008). The declining birthrate in Japan. *Japan Economic Currents*, 69, 1-9.

問題與討論

一、國內目前少子女化的演變情形如何？

二、少子女化對高中職教育有哪些影響？

三、高中職教育對少子女化有哪些因應策略？

第六章

臺灣地區通識教育政策發展模式之研究

王滿馨、陳政吉

　　通識教育是爲了去除大學生專業未必有餘，宏觀顯然不足的弊
病。　　　　　　　　　　　　　　　　　　　　　　　　　～黃俊傑

壹　前言

　　1994年《新大學法》修訂通過後，憲法賦予大學自治，而《大學法施行細則》第21條卻擅自規定了所謂「共同必修科目」，危害到大學自治中「課程自主權」的行使，爲正本清源乃提出釋憲案（詹惠雪，2005）。該釋憲案經大法官會議於民國1995年5月26日作成第380號解釋，裁定「大學共同必修科目」違憲，使得大學共同必修科目的規定在解釋文公布後一年即自動失效，因而正式推動通識教育與共同必修科目的改革，以促進人文、社會與科技的均衡發展，並落實通識教育政策之實施。臺灣各大學自民國74學年度開始，全面推行通識教育課程選修制度，以全人教育爲通識核心。通識教育逐漸替代傳統大學共同科目（部定必修），在政府、民間、學者的呼籲下，於民國83年成立「中華民國通識教育學會」，學術改革各項政策就此展開（王怡辰，2012）。

　　臺灣地區通識教育的發展歷程在2007年以前屬於混沌與探索的階段，2007年以後開始正視通識教育爲大學的核心內容並進行改革。教育部感於國內大專院校的特質不同，擔心通識課程的設計無法統整學生的學習能力。因此，在2011年後實施通識教育中程綱要計畫，同時啓動大學通識教育及第二週期系所評鑑。期使大學眞正負起「全人教育」之責任。有鑑於此，現階段通識教育政策發展模式對大學通識教育的影響，能否發揮大學的教育功能？爲瞭解通識教育的本質與政策發展模式，本文必先釐清通識教育的意義；其次，分析通識教育政策的政策內涵；最後，就教育政策發展模式與現階段通識教育政策的關係進行分析，並就發現所得提出結論，提供相關單位參考之用。

貳　通識教育的意義

　　通識教育作爲近代開始普及的一門學科，其概念可上溯至先秦時代

的六藝教育思想，在西方可追溯到古希臘時期的博雅教育意念。「通識教育」一語，首見A. S. Packard於1829年刊登在《北美評論》（North American Review）的論文當中，意旨在維護耶魯大學的古典課程，訓練學生心靈，建立專業且穩固的基礎，以發展學生的特性與德性。

在臺灣，通識教育變遷的兩個源起，一是從教育部頒訂的「各大學共同必修科目」轉型而來（1958-1996）；另一源頭則是幾個大學推動「通才教育」，逐漸發展出來（劉阿榮，1999）。此外，張國聖（2002）從通識教育起源的背景分析通識教育的意義，認爲通識教育是作爲專業教育的補充或基礎，或視爲統整的教育。因此，教育部於1994年召開「第七次全國教育會議」，釐清通識教育的主旨，同時明定「通識教育應促進人文、社會與科技文化的溝通，發展全方位的人格教育，以培養健全的人爲依歸。」至今，教育部推動「通識教育」的內涵，定位在「全人教育」。

再自字源義闡釋，「通識教育」的「通」字，就是通達、貫通、融會之意，與《史記‧太史公自序》說「通古今之變」的「通」同；「識」則是指見識與器識，即整合的認知，與《說文》：「識，常也，知也」同（施宜煌，2010；郭爲藩，1984）。通識教育英文爲General Educational，是實現通才教育與全人教育的一種形式，旨在使學生成爲具有健全人格、人文底蘊、公民美德，以及行動能力全面發展的人，以優化學生的知識結構、強化學生的人文素養（林曉鳳，2014）。因此，廣義的通識教育的統合功能應兼具以下六個互相關聯的層面，即感性與理性的統合、價值與知識的統合、理念與實用的統合、人文與科學的統合、個人與環境的統合、傳統與現代的統合（楊國樞，1987）。

考據上述通識教育的源起與字義的意涵，教育部實施通識教育政策正以「全人教育」爲依歸，全人是指完整的個人。亦即在教育目標與原則的執行上，要以學生爲主體，充分發展學生的潛能與培育完整的個體爲目標；在教育內容與形式的執行上，通識教育課程（正式課程、非正式課程與潛在課程）在統整學生的學習內容；在教育組織與資源建構的執行上，學校行政結構與行政運作應以學生的全人發展爲依歸。本文

認為應以「全人教育」作為通識教育的理念與指導方針。包括人格的統整、知識的統整、價值的統整、以配合時代的需求。通識教育的意涵，不僅是正規課程的修習，更包括非正式課程與潛在課程的情境。

參　通識教育政策的內涵與模式

一、通識教育政策的內涵

教育部推動通識教育的目的定位在「全人教育」，通識課程係為達成通識教育理念、宗旨與目的。通識教育政策是教育政策的一環，教育政策是教育行政機關針對目前社會需求及未來發展趨勢，依據國家教育宗旨與相關法規，確立工作目標，規範可行方案及實施要領與時程，經由法定程序公布施行，以作為行政部門或教育機構行動的準則。教育政策也是社會環境與教育制度相互對話的產物（張建成，1999）。國內多數學者（洪湘婷，2005；羅文隆，2004；楊龍立，2014）定義教育政策時，多引述張芳全（1999）與吳政達（2002）對教育政策的定義。張芳全（1999）認為教育政策是公共政策的一環，其目的在解決教育問題，教育政策在教育情境中產生與運作，是政府作為與不作為的活動。其推動機關應與其他社會團體配合，使教育主體可以滿足教育需求，而最終旨意在達成教育目的。吳政達（2002）認為教育政策係由教育機關所制定，制定教育政策的目的在解決問題及滿足民眾的教育需求，是政府作為以及如何作為的政策行動，所以必須考量所產生的結果及其對公眾的影響。通識教育政策係教育政策的一環，其目的也是在解決臺灣長久以來通識教育所隱藏的問題（王怡辰，2012；蕭揚基，2005）。

教育政策也是政策網絡中的一環，不只是侷限於內部的網絡互動，也必須考慮外在的影響。特性上，也融入社會參與、學者與國際發展趨勢，在政策制定的聯繫及互動機制上，有愈來愈多的非國家部門（non-state actors），如國際組織、非政府組織等，積極投入並影響教育決策（Diem, Young, Welton, Mansfield, & Lee, 2014; Shiroma, 2014; Moyo & Modiba, 2013）。通識教育政策也是政策網絡的一環，自然脫離不了

社會參與、學者與國際發展趨勢。現階段臺灣通識教育的發展歷程，林從一（2014）有詳盡的論述，其以「通識教育的內部結構」、「大學」與「教育部」三者為座標，提出臺灣通識教育發展歷程，分為五個階段，分別是：「1995年大學法修正之前的階段」、「1995-2002年的問題界定階段」、「2003-2006年的擘劃、探路與鋪路階段」、「2007-2010年的以通識教育為大學核心的改革階段」與2011年到現在的「後《通識教育中綱計畫》階段」。

本文認為臺灣通識教育政策的實施始於1995年《大學法》修正後，主要分為三個階段，第一個階段為問題的界定與探索時期；第二個階段為通識核心改革時期；第三個階段為通識教育中綱計畫與評鑑時期。通識教育政策從通識教育問題的界定到通識教育中綱計畫與評鑑。教育部所實施的通識教育政策，係以「全人教育」為核心，配合經費補助從政策面提出各項執行策略與計畫，讓各大學得以申請。以通識教育評鑑指標，監督大學通識教育的辦理成效。自大學法修正公布後，各校紛紛成立通識教育委員會、通識教育中心，負責通識教育的課程規劃與教學安排。通識教育政策較一般教育政策有很大的不同，每一項通識教育政策的實施與執行雖有階段性卻無終點，雖以中綱計畫提供資源引導各校重視通識教育，並以通識教育評鑑把關，認可通過者應繼續維持佳績；有條件通過者，需要再複評；未通過者，將接受輔導改進。

二、通識教育政策模式

通識教育是探索大學精神的入門網站。依臺灣各級教育之實施情形，大學是全面進行通識教育的最初也是最後場所，其重要性不言可喻，但通識教育卻是臺灣的大學教育中，最弱的一環（黃榮村，2015）。又基於《大學法》對大學宗旨的規定，顯示社會上長久以來認定大學在培育專才。就學校而言，臺灣地區各大學招生，各系多強調專門科目之重要，要求學生多修本系學分。就學生而言，在高中階段即已文理分組，多認為進入大學是進專門科系求取專門學問。就教師而言，各系教師多出自專才教育的背景，只認同自己所屬之專門領

域，不願爲通才教育科目多花心力，影響通識教育的效益（陳舜芬，2000）。有鑑於此，教育部爲提升大學通識教育的重要性，2007年以後，將通識教育界定爲大學核心改革階段，並於2011年後成立後《通識教育中綱計畫》，希望能轉化通識教育在大學的地位。

從臺灣期刊論文索引系統輸入「通識教育」關鍵字，共出現1,429篇文章，近五年則有489篇，占34.22%。若再縮小範圍輸入「通識教育政策」，僅出現1篇「從通識教育評鑑看高教通識教育政策」文章（黃榮村，2015）。向來教育政策的制定過程爲學者所重視（張鈿富，1995；張芳全，1995；黃光雄、楊龍立，2012；楊龍立，2014；Tyler, 1949; Starling, 1988; Mayer, 1985; Dunn, 2008），早期認爲教育政策制定過程多從問題的界定到政策的執行與績效爲一系列過程，近幾年學者在討論教育政策的制定時，認爲政策的成果必須回饋到政策的目標、目的或理念，教育政策所探討的問題常是多種問題的綜合體。因此，必須從政策目標所欲達成的理念著手，政策方案的運作與執行成效要有客觀的評鑑機制，而評鑑的結果，必須再回饋到政策目標，以彰顯政策的功能與效益。圖1爲不同學者對教育政策制定過程的詮釋情形。通識教育政策的制定過程雖歷經不同的階段，然而，目前政策的趨勢爲評鑑取向，因此，黃榮村（2015）認爲現階段通識教育政策與評鑑脫離不了關係。

承如上述，本研究認爲通識教育政策模式爲評鑑取向模式（詳如圖2），通識教育政策有別於一般教育政策，現階段通識教育政策從評鑑著手，並以中綱計畫補助通識教育的課程與教學，爲配合大學法大學自主政策的實踐，賦予大學「全人教育」的使命。通識教育評鑑橫跨行政與教學，通識教育評鑑也是校務評鑑的重要範疇，通識教育評鑑在「組織與制度」層面，希望學校行政體系能夠充分支持通識教育的運作。通識教育評鑑重視課程與教學，因此評鑑時程的安排與系所評鑑同步實施。透過通識教育評鑑達成通識教育目標，並以各項評鑑指標規範大學通識教育的運作，避免通識教育被邊緣化，以發揮大學應有的培育任務。有鑑於此，爲重新定位通識教育政策的使命，以通識教育評鑑模式來發揮通識教育的功能。

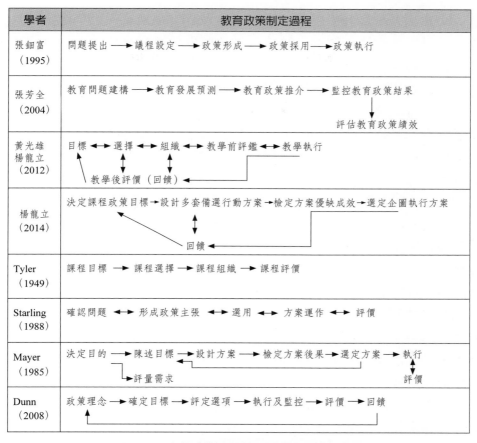

圖1　不同學者其教育政策制定過程之圖解

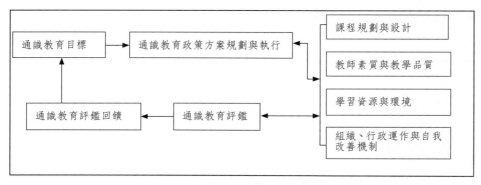

圖2　評鑑取向的通識教育政策模式

　　2005年公布之《大學法》修正案第5條第1項規定「大學應定期對教學、研究、服務、輔導、校務行政及學生參與等事項，進行自我評鑑。該條第2項「教育部為促進各大學之發展，應組成評鑑委員會或委託學術團體或專業評鑑機構，定期辦理大學評鑑，並公告其結果，作為政府教育經費補助及學校調整發展規模之參考；其評鑑辦法，由教育部定之」（林政逸，2007）。2011年後至今，延續《教育部通識教育中程綱要計畫》的「後《通識教育中程綱要計畫》階段」的主要內容有二，一個是教育部《現代公民核心能力養成中程個案計畫》（2011-2014），另一個是高等教育評鑑中心所執行的通識教育評鑑。事實上，現代公民核心能力養成中程個案計畫隱含兩項重要意義，其一有關「現在公民核心能力」為通識教育的目標，而「養成中程個案計畫」為通識教育政策方案的規劃與執行，此執行可從「課程規劃與設計」、「教師素質與教學品質」、「學習資源與環境」與「組織、行政運作與自我改善機制」著手。最後，透過「通識教育評鑑」對各項方案加以評價，並以認可評鑑之「通過」、「有條件通過」或「未通過」呈現評鑑成效，希望以具體的指標回饋給受評單位。此種以「改進／績效導向」的評鑑模式，會考慮評估方案價值所涉及的各層面的問題及標準，具有廣泛性與綜合性。以評估方案利害關係人的需求作為基本的準則，並且主張在判斷方案的計畫及運作成效時，必須全面檢視所有相關的技術與經濟準則。此類模式不止檢視方案的目標，也檢視所有相關的結果（蘇錦麗、詹惠雪，2003）。據此，臺灣地區通識教育政策雖歷經問題界定階段、探路與鋪路階段、核心改革階段與中綱計畫等演進過程。然而，現階段通識教育政策為中綱計畫階段，重視通識教育評鑑與公民核心能力的養成。

肆　結論

　　臺灣地區各大學以「通識教育」取代共同必修課程，始於大法官對大學法的釋憲案後。教育部一方面尊重大學自主，讓大學在課程與教學上擁有各自的特色；一方面進行大學評鑑考核，使大學能夠自我管理，發揮大學培育全人教育的使命。因此，各校在「課程規劃與設

計」、「教師素質與教學品質」、「學習資源與環境」、「組織、行政運作與自我改善機制」的方案規劃與設計執行上都能因應時代脈動與社會環境氛圍而不斷精進。

誠如上述，現階段臺灣通識教育的本質定位在「全人教育」，實際上是「具有各校特色的全人通識教育」。從通識教育評鑑看高教通識教育政策，評鑑取徑的通識教育政策使「通識教育評鑑」與「高教通識教育政策」之間形成更緊密的關係。以「全人教育」作為通識教育目標與核心理念，並透過各項指標進行政策方案的規劃與執行。來順應時代脈動，而能不斷往上提升。因此，各大學在課程規劃與設計上將不可能一成不變，教師的素質與教學品質會持續自我精進。再加上通識教育評鑑考核，更能促使行政中心對通識教育的重視。進而提供優質的環境與學習資源，使其「具有各校特色的全人通識教育」。

參考文獻

(一) 中文部分

王怡辰（2012）。全人教育的省思、理想和藍圖。國教新知，60(1)，3-1。

吳政達（2002）。**教育政策分析：概念、方法與應用**。臺北：高等教育。

林政逸（2007）。我國高等教育評鑑之研究——以95年度大學院系所評鑑為例。**學校行政**，52，274-286。

林從一（2014）。**臺灣通識教育發展歷程**。長庚人文社會學報，7(2)，191-253。

林曉鳳（2014）。通識教育和提升公民素質。九鼎，78，43-45。

施宜煌（2010）。人文精神對大學通識教育的啟示。臺北市立教育大學學報，41(2)，59-80。

洪湘婷（2005）。淺談教育政策分析。教育趨勢報導，12，1-8。2015年3月30日，取自http://163.19.27.5/school/data/paper/200809091723111.pdf

張芳全（2004）。**教育政策分析**。臺北市：心理。

張芳全（1999）。**教育政策理念**。臺北：商鼎。

張建成（1999）。**教育政策**。載於陳奎熹主編：現代教育社會學。臺北：師大書苑。

張國聖（2002）。**科技時代下的通識教育使命**。通識研究集刊，1，1-16。

張鈿富（1995）。**教育政策分析——理論與實務**。臺北市：五南。

郭爲藩（1984）。**人文主義的教育信念**。臺北市：五南。

陳舜芬（2000）。**東海大學早期實施的通才教育及其啓示**。通識教育，7(2)，5-46。

黃光雄、楊龍立（2012）。**課程發展與設計**。臺北：師大書苑。

黃榮村（2015）。**從通識教育評鑑看高教通識教育政策**。通識在線，43-45。

楊國樞（1987）。**評論葉啓政〈通識教育的內涵及可能面臨的一些問題〉**。載於清華大學編輯「大學通識教育研討會論文集」，70-71。

楊龍立（2014）。**課程政策發展的階段及重要任務**。市北教育學刊，44，1-24。

詹惠雪（2005）。**我國大學課程自主的沿革與發展——以共同課程爲例**。**課程與教學**，8(4)，131-142。

蕭揚基（2005）。**大葉大學通識教育教學之自我評鑑**。研究與動態，12，191-220。

羅文隆（2004）。**教育政策分析過程與對學校行政之啓示**。學校行政，33，134-149。

蘇錦麗、詹惠雪（2003）。**評鑑模式：教育及人力服務觀點**。課程與教學，6(3)，169-173。

(二) 英文部分

Diem, S., Young, M. D., Welton, A. D., Mansfield, K. C., & Lee, P.-L. (2014). The intellectual landscape of critical policy analysis. *International Journal of Qualitative Studies in Education*, *27*(9), 1068-1090. doi: 10.1080/09518398.2014.916007

Dunn, W. N. (2008). Public policy analysis: An introduction. New Jersey:Pearson Education, Inc., Hogwood, B.W., & Gunn, L.A. (1984). Policy   analysis for the real world . Oxford: Oxford University Press.

Mayer, R. R. (1985). Policy and program planning: a development perspective .Englewood Cliffs, N. J.: Prentice-Hall.

Moyo, N., & Modiba, M. M. (2013). Government and educational reform: Policy networks in policy-making in Zimbabwe, 1980-2008. *Journal of Education Policy*, *28*(3), 371-385.

Shiroma, E. O. (2014). Networks in action: New actors and practices in education policy in Brazil. *Journal of Education Policy*, *29*(3), 323-348.

Starling, G. (1988). Strategies for policy making . Chicago: The Dorsey Press.

Tyler, R. (1949).Basic principles of curriculum & instruction. Chicago: The University of Chicago.

問題與討論

一、通識教育的本質是什麼？

二、通識教育政策的核心理念為何？

三、臺灣地區現階段所發展的通識教育政策模式為何？

第七章

兩岸大學通識課程教學困境與因應策略之分析

楊振昇

藉由通識教育以培養「有教養的人」（an educated person），
乃大學之重要任務。

～郭為藩

 前言

　　大學教育乃培養人才之重要途徑，如何透過大學教育的過程，提升學生專業素養，拓展學生國際視野，乃是一項不容忽視的重要課題。誠如郭為藩（2004）指出，藉由通識教育（general education）以培養「有教養的人」（an educated person），乃大學之重要任務；而通識課程乃是大學生在專業能力之外，最基本的知識涵養課程。

　　就臺灣的高等教育而言，一開始係以專才教育為宗旨，大學之通識教育課程，並未受到應有的重視，直到教育部於1984年頒布「大學通識教育選修科目實施要點」後，通識教育才逐漸受到各大學的重視。教育部為能提升各大學對通識教育的重視，並積極提倡全人教育，乃提出「2007-2010年通識教育中程綱要計畫」，期能推動以能力導向為基礎的教學，實踐以問題解決導向為基礎的學習，發展出能夠培養學生知識反思能力、知識整合能力、知識創新能力的通識教育，以提升整體競爭力。復以2008年教育部所召開之通識教育發展會議為例，除各校通識教育主管與會外，更有40多位大專校院校長親自出席，足見對大學通識教育的重視程度。另一方面，大學通識教育的重要性也逐漸受到兩岸高等教育的重視；2010年於我國政治大學舉辦之海峽兩岸大學校長論壇，邀請兩岸54所頂尖學府、共172位校長與貴賓就大陸、臺灣高等教育的發展作深入探討，針對高等教育新趨勢的議題，不分兩岸，學者們有志一同的認為發展通識教育、培育全面綜合素質人才，絕對是未來高等教育的理想模式。

　　就兩岸大學通識教育的發展來看，儘管臺灣的大學通識教育行之多年，然不容諱言地，仍存在諸多缺失（黃俊傑，1999；劉金源，2006），根據103年度下半年大學通識教育及系所評鑑的結果，通識教育又成為拉低學校表現的箭靶。近年來在評鑑的引導下，系所的專業教

育幾乎都有清楚明確的定位與目標，但通識教育在許多大學卻仍存在著妾身不明的問題，不僅學生不知上通識課的目的為何，就連部分老師也不明白通識課要培養的核心能力及基本素養與課程內容如何扣連（評鑑雙月刊編輯部，2015）。另就大陸而言，徐輝（2013）指出大陸高校對通識教育的認識還停留在表面的層次，而港臺更強調把通識教育作為大學的一種理念；大陸通識課程重視學生思想道德素質和文化素質及身體素質，而港臺則更重視全人教育，擴展學生視野，強調通識教育的多重功能；大陸的通識教育主要由教務處制定計畫並負責實施，在臺灣由於各校重視程度及規模不一，其權責與管理也不盡相同，除了正式的通識課程之外還普遍重視講座、活動、潛在課程等形式。徐輝進一步指出了大陸通識教育存在的不足：對通識教育的功效認識不夠、通識課程設置不合理，以及沒有獨立實施通識教育的專門機構。由此可見，兩岸大學的通識教育仍有許多改善的空間。

　　由於研究者曾擔任公立大學通識教育中心主任數年，負責規劃與推動校內通識教育課程之革新，也多次參與教育部全國通識教育會議，並曾受邀擔任大學通識教育評鑑之自評委員，且對兩岸大學通識教育之實施十分關心。基於此，本文主要在分析海峽兩岸大學通識課程教學之困境與因應策略，研究者除針對兩岸大學的通識教育相關文獻與文件進行分析外，也結合本身負責大學通識課程推動之實務經驗，並實地訪談來自大陸短期研修的38名學生（含9名研究生、29名大學生），以進一步瞭解大陸大學通識課程教學之情形，期能對今後兩岸大學通識課程之教學有所助益。全文主要分成五大部分，首先臚列本研究之目的，其次進行相關文獻之探討，繼之說明研究方法，再者析述研究結果，最後則研提結論與建議。

貳　研究目的

　　基於上述，本研究之目的臚列如下：
一、瞭解兩岸大學通識課程之實施概況。
二、分析兩岸大學通識課程教學之困境。
三、研提兩岸大學通識課程教學困境之因應策略。

　文獻探討

困於篇幅，以下扼述相關文獻：

一、兩岸大學通識教育的發展背景

中世紀的大學固然重視培養教會人才，但亦強調知識整合與人文陶冶；就儒家的教育理念而言，重視人文器識的涵養乃是今日大學通識教育的重要功能（郭爲藩，2004）。由此可知，通識教育的理念在中世紀即已萌芽。

通識教育乃高等教育之重要一環，不容忽視。以哈佛大學爲例，其對通識教育的重視廣受關注（吳清山，2007；黃榮村，2010），在2007年以前，主要包括外國文化、歷史研究、文學及藝術、道德推理、計量邏輯、科學、與社會科學等七大領域；在2007年，則修改爲：美學及詮釋性理解、文化與信仰、經驗推理、道德推理、生命系統科學、物理宇宙科學、世界中的社會、及美國與世界等領域，期能更與社會變遷緊密連結（The Task Force on General Education, 2007）。

以臺灣而言，在高等教育的發展上，一開始係以專才教育爲宗旨，大學之通識教育課程，並未受到應有的重視。通識教育是探索大學精神的入門網站，其重要性不言可喻，但通識教育卻是臺灣的大學教育中最弱的一環（黃榮村，2015）。誠如林從一與吳明錡（2015）指出，我國高等教育政策的設計重點，多鼓勵大學發展能立即展現學習成果且有助學生就業的專業教育，但對於能引導學生自我探索、行動實踐、批判反思、開拓眼界格局、培養領袖特質的通識教育就相對缺乏政策性的支持，常常只能點綴、曖昧地出現在各個政策的角落。也因此，在大學通識教育的評鑑中，經常發現欠缺課程發展、教師社群和自我改善機制的大學，往往不瞭解評鑑的意義和功能（why），也不深究評鑑的執行方法和步驟（how）。

就大陸大學通識教育的發展而言，顏佩如與曾偉証（2012）曾根據「中國大學人才培養模式歷史演變」將通識教育進展分爲六大時期：(一)十九世紀末葉通識教育爲銜補專業基礎課程與兼學西學藝

能：(二)1910-1930年的通識教育課程爲跨領域學習之專業基礎課程；
(三)1949-1976年通識教育與專才教育的拉扯時期：包括：1.1949-1950
年全面學習蘇聯，通識教育消失殆盡；2.1956-1960年的教育大革命，
專業化發展至極致，通識教育蕩然無存；3.1961-1966年對專業化的糾
正，通識教育無法存在；4.1966-1976年文化大革命，高等教育摧毀時
期，通識教育蕩然無存。(四)1978年改革開放後的通識教育萌生時期，
重視文理滲透與基礎能力培養；(五)1995-2005年通識教育作爲素質教
育實踐理念之一；(六)2007年至今，免費師範生政策對通識教育之影
響，此階段將舊有的公共基礎課程統一命名爲「通識教育課程」，其課
程目標爲：拓寬學生知識廣度與視野、優化學生知識結構與促進學生掌
握學習方法；並提高學習能力、人際溝通與表達能力；進而具備科學素
養與人文精神、創新精神和實踐能力。

　　故就兩岸大學通識教育而言，其重要性已逐漸受到大學領導者的
重視，且強調大學生能具備科學素養與人文精神、創新精神和實踐能
力，並培養其拓展知識的廣度與視野、優化人際溝通與表達能力、提升
問題解決與團隊合作等能力。

二、大學通識教育的內涵

　　臺灣課程中的通識教育，大陸普遍稱「博雅教育」，名稱雖不同，
但是教育目標相同，有別於學生學習的職業或專業訓練，主要教授基
本知識和技能，以培養學生身心全面發展的理想人格。基本上，通識教
育是大學生在專業能力之外，最基本的知識涵養課程，期能藉由教育的
方式，協助學生拓廣視野，開展美善人格，以適應社會變遷，培養自我
發展的能力；換言之，通識教育主在培養大學生兼具本土關懷與國際視
野的宏觀氣度，以作爲「正德、利用、厚生」濟世救人基礎的全人教
育。因此，它不僅是人文與科技的基礎，更是大學教育的核心。

　　尤其就通識教育的內涵而言，強調「人文器識」與「科技素養」。
「人文器識」重視知識的平衡性與通達性，強調立身處世上開闊的胸
襟與特質；而「科技素養」則強調處在當前的科技社會中，知識不應侷
限於人文學科的範圍，對於日新月異的網路科技、奈米科技、太空科

技、環保科技及基因科技等等，亦應有基本瞭解，尤其應關心前述科技的進步，將對人類的日常生活、生態環境與文化產生何種衝擊，而早日共謀因應之道。

中國大陸的通識教育可說是由1995年由國家教委（當時教育部簡稱，1998年後更名為教育部）於華中科技大學召開的「關於開展大學生文化素質教育試點工作會的通知」正式開展（陳玉紅、張麗、胡家會，2011）。當時大學的通識教育理念以：1.開展人文講座等多種形式的課外活動；2.改變課程體系，文理交叉選修；3.廣泛開展社會實踐和校園文化活動，開展知識講座、生活沙龍等；4.結合專業教學進行人文教育為主（沈媛媛，2007）。誠如顏佩如與曾偉証（2012）指出，大陸大學雖然強調拓寬學生知識廣度與視野、優化學生知識結構與促進學生掌握學習方法、培養學生人際溝通與表達能力，進而具備科學素養與人文精神、創新精神和實踐能力，但實際上大陸的通識教育課程還是具有相當濃厚的政治意識。

三、兩岸大學通識課程教學上的困境

接下來分析兩岸大學通識課程教學上的困境。在臺灣方面，為瞭解通識教育實施的成效，教育部曾針對接受「發展國際一流大學及頂尖研究中心計畫」（簡稱「五年五百億計畫」）補助的11所大學，進行通識教育評鑑，評鑑指標包括：目標與願景、組織與制度、教學與行政資源、課程規劃、教學品質、師資、及自我評鑑機制等（教育部顧問室，2008a，2008b）。整體而言，有關通識教育在學校中的定位問題、課程規劃與審查機制、及教學成效等等，仍待進一步努力。就課程而言，由於通識教育日漸受到重視，故多元化通識課程的提供係屬必要；然長期以來，由於專業課程與通識課程間的對立、抗拒，加上通識課程出現零碎化、膚淺化、與邊緣化的現象，導致校園中「重專業、輕通識」的心態難免存在。另一方面，在通識課程的教學上，亦面臨許多困境（楊振昇，2009），例如：在教師方面，部分教師係因本身學分不足而開設通識課程，難免因經驗不足影響學習成效。其次，因班級人數太多，影響教學品質；另因部分通識課程淪為營養學分，課程內容欠

缺學術承載度，難以提供學生系統性的知識；以及在評量上，有時往往流於形式，無法瞭解學生學習成效。此外，林姿吟（2014）的研究也指出大學通識課程中學生學習與教師教學存有四點落差：教師對於課程規劃與掌握的周詳程度造成學生學習品質不一、學生對於學習收穫的判斷標準顯得表面化、學生面對通識課程的心態無法對應學校設計課程的用意、學生有時需被要求或認證才會參與通識活動。

　　由於大學通識課經常被學生當成營養學分，一來比較容易獲得不錯的成績；二來課程內容可能輕鬆淺薄無負擔，不必太認真上課；但這樣的通識教育是否符合大家對大學精神的期待？且自101年度大學通識教育評鑑實施以來，連續三年公布六次的評鑑結果顯示，通識教育評鑑的通過率明顯偏低，32所受評大學校院僅11校評鑑通過，通過率為34.3%。給了學生高分通過的通識教育，自己卻拿到「有條件通過」或「未通過」的低分（評鑑雙月刊編輯部，2015）？因此，有關大學通識課程教學上的困境允宜值得探究。

　　在大陸方面，前已述及，徐輝（2013）指出大陸高校對通識教育的認識還停留在表面的層次，在執行上則存在對通識教育的功效認識不夠、通識課程設置不合理，以及沒有獨立實施通識教育的專門機構等缺失。顏佩如與曾偉証（2012）曾針對大陸教育部直屬六所師範大學：北京師範大學、華東師範大學、東北師範大學、華中師範大學、陝西師範大學和西南大學的通識教育課程進行研究，結果發現有課程理念的缺失、課程設置與內容缺乏普遍性、及專業化課程與學生盲目修讀等幾項問題。

肆　研究方法

　　隨著兩岸文化交流日趨熱絡，因此兩岸大學生進行短期研修的交流機會也逐漸增多，間接有助於對兩岸彼此教育現況的瞭解。在本研究中，研究者除了分析兩岸大學的通識教育相關文獻與文件外，也結合本身負責大學通識課程推動之實務經驗，並實地訪談來自大陸短期研修的38名學生（含9名研究生、29名大學生），以瞭解大陸大學通識課程教學之情形，38名學生來自大陸4所大學（為顧及隱私分別以A、B、C、

D代表之）。

　　基於以上所述，爲能達成研究目的，本研究在方法上，運用文件分析、前導性訪談法，以及焦點座談法進行深入探究；以下分別加以說明：

一、文件分析與前導性訪談

　　在文件分析方面，研究者除廣泛閱覽兩岸有關通識教育之相關文獻外，也深入分析臺灣各大學之通識課程資料，以及由教育部指導，而分別委由輔仁大學及東海大學主辦之第一屆及第二屆通識教育發展會議之相關文件；此外，研究者並進一步結合本身負責規劃、建構與推動大學優質通識課程之實務經驗，以建構焦點座談大綱初稿。

　　其次，爲能深入瞭解有關大陸通識課程之概況，研究者乃邀請兩位正於臺灣短期研修的研究生進行前導性訪談，一方面藉此與臺灣通識課程之教學概況進行初步對照，另一方面，則作爲研擬焦點座談大綱之參考。

二、焦點座談法

　　研究者在彙整上述文件分析與前導性訪談之資料後，乃建立以下之焦點座談大綱：

　　(一) 大學通識課程（共同選修課程）之實施方式爲何？

　　(二) 學生在通識課程（共同選修課程）中的選課考量的依據爲何？

　　(三) 在大學的通識課程（共同選修課程）上，所遭遇的困難有哪些？

　　在焦點座談的實施部分，研究者係以前述來自大陸4所大學而於臺灣短期研修的38名學生爲研究對象，透過四次的焦點座談，以蒐集大陸有關通識課程教學之相關資料。

 **伍　研究結果**

　　以下就本研究之結果進行分析：

一、在兩岸大學通識課程之實施概況上

(一) 大學通識課程（共同選修課程）之名稱劃分為何？

在臺灣方面，根據相關文獻發現大學的通識課程一般包括「共同課程」與「領域課程」；前者如國文、英文、體育、資訊、公益服務等等，後者則往往區分為不同領域，諸如人文領域、社會科學領域、以及自然科學領域等，各校不盡相同。

在大陸方面，通識課程名稱上大致稱為「公共必修課」與「公共選修課」；公共必修課當中，原則上學生皆必修毛鄧思想、馬克思主義、數學及英文等基礎課程，公共選修課之課程頗為多元，於晚上授課者居多。如座談的學生B2指出：

> 「我們分成公共必修課和公共選修課。公共必修課有英文、體育（籃球、排球、網球、跆拳道、太極拳）、哲學、政治（馬克思主義、毛澤東思想、哲學）、法律等；公共選修課是由每個院系拿出一些專業的課程，供其他院系的學生跨院選修，不能修自己院系開的課。譬如說，我們中文系的會拿出一些當代文學作品賞析來，作為其他院系的公選課。」

綜觀上述，可知兩岸大學通識課程之名稱劃分雖不盡相同，但大致包括共同必修課程與領域選修課程，期能達成「全人教育」之目標。

(二) 大學通識課程（共同選修課程）之上課方式為何？

在臺灣方面，一般而言，擔任通識課程的教師對學生出席率的要求往往沒有嚴格要求，評分亦較為寬鬆。

在大陸方面，也有類似的結果，如座談的學生B2、B3、B4分別指出：

> 「公共課老師不會特別掛人，除非是次次點名都不來，或是作業不交，老師才會掛（當）你。但是我們有規定老師必須要掛兩個，有些人需要鞭策，這樣大家才會緊張。關於評量的方

式，有時候老師會提示範圍，有時候是一整本書，基本上以出席率為主，但是上課多半很無聊。」

「我們的獎學金是不算公選課的分數，所以老師基本上打分數都是差不多，大家都很高分。公選課的老師多半上課都很輕鬆，不會有嚴格的考試及考察，所以選課的人還是很多。就像是美容的課程裡，只要畫的妝不會太差，就都會過。」

「公選課的老師上課雖然要求不嚴格，但會點名，三次不到可能就會重修。如果被老師掛掉重修，就必須再修到合格為止，重修的學分費非常貴，一堂課要800人民幣左右。學校大概是為了防止大家蹺課或不認真上課，所以重修所繳的學分費就很貴。」

(三) 學生在通識課程（共同選修課程）中的選課考量的依據為何？

在臺灣方面，學生選擇通識課程（共同選修課程）的首要考量大都是以教師給分的高低、寬鬆，以及課程負擔的輕重，亦即有所謂優先選擇「營養學分」的現象；其次才是個人的興趣。

在大陸方面，有與臺灣相似的發現，容不容易通過是學生們選課的主要考量因素，尤其修課的經驗也會影響其他同學。例如：座談的學生A3指出：

「我有個同學就是通識課（旅遊英語）被當。他很認真，而且每節課都去，但就是期末的筆試考試沒通過，結果就被當了。然後就開始跟大家宣傳不要修那門會當人的通識課！」

另外，少部分則會選擇對自己未來有幫助的課程，如學生A2與B2分別指出：

「當然也有人會去選擇對自己未來有幫助的通識課，例如：英文很爛，但依然選一些英文相關通識，一來可能遇到對的老師不容易被當，二來還能強迫自己在壓力較少的情況下接觸英語，其實也不錯的。」

「會選經濟方面的公選課，是因爲經濟系就在我們樓下，常常聽經濟系的同學說，老師教他們買股票賺了很多錢，才產生了興趣去選修的。」

二、在兩岸大學通識課程教學之困境上

在臺灣方面，通識教學所遭遇的困境，在學生學習上，由於專業課程與通識課程間的對立，加上通識課程出現零碎化、膚淺化、與邊緣化的現象，致使部分通識課程淪爲營養學分，教學者無法眞正激發學生學習動機，亦難以提供學生系統性的知識；其次，在評量上，有時往往流於形式，無法瞭解學生學習成效；另外，因班級人數太多，影響教學品質，也是一項遭遇的困境。

在大陸方面，通識課程的教學亦面臨許多困境，例如：

(一) 因學生人數相當多，所以要搶修熱門課非常困難

就此而言，B6與B5有類似看法，其分別指出：

「希望能夠多開一點公選課，因爲學校有三萬多人，我們在選課系統上是非常難選課的，通常大家都要用搶的。但是我們學校有四年級優先選課的制度，按照大四、大三、大二、大一的順序來決定選課的先後，有時候我們會請大四學姊幫我們先搶課，然後在網路選課系統上換課，學長姐馬上退，我們馬上選，必須配合的很好才會選的到，不然瞬間可能就會被搶走。」

「因為是好幾萬人同時選課的，所以選課時必須眼明手快，不斷去按網頁的重新整理，來看到底哪一堂課是有空缺的。」

(二) 可能是因為人數多的關係，大陸的教學方式仍然較於填鴨，師生互動較少

就此而言，C4、B3與D3分別指出：

「老師會唬弄，例如：兩節課都是放影片，沒上到課。有的老師會講明：『我知道你們都是來混學分……』，我覺得老師這樣說不好吧！學生不被重視，所以，學生蹺課很多。」

「公選課上課的人數太多，所以互動性低，希望教師能在教學方法上能有所改進。就像臺灣的老師比較注重互動，平常課堂上會進行分組討論，定期繳交作業之後，老師也會跟大家有個訪會。但我們學校這方面還是有所欠缺，仍是以老師講課為主。」

「我覺得我們在大陸的學習都是比較單一，都是老師在上面講，很少跟學生互動，老師可以像這裡的課程一樣，像我在這裡上的通識課，老師讓我們分組，進行辯論，這樣我們自己會去蒐集資訊，也會要每個人都要說話發表，我覺得這樣比較好！」

(三) 無法落實學生的學習評量

就此而言，B5與B9分別指出：

「大班制的老師是比較不點名的，有人直到最後一週才去，平時請同學代替簽名，或是最後一次一口氣把全部簽到的空格補簽完，期末之前聽一下怎麼考試、怎麼交報告，投機取巧的方

式也還是過了。」

「大班教學的人實在是太多了，老師會在某一週抽點名，但基本上是不太點名的。這樣的教育效果很不好，甚至會有很多僥倖者，之前我有同學選了『基因與生活』這堂課之後，只去了第一堂課，第二週到第十五週都沒去，第十六週去上課抄寫期末報告題目和考試題目，期末交上去就過了。」

歸納言之，本研究結果與前述相關文獻（如林姿吟，2014；林從一與吳明錡，2015；徐輝，2013；楊振昇，2009；評鑑雙月刊編輯部，2015；顏佩如、曾偉証，2012）的發現一致，可看出兩岸大學通識課程教學的困境，值得主其事者加以重視與因應。

陸　結論與建議

根據以上的研究結果，僅提出以下的結論與建議：

一、結論

根據文獻探討、文件分析、以及焦點座談的結果，以下提出本研究的結論：

(一) 部分通識課程成為營養學分，學生無法習得結構性與系統性知識

在文獻分析與焦點座談中，發現兩岸通識課程均有成為營養學分的現象，因為學分易得、分數偏高，導致學生學習不夠專注，教師教學不夠嚴謹，故學生往往無法習得結構性與系統性知識。

(二) 兩岸大學生在通識課程的選課上，多以教師給分高低、要求寬鬆為主要考量

其次，研究也發現兩岸大學生在通識課程的選課上有搶課的現象，而學生在選修通識課程時，則多以任課教師給分的高低與課程要求寬鬆為主要考量。

(三) 有時班級人數太多，減少師生互動機會，也影響教學品質

再者，研究發現兩岸大學生均需修習通識課程，也因此有時受限於上課的時間與空間因素，使得班級人數太多而減少師生互動機會，也間接影響了教學品質。

(四) 通識課程的學習評量不易落實

另外，學生的學習成效也值得關切。在兩岸大學的通識課程中，有時由於任課教師不重視學生的出席率，使學生出席率偏低；或是由於任課教師的教學方法與評量方式流於傳統與單一，均使得學習評量不易落實。

二、建議

(一) 兩岸的大學校長應重視通識課程對培養學生全人教育的重要性

研究結果發現，兩岸大學通識課程在教學上面臨到專業課程與通識課程間的對立，以及通識課程出現零碎化、膚淺化、與邊緣化的現象，而部分通識課程成為營養學分，也難以提供學生系統性的知識；當然班級人數太多也影響到學習與教學品質。這些問題的解決大學校長應是責無旁貸，黃榮村（2015）曾指出大學校長參與通識教育程度不足乃是目前有待改善的重要課題。張光正（2014）也強調校長是通識教育成敗的關鍵，通識教育能否真正投入及對辦學效果有所影響，最關鍵的角色及參與者為學校校長。校長不一定要是通識教育的專家，但必須有清楚的理念支持通識教育。故自103年度起，通識教育評鑑實地訪評將新增實地訪評小組召集人單獨拜會受評單位校長之行程，以期針對該校之通識教育狀況，進行較為深入之瞭解與意見交流。質言之，有些校長對通識教育的理念並不清楚，在如此校長領導下的通識教育，最多只能做到花拳繡腿。有些校長對通識教育並不看重，若不是通識教育評鑑的兵臨城下，他們也不會太關心通識教育的成效。加上校長任期制的影響，導致有些學校原本有不錯的建制，但繼任者卻無法蕭規曹隨；而有些學校本就層出罅隙，繼任者須費盡力氣才能重整旗鼓，一旦步上正軌，卻又面臨卸任走人（通識在線，2015）。故兩岸的大學校長應重

視通識課程對培養學生全人教育的重要性，並應透過各項機會，對全校師生傳達與宣導正確的理念。

(二) 擔任通識課程之教師應「尊重」所任教之領域知識

根據研究結果發現兩岸大學通識課程在教學上所面臨的問題之一，乃是任課教師對於通識課程本身的目標與重要性認識不夠清楚，導致忽略了學生的學習動機與學習成效。因此，兩岸大學擔任通識課程之教師，本身應「尊重」所任教的領域知識，重視任教學科的知識承載度，結合與培養學生應具備的基本素養及核心能力。此外，也可藉此導正學生營養學分之迷思，使學生在選課時，能考量本身的興趣與生涯發展的需求。

(三) 鼓勵擔任通識課程教學之教師參加校內外之教學工作坊

研究結果指出兩岸大學通識課程的學習評量、教學方法等等均影響到大學實施通識教育的成效，由此可見擔任通識課程教師本身角色的重要性。就此而言，應鼓勵擔任通識課程教學之教師參加校內外之教學工作坊，增加與其他教師交流機會，進而提升通識課程之教學知能。例如：教育部每年均會選拔全國傑出通識教育教師，對獲獎者而言乃是高度的肯定與榮譽。各校可主動邀請獲獎者蒞校分享教學方法與心得，相信必能為學校教師的教學提供甚大的助益。

參考文獻

(一) 中文部分

吳清山（2007）。**我國大學通識教育評鑑：挑戰、對策與展望**。輔仁大學主辦之「第一屆全國通識教育發展會議」論文集，35-51。

沈媛媛（2007）。**中美大學通識教育課程比較研究**。南京師範大學教育科學院碩士論文，未出版，南京。

林從一與吳明錡（2015）。從大學通識教育評鑑看大學的自願性服從。**評鑑雙月**

刊，56，2015.5.20取自http://epaper.heeact.edu.tw/archive/2015/06/26/6373.aspx

林姿吟（2014）。**大學生通識教育經驗課程之現象學研究**。國立臺北教育大學教育
　　經營與管理學系博士論文，臺北。

郭為藩（2004）。**轉變中的大學：傳統、議題與前景**。臺北：高等教育。

徐輝（2013）。**中國大陸、香港、臺灣地區高校通識教育之比較**。2015.6.12取自
　　http://www.rocidea.com/roc-15591.aspx

教育部顧問室（2008a）。**大學通識教育評鑑先導計畫（第三期）A類計畫評鑑報
　　告**。臺北：教育部顧問室。

教育部顧問室（2008b）。**大學通識教育評鑑先導計畫（第三期）B類計畫評鑑報
　　告**。臺北：教育部顧問室。

通識在線（2015）。**粗具規模但漏洞百出的通識教育**。2015.6.15取自http://www.chi-
　　nesege.org.tw/geonline/html/page4/publish_pub.php?Pub_Sn=120&Sn=1762

張光正（2014）。**大學通識教育評鑑與學校發展之理念**。2015.4.30取自http://www.
　　heeact.edu.tw/public/Attachment/43171757236.pdf

陳玉紅、張麗、胡家會（2011）。對通識教育的實踐認識。**高等理科教育**，3，13-
　　15。

黃俊傑（1999）。**大學通識教育的理念與實踐**。臺北市：中華民國通識教育學會。

黃榮村（2010）。推動大學通識教育的舊困難與新課題。**教育研究月刊**，196，
　　5-12。

黃榮村（2015）。從通識教育評鑑看高教通識教育政策。**通識在線電子報**，http://
　　www.chinesege.org.tw/geonline/html/epaper/epaper.block.php?BlockSn=8

楊振昇（2009）。**通識教學的挑戰：營養分數與學習成效**。發表於中國醫藥大學主
　　辦之通識教學研討會，2009.11.13。

楊振昇（2010）。《轉變中的大學：傳統、議題與前景》一書評析。**通識在線**，
　　30，37-39。

楊振昇、林孟潔（2014）。社會變遷中大學治理體系現代化之挑戰與策略。輯於吳
　　清基主編「教育政策創新與行政發展」，157-173。臺北：五南。

編輯部（2015）。通識教育的美麗與哀愁。**評鑑雙月刊**，56，2015.5.15取自http://
　　epaper.heeact.edu.tw/archive/2015/07/01/6371.aspx

劉金源（2006）。我國大學通識教育的現況、問題與對策。**通識學刊：理念與實務**，1(1)，1-30。

顏佩如、曾偉証（2012）。**嘉義大學通識學報**，11，21-249。

(二) 英文部分

Allyn, M. J. (2006). *Assessing general education.* Boston, MA: Anker.

The Task Force on General Education (2007). *Report of the Task Force on General Education.* Boston: Harvard University/ Faculty of Arts and Sciences.

問題與討論

一、通識教育對高等教育的發展有何影響？

二、大學通識教育的主要內涵為何？

三、兩岸大學通識課程在教學上的現況為何？

四、兩岸大學通識課程在教學上所遭遇的困境為何？

五、如何改善大學的通識課程？

第八章

IMD世界人才報告對我國人才培育政策之啟示

陳盈宏、宋雯倩、周華琪

《禮記‧學記》：獨學而無友，則孤陋而寡聞。

壹　前言

　　邁入二十一世紀的知識社會時代，人才素質是國力強弱之重要關鍵，而教育是人才培育的重要關鍵。因此，我國教育部過去10年間進行提升大學競爭力、提高各級學校教師素質與創新教學等相關配套，包括發展國際一流大學及頂尖研究中心計畫、獎勵大學教學卓越計畫、優質高中職認證實施計畫、縣市政府優質學校評選等計畫，以及近期推出的發展典範科技大學計畫等，都著重在學校辦學特色、競爭力與人才培養等面向，以扭轉過往填鴨式教育之方式，強調思考、解決問題能力之教學。

　　2013年教育部以「培育優質創新人才、提升國際競爭力」為願景，發布人才培育白皮書，針對國民基本教育、技術職業教育及大學教育等三大主軸提出「精進教師素質、深化十二年國教、增進校長領導效能、落實家庭教育功能、建置教育溝通平臺、提升教保品質」、「盤整技職人力資源、彰顯務實致用特色、強化技職教育課程、提升技職教育品質、充裕技職教育資源」、「創新課程教學、靈活大學治理、多元培育機制、布局全球人才、研訂人才專法」等16個因應重點政策，期許未來十年人才能具備「全球移動力、就業力、創新力、跨域力、資訊力與公民力等關鍵能力（教育部人才培育白皮書，2013）。

　　瑞士洛桑國際管理發展學院（International Institute for Management Development, Lausanne, Switzerland，簡稱IMD）於2014年11月20日首度發布2014年IMD世界人才報告（IMD World Talent Report 2014），IMD世界人才報告旨在評估不同國家在培育、吸引及挽留人才方面的能力，這些能力將幫助國家維持「人才庫」（talent pool）的規模。本文主要目的即在瞭解2014年IMD世界人才報告內涵及其對我國人才培育政策之啟示。

貳　瑞士洛桑國際管理發展學院之世界人才報告分析

IMD是全球頂尖商業管理學院之一。自1989年起，其世界競爭力研究中心（WCC）一直致力於國家和企業競爭力研究，透過本身建置的競爭力資料庫，並與全球55家官方單位或研究機構合作，蒐集與國家競爭力相關的最新數據資料和政策分析，以爲政府、企業和學術圈提供《世界競爭力年鑑》、《各國（地區）競爭力報告》及《世界人才報告》（International Institute for Management Developmen, 2014）。

一、世界人才報告的評比方式

IMD世界人才報告旨在評估不同國家在培育、吸引及挽留人才方面的能力，這些能力將幫助國家維持「人才庫」的規模。

(一) 評比指標

IMD世界人才報告的整體評比指標組成包括三個要素：對人才的投資與培育（investment and development）、留住人才的吸引力（appeal）及人才的準備度（readiness），茲說明相關內涵如下（參圖1及表1）（International Institute for Management Developmen, 2014）：

1. 「投資與培育」要素

主要考察一個國家對於培育在地人才的投資及發展之投入程度；本指標相關內涵包括追蹤國家對教育的投入資源在整體公共開支中所占的比例，藉生師比等相關指標來評估教育品質、透過「實習制度（apprenticeship）的實施」及「企業對員工培訓重視程度」等變項來評估人才培育情形、女性就業力的培育。

2. 「吸引力」要素

主要關注及檢核一個國家吸引國外人才的能力；本指標相關內涵包括在該國的生活開支及生活品質、檢視在地企業對人才的吸引及挽留之重視程度、評估人才流失對國家競爭力的影響程度、勞工的工作動機等。

3. 「準備度」要素

主要關注「人才庫」的脈絡因素，並評比是否有足夠的人才供應；

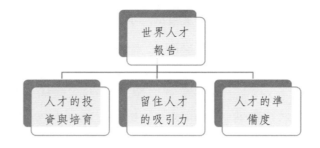

圖1　世界人才報告排名組成要素

資料來源：整理自 International Institute for Management Development (2014)。

表1

世界人才報告排名的整體指標

人才的投資與培育	留住人才的吸引力	人才的準備度
1. 政府的教育經費占國內生產毛額（GDP）比率。 2. 政府的教育經費占國內生產毛額（GDP）比率（單位學生）。 3. 初等教育生師比。 4. 中等教育生師比。 5. 實習制度。 6. 企業對員工培訓重視程度。 7. 女性勞動力參與率。	1. 生活成本指數（在主要城市）。 2. 攬才與留才在企業的優先順位。 3. 企業員工士氣。 4. 人才流失情形。 5. 生活品質。 6. 經商環境對外籍技術人才的吸引力。	1. 勞動力的增長幅度。 2. 高技術性人員之儲備度。 3. 財政金融技術之準備度。 4. 高級經理人員的國際經驗。 5. 績優經理人員之儲備度。 6. 教育體系符合經濟競爭需求。 7. 學校重視科學教育。 8. 高等教育符合經濟競爭需求。 9. 管理教育符合業界需求。 10.人才的語言能力能滿足企業需求。

資料來源：整理自 International Institute for Management Development (2014)。

本指標相關內涵包括考慮勞動力的增長幅度、技能品質、高級主管的經驗和能力、教育系統滿足企業所需人才的能力。

　　在IMD世界人才報告的教育相關指標方面，主要是分配在「人才的投資與培育」及「人才的準備度」，包括：政府的教育經費占國內生產毛額（GDP）比率、政府的教育經費占國內生產毛額（GDP）比率

（單位學生）、初等教育生師比、中等教育生師比、教育體系符合經濟競爭需求、學校重視科學教育、高等教育符合經濟競爭需求、管理教育符合業界需求、人才的語言能力能滿足企業需求等九個指標。

(二) 評比方法

IMD世界人才報告的各國排名之評比方法如下（International Institute for Management Developmen, 2014）：

1. 將所有指標的資料進行標準化，範圍界定於0到1的單位值之間。

2. 計算這些標準化後的指標數值之平均值，並構成三個人才競爭力的影響要素：「人才的投資與培育」、「留住人才的吸引力」及「人才的準備度」。

3. 結合這三個要素來建立世界人才的各國排名順序，並把整體的排名標準化成1到100的範圍，來使結果的表達更加簡明清晰。

(三) 資料來源

IMD世界人才報告係從「世界競爭力年鑑」300多項指標中，挑選有關教育、勞動市場等23項指標彙整而成，資料蒐集範圍為2005至2014年（於2014年共有60個國家），資料來源包括官方資料（hard data）和調查資料，官方資料來自於多元的合作單位，例如：我國相關資料提供單位為國家發展委員會；至於，調查資料則使用IMD世界競爭力報告所設計的問卷調查資料，則來自於IMD世界競爭力中心建置的具廣泛性及縱貫性（累計19年度）的資料庫，可用以追蹤各國人才排名的演變（International Institute for Management Developmen, 2014）。

表2

世界人才報告各指標的資料來源年份

人才的投資與培育	資料來源年份
政府的教育經費支出占國內生產毛額（GDP）比率	2012年
政府的教育經費支出占國內生產毛額（GDP）比率（每單位學生）	2011年
初等教育生師比	2011年
中等教育生師比	2011年
實習制度	2014年
企業對員工培訓重視程度	2014年
女性勞動力參與率	2013年
留住人才的吸引力	
生活成本指數（在主要城市）	2013年
攬才與留才在企業的優先順位	2014年
企業員工士氣	2014年
人才外流情形	2014年
生活品質	2014年
經商環境對外籍技術人才的吸引力	2014年
人才的準備度	
勞動力的增長幅度	2013年
高技術性人員的儲備度	2014年
財政技術的準備度	2014年
高級主管的國際經驗	2014年
績優經理人員的儲備度	2014年
教育體系符合經濟競爭需求	2014年
學校重視科學之教育	2014年
高等教育符合經濟競爭需求	2014年
管理教育符合業界需求	2014年
人才的語言能力能滿足企業需求	2014年

資料來源：整理自 International Institute for Management Development (2014)。

二、世界人才報告評比結果之分析

　　IMD世界人才報告只呈現整體排名、各要素及其指標之數據，更多資訊可以查閱IMD世界競爭力網站（the World Competitiveness Online website），茲將我國在整體及教育相關指標評比結果分析如下（International Institute for Management Developmen, 2014）：

(一) 我國跨年度表現

　　我國在IMD世界人才報告中的全球總排名，分別為2009年的第27名、2010年的第19名、2011年的第19名、2012年的第19名、2013年的第23名及2014年的第27名，呈現先升後降的趨勢。在「人才的投資與培育」方面，我國在2014年為全球第27名，在「留住人才的吸引力」方面，我國在2014年為全球第30名，在「人才的準備度」方面，我國在2014年為全球第25名（詳表3）。

表3
我國人才競爭力細項指標5年排名分析

人才競爭力排名	2009	2010	2011	2012	2013	2014	H/S
	27	19	19	19	23	27	
(一)人才的投資與培育	-	-	-	-	-	27	
1. 政府的教育經費占國內生產毛額（GDP）比率	39	33	28	29	33	34	H
2. 政府的教育經費占國內生產毛額（GDP）比率（單位學生）	-	-	-	-	-	29	H
3. 初等教育生師比	38	38	37	35	29	24	H
4. 中等教育生師比	44	46	49	49	49	47	H
5. 實習制度	-	-	-	-	13	16	S
6. 企業對員工培訓重視程度	23	11	8	11	17	18	S
7. 女性勞動力參與率	37	38	39	38	40	39	H

續表3

(二)留住人才的吸引力	-	-	-	-	-	30	
1. 生活成本指數（在主要城市）	22	29	27	40	41	37	H
2. 攬才與留才在企業的優先順位	33	26	27	28	27	28	S
3. 企業員工士氣	27	11	3	15	27	31	S
4. 人才外流情形	17	4	4	12	8	11	S
5. 生活品質	32	30	35	25	42	50	S
6. 經商環境對外籍技術人才的吸引力	32	25	26	26	37	45	S
(三)人才準備度	-	-	-	-	-	25	
1. 勞動力的增長幅度	28	32	22	25	22	27	H
2. 高技術性人員的儲備度	17	12	10	8	13	23	S
3. 財政技術的準備度	28	28	22	18	19	29	S
4. 高級主管的國際經驗	25	16	15	17	17	39	S
5. 績優經理人員的儲備度	26	21	16	18	22	28	S
6. 教育體系符合經濟競爭需求	23	12	11	16	20	25	S
7. 學校重視科學之教育	6	3	3	4	5	8	S
8. 高等教育符合經濟競爭需求	28	20	19	23	27	31	S
9. 管理教育符合業界需求	32	16	17	19	26	24	S
10.人才的語言能力能滿足企業需求	37	24	27	28	33	35	S

資料來源：修改自國家發展委員會（2014）。

註：H為官方資料；S為問卷調查資料。

(二) 我國與其他國家表現之分析

2014年度的IMD世界人才排名的前五位分別為瑞士，丹麥、德國、芬蘭及馬來西亞，以下針對我國與其他國家在2014年的表現進行分析（International Institute for Management Developmen, 2014）：

1. 人才的「投資及培育」要素

我國在人才的「投資及培育」要素之2014年排名為第27名，在此要素獲得最高分數的前五位依序為丹麥、瑞士、澳洲、德國、瑞典，多以歐洲國家為主，亞洲國家排名最佳為馬來西亞（第11名），我國與

其他國家在各指標表現如表4，並說明如下。

在政府的教育經費占國內生產毛額（GDP）比率之指標表現，冰島表現最佳，亞洲國家最佳則爲馬來西亞（第14名），我國排名爲第34名；在政府的教育經費占國內生產毛額（GDP）比率（單位學生）之指標表現，丹麥表現最佳，亞洲國家最佳則爲馬來西亞（第26名），我國排名爲第29名；在初等教育生師比之指標表現，瑞典表現最佳，亞洲國家最佳則爲馬來西亞（第16名），我國排名爲第24名；在中等教育生師比之指標表現，葡萄牙表現最佳，亞洲國家最佳則爲約旦（第16名），我國排名爲第47名；在實習制度之指標表現，德國表現最佳，亞洲國家最佳則爲馬來西亞（第4名），我國排名爲第16名。在企業對員工培訓重視程度之指標表現，瑞士表現最佳，亞洲地區最佳則爲日本（第3名），我國排名爲第18名；在女性勞動力參與率之指標表現，拉脫維亞表現最佳，亞洲國家最佳爲哈薩克，我國排名爲第39名。

2. 留住人才的「吸引力」要素

我國在留住人才的「吸引力」要素之2014年排名爲第30名，在此要素獲得最高分數的前五位依序爲瑞士、德國、美國、愛爾蘭和馬來西亞，亞洲國家排名最佳爲馬來西亞（第5名），我國與其他國家在各指標表現如表4，並說明如下。

在生活成本指數（在主要城市）之指標表現，南非生活成本指數最低，若是亞洲國家生活成本指數最低則爲卡達（第4名），我國排名爲第37名；在攬才與留才在企業的優先順位之指標表現，瑞士表現最佳，亞洲國家最佳則爲日本（第7名），我國排名爲第28名；在企業員工士氣之指標表現，瑞士表現最佳，亞洲國家最佳則爲馬來西亞（第3名），我國排名爲第31名；在人才外流情形之指標表現，挪威爲第一名，亞洲國家第一名則爲馬來西亞（第10名），我國排名爲第11名；在生活品質之指標表現，瑞士表現最佳，亞洲國家最佳則爲新加坡（第18名），我國排名爲第50名；在經商環境對外籍技術人才的吸引力之指標表現，瑞士表現最佳，亞洲國家最佳則爲新加坡（第3名），我國排名爲第45名。

3. 人才「準備度」要素

我國在人才「準備度」要素排名為第25名，此要素獲得最高分數的前五位依序為瑞士、芬蘭、荷蘭、丹麥和阿拉伯聯合大公國，亞洲國家排名最佳為阿拉伯聯合大公國（第5名），我國與其他國家在各指標表現如表4，並說明如下。

在勞動力的增長幅度（以百分比改變為單位）之指標表現，瑞士表現最佳，亞洲國家最佳則為阿拉伯聯合大公國（第2名），我國排名為第27名；高技術性人員的儲備度之指標表現，愛爾蘭表現最佳，亞洲國家最佳則為菲律賓（第5名），我國排名為第23名；財政技術的準備性之指標表現，瑞士表現最佳，亞洲國家最佳則為香港（第8名），我國排名為第29名；高級主管的國際經驗之指標表現，瑞士表現最佳，亞洲國家最佳則為馬來西亞（第4名），我國排名為第39名；績優經理人員的儲備度之指標表現，馬來西亞表現最佳，亞洲國家最佳則為馬來西亞（第1名），我國排名為第28名；調整教育體制以滿足經濟體對保持競爭力的需求之指標表現，瑞士表現最佳，亞洲國家最佳則為新加坡（第3名），我國排名為第25名；學校重視科學教育之指標表現，新加坡表現最佳，亞洲國家最佳則為新加坡（第1名），我國排名為第8名；高等教育符合經濟競爭需求之指標表現，瑞士表現最佳，亞洲國家最佳則為新加坡（第4名），我國排名為第31名；管理教育符合業界需求之指標表現，瑞士表現最佳，亞洲國家最佳則為阿拉伯聯合大公國（第2名），我國排名為第24名；人才的語言能力能滿足企業需求之指標表現，盧森堡表現最佳，亞洲國家最佳則為阿拉伯聯合大公國（第6名），我國排名為第35名。

總之，IMD世界人才報告之整體變動，可能是因為其經濟的週期性波動和社會政治（socio-political）事件的影響，像是移民政策和／或對教育的資源投入，在一些情況下，這些政策可能會強化對本土人才培育的支持，同時削弱國家在吸引海外人才能力，且世界人才報告的數據與當時的國際經濟情勢調查都有關聯，也反映臺灣的人才競爭力會受到全球化及國際化的連帶影響。

表4

2014年IMD世界人才報告排名資料

	1	2	3	亞洲最佳	我國
總排名	瑞士	丹麥	德國	馬來西亞(5)	27
人才的投資與培育	丹麥	瑞士	奧地利	馬來西亞(11)	27
政府的教育經費支出占國內生產毛額（GDP）比率	冰島	以色列	丹麥	馬來西亞(14)	34
政府的教育經費支出占國內生產毛額（GDP）比率（每單位學生）	丹麥	烏克蘭	瑞典	馬來西亞(26)	29
初等教育生師比	瑞典	盧森堡	冰島	馬來西亞(16)	24
中等教育生師比	葡萄牙	希臘	克羅埃西亞	約旦（16）	47
實習制度	德國	瑞士	奧地利	馬來西亞(4)	16
企業對員工培訓重視程度	瑞士	德國	日本	日本(3)	18
女性勞動力參與率	拉脫維亞	立陶宛	哈薩克	哈薩克(3)	39
留住人才的吸引力	瑞士	德國	美國	馬來西亞(5)	30
生活成本指數（在主要城市）	南非	保加利亞	印度	卡達(4)	37
攬才與留才在企業的優先順位	瑞士	羅馬尼亞	德國	日本(7)	28
企業員工士氣	瑞士	丹麥	馬來西亞	馬來西亞(3)	31
人才外流情形	挪威	瑞士	芬蘭	馬來西亞(10)	11
生活品質	瑞士	奧地利	挪威	新加坡（18）	50
經商環境對外籍技術人才的吸引力	瑞士	美國	新加坡	新加坡(3)	45
人才的準備度	瑞士	芬蘭	荷蘭	阿拉伯聯合大公國(5)	25

續表4

勞動力的增長幅度	卡達	阿拉伯聯合大公國	新加坡	卡達(1)	27
高技術人員的儲備度	愛爾蘭	芬蘭	丹麥	菲律賓(5)	23
財政技術的準備度	瑞士	愛爾蘭	加拿大	香港(8)	29
高級主管的國際經驗	瑞士	荷蘭	盧森堡	馬來西亞(4)	39
績優經理人員的儲備度	馬來西亞	荷蘭	愛爾蘭	馬來西亞(1)	28
調整教育體制以滿足經濟體對保持競爭力的需求	瑞士	芬蘭	新加坡	新加坡(3)	25
學校重視科學教育	新加坡	瑞士	芬蘭	新加坡(1)	8
高等教育符合經濟競爭需求	瑞士	加拿大	芬蘭	新加坡(4)	31
對管理階層的教育能滿足企業的需求	瑞士	阿拉伯聯合大公國	新加坡	阿拉伯聯合大公國(2)	24
人才的語言能力能滿足企業需求	盧森堡	丹麥	荷蘭	阿拉伯聯合大公國(6)	35

資料來源：整理自International Institute for Management Development (2014)。

參　世界人才報告評比結果之討論

一、我國在教育相關指標進退步原因之析究

　　在IMD世界人才報告的教育相關指標方面，主要是分配在「人才的投資與培育」及「人才的準備度」，包括：政府的教育經費占國內生產毛額（GDP）比率、政府的教育經費占國內生產毛額（GDP）比率（單位學生）、初等教育生師比、中等教育生師比、調整教育體制以滿足經濟體對保持競爭力的需求、學校重視科學教育、高等教育符合經濟競爭需求、管理教育符合業界需求、人才的語言能力能滿足企業需求等9個指標（International Institute for Management Developmen, 2014），故以下析究我國在這九個教育相關指標進退步原因：

(一) 政府的教育經費占國内生產毛額（GDP）比率

1. 我國表現

分別爲2009年的第39名、2010年的第33名、2011年的第28名、2012年的第29名、2013年的第33名、2014年的第34名，呈現先升後降趨勢。

2. 可能原因

　　(1) 政府對於教育投資額度之影響。

　　(2) 國内生產毛額高的國家，可能容易使得教育投資的比例偏低。因爲相同金額的教育投資，在高國内生產毛額國家裡，所占的比率自然會下降，反之則會出現高比例的數據（詹盛如，2008）。

(二) 政府的教育經費占國内生產毛額（GDP）比率（單位學生）

在2014年才列入評比，我國排名爲第29名，除了會受到政府對於教育投資額度及國内生產毛額高低的影響之外，尚可能受到學生人數的影響，例如：若國家面臨少子女化的人口結構變遷，則此指標則可能會顯示每單位學生享有的教育經費提高。

(三) 初等教育的生師比

1. 我國表現

分別爲2009年的第38名、2010年的第38名、2011年的第37名、2012年的第35名、2013年的第29名、2014年的第24名，呈現進步趨勢。

2. 可能原因

　　(1) 少子女化造成生源減少。

　　(2) 小校小班政策逐漸落實，例如：國民小學與國民中學班級編制及教職員員額編制準則（2014）明文規定國民小學每班學生人數，以逐年降低爲原則，104學年度後國民小學各年級每班學生以29人爲上限。

(四) 中等教育的生師比

1. 我國表現

分別為2009年的第44名、2010年的第46名、2011年的第49名、2012年的第49名、2013年的第49名、2014年的第47名，呈現先降後升趨勢。

2. 可能原因

(1) 少子女化造成生源減少。

(2) 教育部對於學校員額規定之修改，例如：國民小學與國民中學班級編制及教職員員額編制準則（2014）明文國民中學每班學生人數以逐年降低為原則，104學年度後國民中學各年級每班學生以30人為上限。

(五) 教育體制符合經濟競爭需求

1. 我國表現

分別為2009年的第23名、2010年的第12名、2011年的第11名、2012年的第16名、2013年的第20名、2014年的第25名，呈現先升後降趨勢。

2. 可能原因

教育部向來重視各級教育體制之改革，以作為提升我國整體競爭力的基礎，例如：2013年發布人才培育白皮書，揭示國民基本教育、技術職業教育、大學教育等，希冀能培育具有全球移動力、就業力、創新力、跨域力、資訊力及公民力的在地人才。惟，國際環境變化迅速，教育體制若無法適時回應，則將無法滿足各類經濟體對保持競爭力之需求。

(六) 學校重視科學教育

1. 我國表現

分別為2009年的第6名、2010年的第3名、2011年的第3名、2012年的第4名、2013年的第5名、2014年的第8名，呈現先升後降趨勢。

2. 可能原因

教育部向來重視科學教育之推動，例如：曾於2003年公布科學教育白皮書，揭示各級教育的科學教育願景、2008年發布教育部科學教

育指導會設置要點等。惟，從2012年開始，本指標排名逐漸下降，可視爲我國科學教育推動之警訊，相關原因應透過具專業性的教育政策評估機制進行探討。

(七) 高等教育符合經濟競爭需求

1. 我國表現

分別爲2009年的第28名、2010年的第20名、2011年的第19名、2012年的第23名、2013年的第27名、2014年的第31名，呈現先升後降趨勢。

2. 可能原因

教育部向來重視大學教育改革，以滿足競爭性經濟的需求，例如：採用競爭性經費補助機制，推動「邁向頂尖大學計畫」及「獎勵大學教學卓越計畫」、重視產官學合作，推動「大專校院產學合作績效激勵計畫」及「產學合作攜手計畫」等。惟，從2012年開始，本指標排名逐漸下降，可視爲我國大學教育推動之警訊，相關原因應透過具專業性的教育政策評估機制進行探討。

(八) 管理教育符合業界需求

1. 我國表現

分別爲2009年的第32名、2010年的第16名、2011年的第17名、2012年的第19名、2013年的第26名、2014年的第24名，呈現先升後降趨勢。

2. 可能原因

(1) 大學所開設管理課程或在職進修課程，逐漸符合企業經營需求。

(2) 教育部鼓勵大學進行課程改革，例如：在2013年，推動教育部補助大學校院建立課程分流計畫，大學系所可在既有「學術型」課程之外，增加「實務型」課程作爲選項，以突顯學術研究和專業應用兩種不同的教學型態。

(九) 人才的語言能力能滿足企業需求

1. 我國表現

分別爲2009年的第37名、2010年的第24名、2011年的第27名、

2012年的第28名、2013年的第33名、2014年的第35名，呈現先升後降趨勢。

2. 可能原因

教育部向來重視培育我國學生的語言能力，以利與國際接軌，除了重視英語能力的學習外，尚重視學生第二外語能力之培養，例如：2008年推動教育部補助辦理高級中學第二外語教育實施要點及教育部補助大學試辦高級中學學生預修大學第二外語課程作業原則。惟，從2012年開始，本指標排名逐漸下降，可視為我國語言政策推動之警訊，相關原因應透過具專業性的教育政策評估機制進行探討。

二、評比方法之檢視

(一) 指標排名的推論性

IMD世界人才報告係將各國的排名標準化成1到100的範圍，來使結果的表達更加簡明清晰。然而，如何推論各國指標排名對於教育實務的意義，是必須審慎思考的課題，例如：某一個國家在某領域的狀況有進展，但因為其他國家進展更大，會造成排名較低的現象。

(二) 引用資料的時效性

雖然IMD強調會儘量使用最新的資料，但在評比過程中會有若干限制，首先，部分國家只有在世界競爭力報告含有該國家的年度，其才會出現在世界人才報告的排名之中，例如：冰島從2010年度起，才開始出現在世界人才報告的排名。另外，其中一些與人才排名相關的問題只在較近年度的調查方被加入。因此，報告中所考慮到某些指標的記錄長度相對於其他指標會較短，實際的例子如在2013和2014年度才被列入的實習制度，有關對人才的吸引及挽留與管理階層教育的指標的調查也分別從2007及2008年度起納入。最後，某些國家的客觀數據並不是每年都有公布。

(三) 指標的選擇依據

IMD世界人才報告係從「世界競爭力報告」300多項指標中，挑選有關教育、勞動市場等23項指標彙整而成，然而，指標挑選的理由、

客觀性等，尚必須有更具體完整的說明，以提升本份報告之參考性。

(四) 注意指標的單位轉換問題

國際教育評比常會進行相關數值的單位轉換，OECD在進行各國數據統計時，常以購買力平價指數（purchasing power parity, PPP）換算成美元，故在解讀IMD世界人才報告的指標數據時，應注意指標的單位轉換問題，以進行更爲正確之分析及解讀。

肆　IMD世界人才報告對我國人才培育政策發展之啓示

IMD世界人才報告係針對各國對人才培育、延攬與留才等整體能力進行評估，其評比結果可提供我國人才培育政策發展之啓示。

一、人才培育政策應採系統性規劃，落實跨部會合作

從IMD世界人才報告的評比結果顯示，可發現一個國家的人才素質受到諸多因素的影響，例如：經濟自由化程度、經濟的週期性波動、社會政治（socio-political）事件的影響、教育資源投入情形及教育體制規劃等。以新加坡爲例，該國的人才培育政策配套措施包括：入境、移民、交通及居住等，故我國人才培育政策應採取系統性思考進行規劃，整體思考人才的培育、延攬與留才等面向及相關作法，且針對未來我國人力發展，政府應進行跨部會協調溝通，並研擬全面性之政策，而非受限於只考量短期效益及個別部會的門戶界線，以免產生政策資源浪費之困境。

二、營造教育及企業間的互利共生關係

從IMD世界人才報告的評比指標內涵及結果，可以發現一個國家若要建置質量均優的人才庫，必須關注多元面向，例如：政府資源投入、主要城市生活成本指數、企業對人才之運用與儲備、生活品質、高階人才國際經驗、大學與企業之互動等。其中，關於一個國家是否能夠將留下優良人才爲社會所用，必須去營造教育及企業間的互利共生關係。觀之目前我國企業與大學間之合作多集中在實習機會之提供，缺乏

技術移轉（僅少部分學校）與創投機制等建立，且薪資與福利等與鄰近國家有相當差距，對岸更是大手筆延攬我國優秀人才，對於我國留才相當不利。

三、立基情境脈絡，落實育才、攬才與留才機制

根據IMD世界人才報告，具人才競爭力的國家與一般國家的差異，主要體現在它們對教育的支持、對培育本地人才的投資以及吸引海外人才的能力都同樣著重，這些國家採行關於人才競爭力的政策顯示它們對滿足其經濟體要求有著強烈企圖。基於政策學習觀點，建議可立基於我國在地情境脈絡，依據整體及教育相關指標排名，探究及學習「具人才競爭力國家」的育才、留才及攬才相關措施，例如：瑞士及丹麥在歷年世界人才報告皆名列前茅，顯示它在培育本土人才的同時，亦能有效地吸引海外人才，其育才、留才及攬才相關措施應值得進行相關探究。

四、應建立我國各級教育人力供需資料庫

我國在IMD世界人才報告的各指標，表現最差為「人才外流」（brain drain），在全球排名僅第50名。人才外流係指其有專業知識及技術的人力移民或流向國外的情形，人才若大量移向國外，對本國人才需求就會產生不利的逆差；另外，人才外流也並不一定僅發生在開發中或低度開發國家，歐美先進國家如英國、加拿大等也有人才外流的情形，人才外流的因素包括先進國家有高度的生活水準、流出國高級知識分子的失業、目的國有較佳的研究環境（蓋浙生，2000）。據此，除了檢視我國目前各級教育人力的供需情形外，建議需建立我國人力供需的長期性資料庫，並和各部會共同進行證據本位的政策規劃，以提升我國人才競爭力及充實在地人才庫。

五、持續增加對人才培育之資源投入

在IMD世界人才報告中，若提高政府的教育投資額度，將可提高政府的教育經費占國內生產毛額（GDP）比率；我國教育經費編列與管理法雖規定各級政府教育經費預算合計應不低於該年度預算籌編時之前

三年度決算歲入淨額平均值之22.5%，但根據詹盛如（2008）分析，我國政府通常只抓住下限編列教育預算，由於與其他公共支出相較，教育屬於「生產性」投資，能改善人民素養、技能與態度，維持社會和諧穩定，減少犯罪率，甚至提升經濟成長，故政府持續加碼教育投資，應是必要的方向。

六、政府應有專業性與永續性之政策評估機制

我國在IMD世界人才報告的調整教育體制以滿足經濟體對保持競爭力的需求、學校重視科學教育、大學教育能滿足競爭性經濟的需求、對管理階層之教育能滿足企業的需求及人才的語言能力能滿足企業需求等教育相關指標皆呈現先升後降趨勢，觀之我國過去的教育政策相關措施，皆積極因應，然而，近年指標排名下降可視爲一種提醒，並可進一步思考落實專業性及永續性的教育政策評估機制，以提出具預警性、周全性及深入性的教育政策革新建議。

參考文獻

(一) 中文部分

教育部人才培育白皮書（2013）。

國家發展委員會（2014）。育才、留才及攬才整合方案。

國家發展委員會（2014）。**國發會回應IMD世界人才報告我國排名相關報導**，檢索自http://www.ndc.gov.tw/m1.aspx?sNo=0061697#.VRTRp50VGUk

詹盛如（2008）。臺灣教育經費的現況分析。**教育資料集刊**，40：1-25。

蓋浙生（2000）。人才外流。檢索自http://terms.naer.edu.tw/detail/1301570/

(二) 英文部分

International Institute for Management Development (2014). IMD World Talent Report 2014. Retrieved from http://www.imd.org/uupload/imd.website/wcc/NewTalentReport/IMD_World_Talent_Report_2014bis.pdf

問題與討論

一、目前重要的國際教育評比有哪些？我國的表現如何？

二、對於一個國家的教育發展，國際教育評比可能產生哪些影響？

第九章

中央政府組織變革研究——看客家委員會組織改造檢討與建議

林立生

　　客家，豐富了臺灣的多元文化。教育，因孩子的夢想而偉大。我有此榮幸，追隨劉慶中教授加入客家委員會這個大家庭學習，一開始雖有點擔憂，對於客語一竅不通的我是一大挑戰，但吳清基教授一句鼓勵的話，「如果是對的事，就不要害怕改變，因為此刻的我們都在改變未來」，著實讓我安下心來。這一年多來，我們深入每間客語生活學校，與校長、老師、家長甚至孩子們互動，除了體悟到行政部門應該用心思考在作法上超越外，也看到客語傳習所遇到的瓶頸與挑戰，身為教育人的我，希望透過教育發揮其作用，打造屬於光熱力美的客家，請跟我一起努力為本土語言傳承寫歷史！

　　根據近年國際機構評比資料顯示，我國整體國際競爭力差強人意，政府效率關乎國家競爭力，近年來行政院由於組織日益龐雜且人事負擔沈重，難以因應國內外情勢變遷及符合人民期待，推動組織改造實屬必要。客家委員會係配合行政院組織再造，自民國101年1月1日起改制的新機關，其前身為民國90年6月14日成立的「行政院客家委員會」（以下簡稱本會，是全球唯一的中央級客家事務專責主管機關，然以單獨設置來彰顯客家等少數族群權益，又未符合組織精簡目的，故本文以客家委員會為例，先說明近年客委會組織改造推動概況，俾利組織改造相關問題之檢討，並研提應有之改進方向。

　　而組織文化展現於政府改革之際，最明顯之檢視指標即為「知識體系之實質傳承」，包括建立扁平式的動態開放組織架構，建構客家的資訊平臺，分享客家資訊的機制，強調工作的團隊學習與系統的運作等四個方面。本研究之問題檢討為：1.辦理重大政策性任務，工作量能及複雜度倍增；2.與業務性質相近機關編制有所落差。是故，試提出五項建議改進策略，就行政院而言：1.積極協調消弭部會間本位主義，確立合理組織架構；2.賡續檢討各部會核心職能，建構精簡、效率之政府組織。就客委會而言：1.向行政院人事總處爭取提高客委會增列預算員額，並適時檢討人力及員額管控機制；2.調整內部單位業務職掌；3.組織改造宜以漸進、成員參與方式進行。展望未來，客家施政將有所突破、創新，在現有基礎上深耕、發展，並持續秉持「璀璨客庄、和諧客家」的理念，以回應全球海內外客家鄉親對我政府之殷切期盼。

壹　前言

　　1980年代起，全球化蔚為風潮，各國政府面對變動快速且挑戰益深之國際環境，多以強化政府治理、精進產業發展、提高公民素養等方式以提升國家競爭力。惟我國最高行政機關《行政院組織法》自民國36年公布以來，部會級機關只增不減，不僅組織龐雜、疊床架屋、整合困難，且員額膨脹、人事負擔沈重，實難以因應國內外社經環境快速變遷，及民眾對提升行政效能之期待。由於歷次改革的方案，並未真正根據國內的政治願景或社會文化條件提出，反而有照搬西方模式之嫌，且2000年政黨輪替後，受困於憲政體制的權責不清及朝小野大的僵局，致使諸多改革法案窒礙難行（吳瓊恩，2001；江大樹，2003），而因此，進行政府組織改造堪稱為改善政府職能最徹底、有效的方法（林水波，1999）。

　　根據近年國際機構評比資料顯示，我國整體國際競爭力差強人意（如表1），2015年最新排名，在61個受評國家中，我國排名第11，較去年進步2名，在亞太地區我國則高居第三，僅次於香港及新加坡。IMD的「世界競爭力評比」著重於「經濟表現、政府效能、企業效能、基礎建設」等四個項目；其中世界經濟論壇（World Economic Forum, WEF）2014年「全球競爭力評比」指出，我國世界排名居全球第14名，且近年競爭力分數逐年提升，創新及成熟因素尤具優勢，惟在基本需要、效率增強等方面未盡理想；另據最新公布之瑞士洛桑國際管理學院（IMD）2015年IMD世界競爭力年報（World Competitiveness Yearbook, WCY）指出，在61個受評比的國家中，我國之國家競爭力排名第11名，較2014年提升2名，包括經濟表現、政府效能、企業效能等三大評比指標有所進展，惟基礎建設係屬弱項。與2010-2012年比較，顯示我國政府效能仍無長足進步，且法規體制等部分指標落後於總體排名，甚至成為影響國際競爭力之不利因素。

表1 近年我國IMD及WEF競爭力排名情形

項目／年度	2009	2010	2011	2012	2013	2014	2015
IMD世界競爭力排名	23	8	6	7	11	13	11
經濟表現	27	16	8	13	16	14	11
政府效能	18	6	10	5	8	12	9
企業效能	22	3	3	4	10	17	14
基礎建設	23	17	16	12	16	17	18
WEF全球競爭力排名	12	13	13	13	12	14	尚未公布
基本需要	18	19	15	17	16	14	尚未公布
效率增強	17	16	16	12	15	16	尚未公布
創新及成熟因素	8	7	10	14	9	13	尚未公布

資料來源：《各國投資環境評比》，經濟部，2015。

綜上，政府效率關乎國家競爭力，近年來行政院由於組織日益龐雜且人事負擔沈重，難以因應國內外情勢變遷及符合人民期待，推動組織改造實屬必要（立法院，2013）。其中，客家委員會（以下簡稱客委會）係配合行政院組織再造，自民國101年1月1日起改制的新機關，其前身為民國90年6月14日成立的「行政院客家委員會」，客委會成立除政治考量外，其實也反應臺灣對於客家文化、權益保障的重視（張力亞，2010）。然而，客委者雖為全球唯一的中央級客家事務專責主管機關，然以單獨設置來彰顯客家等少數族群權益，又未符合組織精簡目的，故本文以客家委員會為例，先說明近年客委會組織改造推動概況，俾利組織改造相關問題之檢討，並研提應有之改進方向。

組織變革之探討

一、組織變革的意義

組織變革的概念應起源於組織行為學，有人稱之為組織革新、組織興革或組織變遷，因涵蓋層面廣泛，每位學者定義角度不同。組織變革包括結構、技術、人員等各方面概念，所以各學者對組織變革的定義較

無一致之看法。

　　Leavitt（1965）提出組織變革分爲三種：組織結構的變革、人員的變革、技術的變革。Mosher（1967）則認爲組織進行變革時，會著重其外在關係與內在結構的組合，故將組織變革定義爲指組織結構有計畫的變遷，包括職位的增加、任務的重新安排、現職人員的更迭以及預算的增減等。Morgan（1972）定義爲係組織透過變革的過程，可使組織更有效率的運作，達成平衡的成長保持合作性，並使組織適應環境的能力更具彈性。Fried & Brown（1974）認爲組織變革是一種促進結構和過程（例如人際關係、角色）、人員（例如風格、技巧）和技術（例如更多的慣性、更多的挑戰）的變革和發展之方法。即組織爲追求生存及積極發展，對於不合時宜的組織結構及工作關係等進行有計畫的改變，以因應新事務與新需求之過程或活動。

二、組織變革的原因

　　Nadler & Shaw（1995）認爲，組織變革是由外在不穩定事件所引起，一般可以歸納出技術創新、條約與法律的改變、市場及競爭力、組織成長、總體經濟趨勢以及危機、產品的生命週期與產業結構的變換等六種不穩定事件。Basil & Cook（1974）則認爲環境能影響組織變革，所謂影響組織變革的環境，指有關目前的科技方面、社會與行爲方面、制度與結構方面等三種層次，從而影響個人、組織及地緣政治的變革。

　　Robbins（2001）認爲現今愈來愈多的組織面臨著快速變動的環境，這些組織正在依序進行調適，而目前全球的經理人員再度疾呼變革或滅亡，並認爲工作成員的本質、科技、經濟衝擊、競爭、社會趨勢以及全球政治等六種因素的改變是導致變革的成因。邱如美（1998）則認爲組織變革的原因，係因應科技的改變、國際性的經濟整合、已開發國家的市場飽和以及共產主義陣營的瓦解，導致市場與競爭全球化，而爲企業帶來更多的威脅與機會，因此，組織必須大規模變革才能因應環境變化並能持續發展。Szilagvi（1983）認爲組織變革之原因爲二，一爲外部力量，主要有：技術、產業變遷、國際貿易、企業及政府、人口

驅力等五種；二為內部力量，主要是指組織結構、組織流程及人員行為等要素。

而Kanter Stein & Todd（1992）認為組織變革之原因如下：

(一) 企業內部權力系統的變遷：如重要人士的變動、經營權的轉移等，皆會直接或間接的導致企業結構、制度或文化的改變。

(二) 企業成長過程中的變遷力量：主要是組織生命週期、組織成立年數、組織成長的轉變。

(三) 環境的變遷：包含超環境、一般環境、產業環境及競爭環境改變。

三、組織變革的階段性模式

Lewin在1940年末期發展出有關變革過程的理論模式。他認為變革的過程是由三個階段所組成（Cumming & Huse, 1980:64）：解凍（Unfreezing）、改變（Moving or change）及再凍結（Refreezing）。Schein對Lewin提出的組織變革三階段模式提出進一步的闡釋，認為這些階段看似重疊，且發生非常急促，但其概念上是有區隔的，而組織變革執行者認知其進行到何種階段是非常重要的（Burke,1994: 57-59）。階段一：解凍，創造誘因及準備變革。將維持組織行為水準的力量加以削弱；有時也需要一些刺激性的主題或事件，使組織成員知道變革的資訊，而尋求解決之道。階段二：改變，此階段Schein稱之為「認知重建」，幫助人們以不同的角度去看事情及在未來以不同的方式去行事。即改變組織的行為，以達到新的水準，包括經由組織結構及過程變革，以發展新的行為、價值和態度。階段三：再凍結，使組織穩固在一種新的均衡狀態。它通常是採用支持的機制加以完成，也就是強化新的組織狀態，諸如組織文化、規範、政策和結構等。

參 客家委員會組織改造目的及概況

一、主要施政計畫與發展

《行政院客家委員會組織條例》自民國90年5月16日公布，職司

客家事務之統籌處理，積極推展復甦客家語言、創造客家文化復興環境、提升客家社會經濟力、促進客家傳播媒體發展、建構國際客家交流平臺及興建南、北二個國家級客家文化園區，尤其《客家基本法》業於民國99年1月27日公布施行，爲落實該法，業研擬104年客委會施政計畫（客家委員會公開資訊官網，2015），臚列如下：

(一) 落實《客家基本法》，推廣客語薪傳師，獎掖客語生活學校，客語認證數位化，客語在地傳承。

(二) 提升「客庄十二大節慶」，培植優秀客家藝文團隊，精緻客家藝文展演與文化內涵。

(三) 建構客家文化基礎資料，獎勵發展客家研究，厚植客家知識體系。

(四) 推動客庄文化資源調查，建構「客家文化重點發展區」基礎資料。

(五) 強化客庄群聚產業連結，培育客家青年產銷人才，整備客庄產業資源，活絡客庄產業發展。

(六) 輔導客家傳播健全發展，客家印象再塑造，促進臺灣客家與多元族群交流對話。

(七) 營造客家文化生活環境，規劃客家人文歷史資產總體調查及聚落建築保存與再利用，活化客庄生活空間。

(八) 推動客家青年教育訓練，培訓客家領導與專業管理人才，儲備客家事務永續發展能量。

(九) 促進海內外客家合作交流，吸引海外客家人回臺參訪及推動客家文化之全球連結。

二、組織調整概述

　　《行政院組織法》於民國99年2月3日修正公布，並定自民國101年1月1日開始施行。客家委員會爲中央二級機關：內部單位設「綜合規劃處」、「文化教育處」、「產業經濟處」及「傳播行銷處」等4個業務處，「祕書室」、「人事室」、「政風室」及「主計室」等4個輔助單位，「法規會（訴願會）」1個任務編組。另所屬臺灣客家文化中心

為中央四級機構。

　　為落實馬總統客家政見「牽成客家，繁榮客庄」，客委會預算四年來逐年倍增（自99至102年為經費高峰期），以及《客家基本法》之法定業務，並因應社會、經濟之變化，回應全球海內外客家族群對政府殷切的期盼，建置健全之組織架構，以配合業務之推展，調整組織有其必要性及急迫性，茲詳述如下：

(一) 從業務面檢討

　　為落實《客家基本法》及馬總統之客家政見，業務量大幅增加。客委會法定職掌事項如下：

1. 客家事務政策、制度、法規之綜合規劃、協調及推動。
2. 客家地方及海外事務之綜合研議、協調及推動。
3. 客語政策規劃、擬訂及推動事項。
4. 客家文化保存及發展之政策規劃、擬訂、協調及推動。
5. 客家文化產業經濟發展、創新育成與行銷輔導之政策擬訂、協調及推動。
6. 客家傳播媒體發展、語言文化行銷規劃及推動。
7. 客家文化園區業務之規劃、協調及推動。
8. 其他有關客家事務事項。

另馬總統客家政見及《客家基本法》之新增法定業務如下：

1. 落實總統客家政見：「調整客家委員會職能，加強產業輔導功能」以及「牽成客家、繁榮客庄」。
2. 落實《客家基本法》，其重點有：
   (1) 設立客家文化重點發展區。
   (2) 建設臺灣成為全球客家文化交流與研究中心。
   (3) 辦理客家人口基礎調查及客語使用狀況調查研究。
   (4) 扶助規劃設立全國性客家廣播及電視專屬頻道、獎勵補助客家語言文化節目之廣播電視事業。
   (5) 辦理客語認證與推廣，並建立客語資料庫，積極鼓勵客語復育傳承、研究發展及薪傳師等人才之培育。

(二) 從預算面檢討

　　客委會民國90年成立初期預算僅9,762萬元，新政府上任後，依馬總統客家政見，預算每年逐步成長20%，四年內倍增，至民國99年預算已成長至27億餘元，較成立初期呈數十倍成長；而且行政院業通過客委會民國100年度預算33.2億元，較民國99年度增加6.2億元，成長22.9%。就目前原列預算人力，未來預算若增加，業務量將巨幅擴增，平均每人預算執行力將呈數倍成長，人力更顯嚴重不足。

　　綜上，從業務及預算規模大幅成長來看，為健全組織架構，以配合業務推展，並依行政院組織改造小組99年10月該小組工作分組第42次協調會議會審意見及決議事項，規劃編制員額如下：

(一) 會本部置主任委員、副主任委員、主任祕書、參事等13人。

(二) 設4個業務處

　　　1. 綜合規劃處（3科）：21人。

　　　2. 文化教育處（4科）：27人。

　　　3. 產業經濟處（3科）：21人。

　　　4. 傳播行銷處（3科）：21人。

(三) 設4個輔助單位

　　　1. 祕書室（2科）：14人。

　　　2. 主計室：5人。

　　　3. 人事室：3人。

　　　4. 政風室：2人。

(四) 編制員額合計127人（不含技工、工友及聘用人員）。

　　但客家委員會105年研擬四年期中長程個案新興計畫「青年客家跨域增能計畫」及「客家流行音樂光熱計畫」二項，以維持社會發展計畫之穩定推動；另外，客委會以振興客家文化為使命，未來針對各項客家施政之推展，仍有「社會發展預算逐年遞增」及請增預算員額之必要，茲建議增加預算員額緣由分為新增重大業務及辦理行政院核定重大政策性任務兩項，簡述如下：

(一) 新增重大業務

1. 「客家語言文化人才培育與技藝推廣計畫」

為激發客家青年熱情，提高傳承與發揚客家文化之意願，擴展青年學習與參與客家傳統文化、技藝管道，規劃辦理「客家語言文化人才培育與技藝推廣計畫」，藉由高中（職）及大專院校合作開辦客家語言、文化及技藝課程（學程），搭配學校特色，以生動、活潑、有趣之方式推動，將客家精神自然融入課程中，提高學習動機與意願，促進客家語言及文化薪傳之相乘效益。

2. 「客家文化技藝樂學試辦計畫」

為傳承客語及推廣客家文化，透過文化與技藝特色化教學，利用輕鬆、活潑且生活化的方式，讓學生們可以深入體驗族群的文化與技藝，且透過美感教育讓客語自然而然融入生活之中。

3. 「客家流行音樂光熱計畫」

為提升客家文化創新及活力，扶助客家文創活動，將客家節慶提升為國際觀光層級等目標，新增本重要社會發展計畫，期使提供客家流行音樂良善創作環境，健全表演藝術環境均衡發展。

(二) 辦理行政院核定重大政策性任務

1. 配合行政院政府資料公開，辦理客家數據採礦與施政策略分析

辦理客家數據採礦與施政策略分析、擴大社群參與，瞭解並就民眾需求，加速及深化本會及所屬政府資料公開；另，為加速管制作業，辦理客家施政績效及指標分析研究，以更快速及精確地提供管理者決策依據。

2. 客庄區域產經整合發展計畫

自101年度起，以二年為一期，逐步完成臺三線、六堆、東部、中部、海線等五大客庄區域產經整合，並納入行政院「黃金十年，國家願景」計畫為重大優先施政事項。101年度優先推辦「客庄區域產經整合計畫—臺3線」，以「茶產業」為主軸，含括3縣計15個鄉（鎮、市）之客庄區域整合，包含空間改造、商品包裝及行銷策略規劃等層面，輔導耗時，業務具高度複雜性；103-104年持續推動「客庄區域產經整合

計畫—六堆」，以「醱生活產業」為主軸，含括2縣計12個鄉（區）之客庄區域整合，並比照臺3線模式行銷推廣。未來將賡續推動東部、中部及海線等地區，業務量有增無減。

3. 青年創業及育成

為配合行政院「青年創業專案」，辦理「客家產業創新育成計畫」及「客庄青年新創事業競賽暨媒合輔導計畫」。「客家產業創新育成計畫」為培養客家產業人才及輔導青年創業，運用產、官、學、研合作機制，於全臺客庄五大區域（臺3線、海線、中部、六堆、東部），辦理人才培育專業課程、業師全程輔導及協助創業，須同時辦理相關輔導課程及師資之遴選，具高度專業性。另「客庄青年新創事業競賽暨媒合輔導計畫」則結合地方政府推辦，鼓勵「客家文化重點發展區」所在之11個直轄市、縣（市）政府遴薦具客家文化特色及潛力之青年新創事業，並媒合民間創新育成中心或專業輔導機構成為創業夥伴，為中央機關與地方政府及民間團體協力合作之創新模式，執行複雜度及困難度相對提高。

4. 客家文化生活環境營造計畫跨域整合

因應中央政府跨域加值工作推動，客家文化生活環境營造計畫由文化教育處移交產業經濟處執行，改變以往單點、單領域之框架思惟，調整為以區域產業發展、跨域加值之整合模式，帶動地方客家特色產業，創造客家文化資源之經濟效益。為利地方政府及民眾充分瞭解計畫精神，使計畫順利執行，相關政策說明、研習課程及在地人才培育工作量能倍增。

肆　組織文化與組織變革的關聯性

組織需要有鼓勵變革的文化，組織的變革若是沒有組織文化的支持將事倍功半甚至適得其反，某些組織的文化類型只適合特定的變革方式，才能發揮正面作用，倘若變革方式發生變更，其組織文化也得相應變革，否則將會造成負面的效果。由於組織文化與組織變革有深遠的關係，許多學者也提出相關的想法：

Schein（1985）由企業的生命週期來分析組織文化的功能，並指

出文化改變的機制，將組織變革與組織文化的關係連結如下：1.組織在
「初期成長階段」：組織由創始者支配，文化是能力及認同的來源，
文化是組織凝結的力量。2.「組織發展中期」：次文化產生，使文化認
同分歧，企業組織認同產生危機，主要目標、價值迷失，但這也是文
化改變的契機。3.「組織發展成熟期」：此時組織的發展屬於穩定或停
滯，抗拒變革。文化成為創新的阻力，成為自尊及防衛的來源。在此階
段，文化的改變為必須且不可避免的。

　　Kezar & Eckel（2002）兩種連結。1.組織需要有鼓勵變革的文
化，這一類研究是去判斷文化的哪一個方面或哪一種類型的文化可促進
組織變革的發展。2.願景與目標會因為變革過程的差異而進行修正。亦
即說，變革的結果即是修正後的組織文化。其中，以第一種連結，組織
文化對變革的影響最常被討論。

　　另有人指出，任何變革計畫若貿然實施，必然會破壞傳統的價值
觀，因而招致抗拒，因為任何組織自形成開始，都有它們的傳統價值與
習慣。此種價值觀是各個組織的特徵，因此變革計畫的實施必須尊重傳
統的文化型態（黃曦民，2004）。組織變革能否成功，端賴變革推動
者能否建立一合適的組織變革氣候（余坤東，1999）。文化和變革過
程有關，變革過程可以因違反文化規範而被阻礙，或世界由文化而被強
化（Kezar & Eckel, 2002）。

　　組織文化為組織變革過程的重要影響力之一，因此，瞭解組織變革
與組織文化的關聯性，不僅能夠透析組織文化的內涵，更能善用組織文
化特性的助力，達成組織變革的目標。簡言之，組織為維繫生存與發展
所從事的必要性變革，必須考慮組織文化層面，以免遭致抵制而無法達
到變革的目標。

伍　問題檢討

一、持續辦理重大政策性任務，工作量能及複雜度倍增

　　為落實《客家基本法》之精神，帶動客庄產業經濟之發展，客委會
於101年1月1日組織改造成立「產業經濟處」，推動多項新興政策，加

強輔導客家文化重點發展區特色產業，強化客庄產業之群聚效應。爲了與時俱進，針對各項業務不斷檢討創新精進，以形塑客家產業魅力及提升競爭力，致業務量大幅成長，加以客家業者多屬微型企業，須以專案性輔導，困難度較高。

104年度組織調整後（104年4月10日客會人字第1040005310號令修正），原文化教育處客家文化生活環境營造之相關業務移至產業經濟處，由於「客家文化生活環境營造計畫跨域整合」業務移至產業經濟處後，產業經濟處掌理事項如下：

(一) 客家文化產業發展之規劃、協調及推動。

(二) 客家文化產業發展之調查、研究及分析。

(三) 客家文化產業行銷推廣之規劃及推動。

(四) 客家文化產業經營管理之輔導。

(五) 客家文化產業人才之培育。

(六) 客家文化產業之補助及獎勵。

(七) 客庄休閒產業之規劃、協調、輔導及推動。

(八) 客家生活環境之營造、傳統空間之保存及發展再利用。

(九) 客家館舍之活化、經營及輔導。

(十) 其他有關客家文化產業經濟事項。

爲使組織運作強化，除文化資產科有關生活環境營造業務整併至產業經濟處外，另外就針對文化資產科有關於客家文化資源調查與出版典藏成立工作小組，強化文化資源調查典藏應用及推廣、國會聯絡事務及iHakka等相關業務，也一併調整至傳播行銷處。如此思維有別以往單點、單領域之框架，對照調整爲以區域產業發展、跨域加值之整合模式來看，其工作量能及複雜度倍增，業務量能勢必有所提升。

二、與業務性質相近機關編制有所落差

客家委員會基於對臺灣客家語言、文化保存發展事務之落實，更爲促進具國際視野之客家文化交流，爰推動「臺灣南、北客家文化園區」之國家級客家文化園區建設規劃，於93年2月研訂「臺灣南北客家文化園區設置計畫」報奉行政院核定，行政院並於93年同意設置客委

會「臺灣客家文化中心籌備處」（以下簡稱本籌備處），專責推動兩園區籌建事宜，後配合行政院組織改造，籌備處於101年1月起配合組織改造改制為「客家委員會客家文化發展中心」；惟客委會當時考量轄屬南北園區業務量龐雜，同時肩負客家文化推動任務，該籌備處原以三級機關編制推動，經組織改造後改列為四級機構；但因南北二園區幅員遼闊，且以現行四級機構組織編制人力與層級執行各項業務皆顯不足，不利園區永續發展，且經查「原住民族委員會文化發展局」業經立法院於103年1月14日附帶決議通過為三級機構，基於業務發展實際需要，及族群事務機構層級之衡平性，客委會遂要求函報客家文化發展中心應提列為三級機構，嗣經國家發展委員會於4月28日函復基於衡平考量，將客家文化發展中心調整為三級機構。

反觀目前客家文化發展中心負責南、北兩座國家級客家文化園區之營運管理業務，以及近年國家發展委員會推動自償性公共建設預算制度實施方案，未來客家文化發展中心將成立基金，並於106年起採自行營運與收費方式。經檢視國內文化館舍或園區，均係以一中心為園區營運主體，尚未有一中心直接營運兩園區；參考現行三級文教機構如國立歷史博物館（編制64人）、國立臺灣美術館（編制65人）、國立傳統藝術中心（編制71人）。其職責遠比前述其他規模相近之三級機構較為繁重，爰建議增加編制職員預算員額、進行職務列等合理調整，並健全人事室與主計室之架構以利園區永續發展。

為永續經營客家，除提升客家文化發展中心為中央三級機構外，合理增加編制預算員額，確有其必要性，以符客家文化永續發展、文化族群對等之衡平性。

陸 建議改進方向

推動組織改造除需組織內部之努力，同時也需上級機關的整合。茲以行政院及客委會觀點，進行改進方向之探討。

一、就行政院而言

(一) 積極協調消弭部會間本位主義，確立合理組織架構

行政院組織改造牽涉甚廣，且單一部會組織法草案之更動連帶影響其他部會組織法案，行政院允宜秉持建立精簡及效能組織之目標，確立各部會定位及職掌業務，積極消弭部會間之本位主義，俾免徒增國會審議困擾（立法院，2013）。未來各部會之間及其組織內部，如何能夠排除原有組織本位主義、重整組織內外部水平與垂直的服務流程，開創新的組織文化，也是下階段邁向「小而能」政府治理模式的重要課題（張力亞，2010）。

(二) 賡續檢討各部會核心職能，建構精簡、效率之政府組織

101年行政院組織改造正式啓動，行政院組織改造後，部會數量雖已精簡為29個，惟與世界主要國家相較，部會數量仍屬偏多，恐無法有效降低機關間之行政協調成本，尚有賡續精簡之必要；允宜賡續檢討各部會核心職能，儘速檢視13項核心功能以外，單獨設置部會之必要性，並因應全球化時代需求，妥為運用複式名稱部會，以全球性、前瞻性思維，建構具備整合及領導功能之政府組織（立法院，2013）。

二、就客家委員會而言

(一) 積極向行政院人事總處爭取提高客委會增列預算員額，並適時檢討人力及員額管控機制

中央及地方政府之人力員額雖有中央政府機關總員額法及地方行政機關組織準則為管控規範，惟部會數量太多，超出合理管理幅度，增加橫向協調成本；編制員額不斷膨脹，人事經費負擔沈重（教育部，2011）。政府允應全盤檢視中央及地方之業務分工、產業特性、面積、自有財源、人力狀況、各世代年齡分布等因素，衡酌未來少子化及高齡化之人口結構變化及國家對公共部門人力規模之合理負荷，並兼顧為國延攬優秀人才，擘劃長遠之公共部門人力政策，建立合理之全國員額管控機制（立法院，2013）。

(二) 調整客委會內部單位業務職掌

再造並非一定要組織重組擴張，而在於改變結構面向及對業務職能的再思考，來尋覓最好的完成工作方式，必須從行政效能、功能觀點針對整體作系統性的再設計（戴正道，2006）。

為使客委會組織運作正常化，調整相關單位之業務職掌，例如：文化資產科有關生活環境營造業務，擬整併至產經處；至於文化資產科有關客家文化資源調查與出版典藏、國會聯絡事務及iHakka等相關業務，擬調整至傳播處。上揭業務之調整，係為了長遠發展作整體考量，期人力資源與預算分配均衡化，並調整各業務處之控管幅度，俾使業務之推動更有效率，發揮整體施政綜效。

(三) 組織改造宜以漸進、成員參與方式進行

組織改造是原有決策模式及工作條件之改變，機關成員身為改革的客體及改革的主體，而面臨雙重角色衝突困境；具體說明及雙向溝通係能否安心配合支持政策之關鍵。

因此，客委會應蒐集各方建議與成員意見，妥加研析、處理，並做必要的統一說明與宣傳，以消除雜音，凝聚共識，全力推動組織重整，預作轉型功能規劃及學習訓練，以確實達到預期目標（戴正道，2006）。

柒　結語

組織文化展現於政府改革之際，最明顯之檢視指標即為「知識體系之實質傳承」，分析可供參考客委會組織調整之策略計有以下面向：

(一) 建立扁平式的動態開放組織架構：組織結構採「小而美」、「小而能」的網狀彈性組織調整，使客家行政專業化之分工得以適度發揮。

(二) 建構客家的資訊平臺，分享客家資訊的機制：無論是垂直的府際關係或水平的機構關係，透過客家雲的建立，讓政府資訊充分公開，共同負擔知識管理的任務，建構客家學術平臺，鼓勵投入學術的研究與環境塑造，共同分享客家知識管理的效益，以奠定知識創造之有利基礎。

(三) 強調工作的團隊學習：知識經濟社會其競爭的機制已愈來愈激烈，過去中央單獨主導的作法已不復見，必須重視與地方客家事務專責機關的團隊運作、資源的分享，將優勢互補、各擅所長、相輔相成，建立一個智慧型的分享團隊，運用團隊學習之策略，即進行實質參與，以利業務銜接。

客家委員劉慶中主任委員在103年8月就任時，明確將客家文化的核心價值用「光熱力美」四個字予以概括，以此理念看見客家、創新客家，進而永續客家。回顧這幾年來的客家施政計畫，對於「光熱力美」所揭櫫的意涵及其實證，自當有更深刻的體會。綜而論之，光為熱之本，熱為力之源，力為美之驅，美在多元表現；進一步言，「光熱力美」不僅是客家施政的目標，也可謂是由內而外、富有層次的客家文化觀；亦即從內塑的光、熱再到外顯的力、美，藉由普照（光）、傳導（熱）、擴散（力）與感染（美）等作用的相互滲透與反饋，最終呈現出一個內外兼備、體用具足的實踐理性架構。

「光熱力美」四個核心價值用來檢視目前的客家政策與各項實施中的計畫，推動一波「看見、創新、永續」的客家進行式，這也是一場寧靜而有感的客家「心」運動。只要心中存有光熱，就能打造力與美的客家。行政院組織改造不應只是將原有部會「拆解」再進行「重組」，而需有周延之因應措施及通盤推動配套措施，方能使改造後之組織於品質、服務及速度等行政效能獲得改善，俾能快速因應國內外社經情勢變遷，及回應民眾對政府效能提升之期待。

客家族群長期以來對臺灣發展貢獻頗深，但隨著社會經濟的變遷，目前客家族群在經濟、文化與語言皆面臨空前的挑戰；「經濟上」群聚偏遠地區的農業經濟早已凋蔽，近年來受整體經濟低迷衝擊而更加困絀；「文化上」備受主流優勢文化擠壓而處於邊陲地位，連語言傳承也面臨流失的嚴重危機。但不可否認的，客家豐富臺灣的多元文化，客家族群是臺灣發展歷程中不可或缺的一環，也因此豐富了臺灣的多元文化內涵。

客家委員會尊重多元文化發展，為繼續傳揚客家語言、文化，客委會長期籌辦客庄十二大節慶、客家博覽會、桐花祭、客語認證考試，推

動客家特色文化加值產業、海外客家文化交流及營造客庄生活環境等業務，已具世界水準。展望未來，唯有透過內部組織深化，衡酌客家人口結構變化及合理財政負荷，規劃長遠人力政策及員額管控機制，使其改造後可達成精簡組織並減輕財政負擔，改善附屬單位功能重疊及權責不清之情形，才能提供更高品質之服務，確實達到精實、彈性、效能之改造目標。

參考文獻

王志仁（1996年8月）。未來集團——架構未來組織。天下雜誌，**195**，頁34-38。

立法院（2013）。**行政院組織改造問題檢討與改進方向**。取自http://www.ly.gov.tw/06_lyacc/search/accOutlineList.action?id=18818

江大樹（2003）。臺灣政黨輪替後的政府再造工程：續階改革或第二波寧靜革命。**東吳政治學報**，**16**，25-46。

行政院研究發展考核委員會組織改造（2011年4月20日）。取自http://www.rdec.gov.tw/mp14.htm

吳心怡（1996）。企業再造下的人力資源管理變革。取自http://imgrad.mgt.ncu.edu.tw/anita/bpr.html

吳瓊恩（2001）。當前臺灣公共行政的政治系絡。**中國行政評論**，**10**（**2**），1-36。

林水波（1999）。**政府再造**。臺北：智勝。

客家委員會施政計畫公開資訊（2015），取自http://www.hakka.gov.tw/public/Data/532619461871.pdf

客家委員會處務規程（2015）。**客會人字第1040005310號令修正第5條、第7條、第8條、第9條、第10條第11條及第16條**。取自http://www.hakka.gov.tw/ct.asp?xItem=138190&ctNode=2379&mp=1&ps=

張力亞（2010）。行政院組織改造的契機與結果：政治社會環境系絡觀點。**府際關係研究通訊**，**9**，5-8。

經濟部（2015）。**各國投資環境評比**。取自http://twbusiness.nat.gov.tw/page.do?id=21

戴正道（2006）。行政院客家委員會組織再造之研究（未出版之碩士論文），國立臺北大學，臺北縣。

第二篇
教育發展

第十章

科技領導
——大數據觀點

謝念慈

大數據改變的不只是學習方法，更是我們看待世界的方式。我們學到這種理解世界的新方法後，就能更瞭解世界，做出更正確的決定。

資料只是真實世界的影子，運用巨量資料時，也不能忘了謙卑與人性。　　　　　　～麥爾—荀伯格（Viktor Mayer-Schönberger）

壹　背景與脈絡

　　微軟創辦人比爾・蓋茲（Bill Gates）自2003年開始推展未來學校，其概念是讓世界上任何孩子，不論在地球哪個角落、什麼膚色種族、何種性別、年齡層別，每個孩子，都可以透過資訊數位科技，讓自身的學習更有效率與效能。從比爾・蓋茲的概念，可窺知未來學校圖像是學校在學與教的過程中，大量嵌入網絡資訊科技，讓學校課程、教學與評量從量變牽引質變。簡言之，未來學校（School of the Future, SOF）可說是比現在更進步、更理想，更能符應社會變遷需求的教育場合（湯志民，2008），人類的未來在教育，而未來學校和校園的建築設計工作者，都必須謹記這個目標（Lorne MCConachie, 2007）。

　　我國掌握趨勢，在學校的學與教同步轉型跟進，今天學校的教育生態，也已經展現了科技校園的氛圍與形體。如：臺北市蓬萊國小於2011年，由臺北市政府及臺灣微軟頒證，成為臺灣第一所「雲端未來學校（School of the Future MCloud）」認證學校。因此，近年來全球建構在網路上的學與教，如火如荼地開展蔓延。如：磨課師（MOOC）大規模開放線上課程（Massive Open Online Course）、MOODLE（Modular Object-Oriented Dynamic Learning Environment）遠距課程教學平臺，串聯課前、課中、課後的學習活動、翻轉教室（Flipped Classroom）等，顛覆了傳統學與教的樣貌與樣態，學生的學習與教師的教學沒有時、空的疆界，賦予了學習成效的生命力，教學的生命源泉。2015年國際教育科技協會（International Society for Technology in Education, ISTE）提出行政人員科技標準（ISTE Standards

Administrators），有五個標準：願景領導（Vision Leadership）、數位時代學習文化（Digital Age Learning）、卓越專業的實踐（Excellence in Professional Practice）、系統的改善（Systemic Improvement）、數位公民資質（Digital Citizenship）（ISTE, 2015），第一個標準就提及「領導」（leadership），以學校而言，校長增能科技領導已是顯學。「科技領導」出於Betty Collis在其所撰寫的《電腦、課程與全班教學》（*Computers, Curriculum & Whole-Class Instruction*）一書中（Collis, 1988; 引自張奕華，2007），Bailey、Lumley和Dunbar等人界定學校科技領導（Technology Leadership of School, TLOF）是學校領導者應用必要的領導技能，以幫助他們的學校運用科技在有益的方向上（吳金盛、李柏圍，2012），領導者能夠善用科技領導技巧，領導成員運用科技，致力於學校教育目標的達成（吳清山、林天祐，2006），亦即學校領導者能理解並善用科技，達成有效能的學校領導，瞭解教育領導上最新的議題與模式，是科技領導者須具備的角色（張奕華、吳怡佳，2008）。亦即，學校領導者能鼓勵教職員工生廣泛應用科技，來增進行政效率、教學效果與學習成效（教育Wiki，2015），帶領校內教師善用資訊科技，進而增益教學效能，提升學生學習成效，是科技領導的重要關鍵指標。

　　拜科技之賜，數位資訊為人類累積了大量資料，而且是空前所沒有的巨大，如何理解並能適切的使用，是科技領導最新的素材，巨量的資料產生了數據，如果數據會說話；則大數據會產生智慧，而此智慧能助益學校領導者做有意義學與教的創新，進而提升學生學習的成效。因此，學校領導者要增能理解與分析應用大數據意涵及內容，在領導時妥適、善用大數據資料，提升學校領導效能。

　　一個人若想過自主的生活，就必須自己作決定，不然便會任由別人掌控方向，人無時無刻都在作抉擇，要是你自己不作決定，就等於將決定權拱手讓人（吳春諭譯，2009）。領導者每天都必須做決定，「不能坦然面對自己和別人一切優、缺點的領導人，是不可能做出適當決策的。」（Nancy F. Koehn, 2009）。管理者是那些把事情做對的人，領導者則是那些做對的事情的人。（Leaders are people who do the right thing; managers are people who do things right.）（Warren Bennis, 2012）。西蒙（Herbert A. Simon）認為：「行政管理的過程就是作決定的過程。」（黃昆輝、呂木琳，2000）吳清基（1987）認為：「作決定是指具有相對權責的個體或組織，在面臨問題解決或行為抉擇之際，依據一定的價值標準或目的期待，從許多不同的可行變通方案中，試圖去找尋一種最佳的或令人滿意的可行變通方寮，以期理想有效的問題解決的行動過程。」黃昆輝（1988）認為做決定的過程可分六個步驟：認識問題、分析問題、建立標準、蒐集資料、研擇方案與規劃執行，是一個複雜的連續、邏輯程序，學校領導者運用時，要能彈性斟酌，視問題的性質和內、外在環境而有所權變。張金鑑（1995）認為行政決定是個複雜的程序，涉及事實的蒐集與瞭解和價值的分析與判斷，同時要顧及將來可能的發展形式與事態。

綜合以上各觀點，學校領導者做決定，是指針對學校教育目標，蒐集有關事實資料，認識問題的性質並瞭解問題的癥結，據以發展具體可行的方案，並選擇一個最佳化解實施。

因應數位資訊科技的創新與快捷，近年教育績效責任要求，資料導向決定的理念與作法愈來愈受重視（黃旭鈞，2013）。因此，學校領導者需加強數據資料的蒐集、認知、理解、分析與應用等能力，以求持續改進教育的品質，並利用數據資料解決、創新學校教育的問題。而除了被動蒐集與符合規定的要求外，更要有主動、理解、分析與解釋資料的能力，以瞭解教育問題的根本原因，有效地加以解決，並能依據資料持續改進，提升教育的品質。

準此，本文先就科技領導——大數據觀點的背景脈絡做說明；進而探討大數據的意涵；再初探科技領導——大數據的觀點，以精進行政領導、課程領導與教學領導，並凝聚成教育本質領導的光譜；最後，提出科技領導——大數據觀點的因應、作法及配套措施。

貳　大數據

《紐約時報》（The New York Times）每週的訊息，超過十七世紀人終生可能接觸到的資訊量，2008年接收的訊息是1960年的3倍，2020

年資訊量將是今日的44倍（許恬寧譯，2014）。大數據（英語：Big data或Megadata），或稱巨量資料、海量資料、大資料，指的是所涉及的資料量規模巨大到無法透過人工，在合理時間內達到擷取、管理、處理、並整理成為人類所能解讀的資訊（維基百科，2015），是人們獲得新的認知，創造新價值的源泉，也是改變市場、組織機構，以及政府與公民關係的方法（趙國棟、易歡歡、糜萬軍、鄂維南，2014）。2012年8月，國際數據挖掘會議（Knowledge Discovering and Data Mining, KDD）指出大數據是10臺服務器也無法儲存的數據，「巨量資料分析」是一門新興科技，能夠解讀和預測無數的現象（林俊宏譯，2013）。

　　大數據由其意涵可知其具有量（Volume）、速（Velocity）、多變（Variety）與眞實性（Veracity）的4V特性（謝明瑞，2015）。並展現數據體量巨大、數據類型多樣、處理速度快與價值密度低的四項特徵（智庫百科，2015）。其實Google的搜索就是一種大數據的運用，過去處理應用太少，現在隨著資訊網路活絡，累積的數據量愈來愈大，可以利用類似的技術服務客戶、發現商機、擴大市場及提升效率，才逐步形成大數據這個概念（潘少，2014）。進入大數據時代，資料分析已在悄悄改變各行各業的運作方式（錢莉華譯，2015）。湯瑪斯・戴文波特（Thomas H. Davenport）在研究大數據幾年之後，他認爲大數據是一個革命性的概念，幾乎握有改變各行各業的能力，每位工作者都需要瞭解大數據（江裕眞譯，2014）。阿里巴巴集團馬雲所說：「未來的機會在數據科技（Data Technology, DT）」，數據科學是資訊科學的延伸。現在，數據技術的時代剛剛開始，產品數據化將是其中最爲關鍵的特徵之一（車品覺，2015）。大數據技術的出現，讓我們認識人類的思想和行爲的能力得到增強，大數據時代是人類智慧和汗水創造出來的歷史新篇章，讓大數據改善生活、助力工作，將夢境化爲現實（郭昕、孟曄，2014）。《哈佛教你精通大數據》一書強調「大數據」是新策略工具，目前企業經營的顯學，成爲企業與個人成長發展的利器（許瑞宋、侯秀琴、洪慧芳、羅耀宗、李明、黃秀媛（譯），2014），大數據也將是學校未來經營的顯學，成爲學校師、生學與教

轉變發展的槓桿。

　　大數據的重要性不在於數據資料有多少，而是人們如何應用軟硬體，從各種數據中找出線索、趨勢，以及商機。更令人期待的是，只要資料夠多，海量資料不只能提供「後見之明」，甚至可以預測大自然的變化、人們的購物行為（邱莉燕、鄭婷方，2013），麥肯錫在2011年發表《大數據：創新、競爭和生產力的下一個新領域》報告，明白揭露大數據將成為競爭的關鍵基石。大數據分析和統計還有幾個重要的本質上差異：統計希望找出因果關係的推論、大數據著重相關性；統計蒐集資料重視精準度、大數據有空間容忍不精確，這些差別引導出完全不同的思維模式和應用（盛治仁，2015）。

　　大數據時代的到來，讓「數據即資」成為新的全球大趨勢（張茉楠，2015）。往往我們聽到大數據或巨量資料，常常知其然而不知其所以然（江裕真譯，2014）。《大數據》與《大數據──教育篇》作者麥爾－荀伯格（Viktor Mayer-Schonberger），與庫基耶（Kenneth Cukier），指出教育在教學的內容與方法，需做調整改變，因此校長的行政領導、課程領導與教學領導也需做變革。第一個變革在於學生的學習內容；第二個變革是在於教育的方法（林俊宏譯，2014a）。

參　科技領導──大數據觀點

　　二十一世紀教育有關的領導理論，已經發展的相當完備。近來在學校方面，校長的領導重心，除了「行政領導」外，已經著重於「課程領導」、「教學領導」與「科技領導」方面。2014年6月11日，《大數據》與《大數據──教育篇》作者麥爾－荀伯格（Viktor Mayer-Schonberger）受邀到新北市演講，隨後在教育掀起了大數據與教育的風潮。本文所謂的科技領導──大數據觀點，指學校校長如何透過大數據的分析與運用在學校領導，以精進「行政領導」、「課程領導」與「教學領導」，進而改變行政管理效能、改善教師教學與提升學生學習成效。大數據年期以5年為基準做說明，藉以提升行政管理、教師教學與學生學習成效的幾個觀點。

一、透過大數據的科技領導，提升行政效率與效能與危機管理能力

過去傳統行政領導的方式，多採用各種領導理論，推動校務發展，直到資訊科技進入校園的盛行期間，也只是運用資訊科技設備，做一般事務性的行政領導與管理。從未將資訊科技累積大量資料的功能，思考其有何意義與價值？因此，看似行政作為具有科學精神，但似乎只顯現的是表象，或稱為「微數據式領導」（只用了少許數據，非大數據）而已。

透過學校常年積累的大量數據，可以提供領導者（校長）做決策時更具效度與信度。如：1.學校水、電用量，校長請總務處提供學校五年來的每月用水、電度數與經費，就可分析、推估今年每月可能的水、電用量，提前做好控管與因應。2.學生安全、健康，校長請學務處提供學校五年來，學生體育課運動傷害及保健室學生就診狀況統計資料，就可以請相關同仁，作好相關預防性教育宣導。3.校園安全，以校園安全地圖為例，校長請各處室、學生、家長、社區與警政單位，提出五年來學校不安全的場域，並提出預防改善策略，即可繪製校園內外務實致用的安全地圖，減少校園安全事件的發生。4.校外教學天候問題，常常讓全校師生煩憂，擔心遇颱風或極度不佳天氣影響外出興致與安全，校長請學務處調氣象局十年來的當期氣候狀況，幾乎可分析判讀，此次校外教學氣候何如。

另類的走動管理——運籌帷幄的領導現代版，讓校長不出校長室，便能知天下事，似乎透過大數據的慧根，讓領導改變了圖像與方法，更精準、更科學、更有效度與信度，讓數據真的會說話，且能說真話，走過必留下痕跡。教育主管部門及學校，如何在既有的資訊科技融入教學基礎下，能用、善用大數據是新的科技領導課題。

二、透過大數據的科技領導，精進課程、教學與評量的學與教

資訊科技融入課程、教學與評量，已經成為我國各級學校的顯學，而且十分普及。十二年國民基本教育的施行，學校的課程發展、教學的活化與多元的評量，幾乎都直接或間接的經由資訊科技的協力，基本上

我們可以利用資料採礦（data mining）的方法（G. T. Wang, 2013）大量的原始數據進行挖掘以得到學生表現、問題難度以及分布的這些重要訊息（霍偉棟，2015），而更具有成效。如：透過資訊科技設備，教師在課程的設計，能更豐富多元；教師在教學更能無教學牆界；學生的學習與評量也能無時空的阻隔。因此，現今學校許多的課程、教學與評量，師生間透過資訊融入互動的學與教是常態，近二、三年的磨課師、翻轉教室等就是典型的學與教型態，雖然互補了傳統的課程、教學與評量模式，增進了教師教學效能與學生學習成效，缺憾的是遺留在資訊數位科技的大量數據資料，始終是好像課程、教學與學習後，師生的廢料封存在機械裡，即使是廢物也可以再利用，更何況師生互動留下的紀錄，是彌足珍貴的稀世珍品啊！透過這些過往學與教的大數據，更有助於十二年國民基本教育的美麗境界指日可待。

　　透過學與教的大數據，可以協助教師課程與教學，及學生學習的瓶頸做有效的突破。如：以翻轉教室為例，教師可以透過電腦的學生閱覽紀錄與學習程序等，瞭解到學生到底學習發生了什麼困境，課程與教學該如何做調整。

　　透過蒐集學生學習的所有資料（大數據），就可以瞭解哪些課程安排的效果最好；而且其系統經過仔細設計，能將結果自動導回課程，據以改善教學、提升學生的理解和表現，也能依據每一位學生的個別需求調整教學（林俊宏譯，2014a）。《大數據──教育篇》作者在書中，有段關於史丹佛大學資訊工程系教授吳恩達（Andrew Ng）的大數據實際運用在學與教的實際經驗分享：

　　追蹤學生觀課影片的順序，發現大多數的學生都是依照順序，一部一部的看下去，但是幾週後約看到第7堂課時，學生會跳回第3堂課，為什麼？他發現第7堂課是要求學生用線性代數寫一條公式，第3堂課是幫學生複習數學，很顯然代表學生沒有自信，教師該修改課程，在學生無自信時幫助學生複習數學，這就是學習關卡的時間點。……學生反覆觀看同一主題影片，真的在看，但是到了第75-80堂課時就順序大亂了，他設計一套大數據視覺化的程式，統計會顯示使用者如果看影片的順序異常，就會從深藍色變成鮮紅色，結論是學生對於理解這些概念有

困難，正努力要搞懂（林俊宏譯，2014c）。透過大數據的輔助，整個大數據學與教系統循環圖，如圖1。

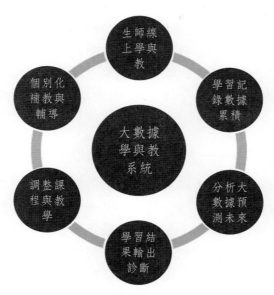

圖1 大數據學與教系統循環圖

因此，教師知道實際狀況，就更能對症下藥，重新調整更客製化或個別化的模組課程與改進教學（甚至是補救教學／差異化教學的策略行動），看看學生的學習情況是否有進步。強大實證效果的大數據，能夠助益「課程領導」與「教學領導」，這就是立基於大數據觀點的科技領導，協助校長的課程領導與教學領導的最後一哩路，進而反應、回饋在學生的有效學習。

三、透過大數據的科技領導，讓行政領導、課程領導與教學領導凝聚成教育本質領導的共構光譜

沒有學生，就沒有教師；沒有教師，就沒有行政；沒有行政；就沒有校長。各種領導理論，雖各有名目與內涵，但是最終都應該成就每一個孩子，無論未來科技如何發展與進步，學校的教師功能是不會被取

代的，教師的心與腦永遠超越科技的一切，而在大數據的觀點的領導思維下，應該是兩者相輔相成，教育要回歸本質，就要為每位孩子量身訂製客製化課程、實施因材施教的教學，校長能引領教師共同認識、學習大數據的功效及如何分析運用於學校教育目標，教育與科技是光譜的共構而非兩極端，科技的大數據是教師的助力、科技的大數據是教師的互補，讓教師有了科技的大數據，更如虎添翼，校長當思索透過大數據的科技領導，讓行政領導、課程領導與教學領導凝聚成「教育本質領導」的光譜。

肆　科技領導——大數據觀點的因應、作法及配套措施

透過大數據的資料，領導者做好分析與運用，這是科技領導——大數據觀點的基本功，但是工欲善其事，必先利其器。學校如何產出大數據？如何讓校長獲取大數據？如何讓校長具備分析與運用的能力？如何避免大數據的運用產生潛在危害？校長如何接受不可知的未來學校？這些都是校長要面對與學習的，提出一些觀點做為因應與反思。

一、教育主管機關應該為大數據的軟、硬體環境設備與設施鋪陳完備

巧婦難為無米之炊，能力再強的校長，如果沒有給予資源配備，也難以面對問題、解決問題。大數據的積累、蒐集、擷取、分析與運用必須有完善的設備與設施，未來學校將成為與學習和教育有關的社交場所（Viktor Mayer-Schonberger, Kenneth Cukier, 2015）。因此，教育行政主管機關應該大量挹注經費，建置充實軟、硬體環境設備與設施。

(一) 打造學校環境成為真正資訊數位式的學習環境，一切的資源都營造成學校的教育平臺共構、共享。

(二) 大數據資料的積累，源自於學校本身生成，學校是大數據生態系統的基石，但是需要整理、分析大數據的事務，教育行政主管機關應該成立專責單位或機構協助學校處理，建立大數據決策支援系統→建立跨部會資料運用機制→客觀、務實而有深度的政策（張善政，2015）。

(三) 在現有的《個人資料保護法》下，教育行政主管機關應該與公

部門相關單位，研議大數據使用的限制與彈性。

(四) 教育主管機關與學校單位，應該要計畫性招募或培訓大數據專家，負責大數據業務，作為校長的幕僚。

(五) 教育主管機關與學校，要能因應大數據嵌入學校教育，造成傳統學校經營轉型為協同型學校，亦即學校與校外教育專業業者協同辦學。

(六) 教育主管機關應宣導，大數據雖然極具科學價值，但是教育工作者，絕對不可因此忽略了人性的多元與複雜性，亦即大數據背後的大數據（Big Data Behind Big Data, B-DBB-A）。

(七) 辦理校長科技領導——大數據觀點的增能研習，培養校長大數據的分析與運用能力。如：看待問題能由因果關係的「why」轉而瞭解相關的「what」。

(八) 學校學習的場域、年級別，都可以彈性處理，如：上課的地點不一定在教室或學校，年級的界線也無須畫清在生理年齡，而宜考量學生學習成效年齡。

二、校長應引領教師透過大數據的分析與運用改善課程與教學

無論大數據的訊息代表意義為何？校長增能後的大數據分析與運用能力又有多強？如果無法引領第一線的教師在其課程、教學與評量做積極、科學的助益與改善，對於學生的學習都是再一次傷害與遺憾，所以校長當能真正落實發揮科技領導——大數據觀點的影響力，一切的資源挹注才能達成學校教育目標。

(一) 帶領教師顛覆傳統「單行道」式的課程的發展、教材的編撰、教學的模式與學生的評量。大數據結合教學、學習後，我們會反思學生學習真正的關鍵不是「學習的方式」而是「學生的個別差異」。

(二) 校長對於教師的評鑑，不宜只憑藉大數據所獲得的資訊評價，因為如此這般，以現今的校園教師文化與家長觀點，恐造成教師莫大的壓力，有可能造成教師蒐集與分析資料時的「部分數據事實的隱藏」，產生校長的錯誤分析與運用。

(三) 校長應讓教師理解，任何透過資訊數位科技設計的課程與教學，只是從旁輔助教師，它永遠無法取代教師的名分與完整功能，教師應透過大數據的顯示，知道更多利（自）己又利（學）生變革的可能。

(四) 校長宜啓發教師，面對每一位學生在課程與學習的態度與精神，應該是用「未來學生的學習似跑全程馬拉松」，聽自己心跳的聲音，依自己的步調與速度跑，只要完成都是勝利的正確觀念。

(五) 校長應讓教師明白，教師理解大數據的三特性：回饋、個人化與可能性預測後，將能使學生學習產生向上與向善的量變與質變。

三、校長與教師須更加強教育正確理念、特質與科技領導 —— 大數據的倫理素養

大數據以科學與統計的角度觀之，確實能夠帶給學校教育產生深遠的變革影響，但是從變革理論來看，變革可以帶來正向意義；變革也會引發負向隱憂。因此，在變革的喜與憂中，教育的正確理念、特質與大數據倫理素養更彰顯其重要。

(一) 大數據的生成、蒐集與運用，不只擔憂被有心的第三者，竊取作為不法之用，也擔心學生的資料永久保存產生的憂慮，也可能被未來學校或社會公、私部門做為持續追蹤與監控的「大數據恐怖」。如：學生的德育表現、獎懲紀錄、輔導紀錄等。因此，加強校長與教師大數據倫理素養是科技領導 —— 大數據觀點同步的課題。

(二) 大數據是強調過去種種，推論未來實際的相關可能性，可能性就牽扯數學的機率學，既然是機率現象。因此，需要有冒險的人格特質，相對國外，國人普遍缺乏，這種冒險的精神是亟需加強的。

(三) 教育是複雜的，學生的成長與發展，經由不同的階段，會開展出許多令人意想不到的結果，教育本來就有捕捉學生創意性驚

奇的無限可能，學習是不斷持續變化的軌跡。因此，需具有不只憑大數據，就判定學生的未來圖像的正確教育理念。

(四) 教育似實驗，學校似實驗室，透過大數據，大膽假設學生未來；但是必須時時保有小心求證的敏感度，學生成長過程的核心學習是具有實驗性質的。因此，訂定學生評價的賞味期不可無限期，而應該似銀行存放機動利率型，以避免學生活在大數據資料的洞穴裡，一輩子走不出陰影。

(五) 大數據的海量資訊，席捲而來的威力，如強颱所帶來的威力，校長與教師學習科技領導──大數據觀點，面對學校教育時，應該時時抱持終身學習的精神，第五級領導的謙卑，與批判思考的能力。

伍　結語

當前是翻轉教育的年代，而且學校教育大船，也正駛向大數據的潮流中，教師是否已經準備好了？要能接受這新改變，關鍵就在學校校長的科技領導能否切入大數據觀點，進行瞭解、分析與運用。大數據將資訊從知識的載體進化為智慧的源泉，對於領導幹部來說，大數據意識是資訊化條件下提升治理能力的必修課、基本功（袁帥，2015）。資訊數位科技已經將學校教育帶入了新紀元，翻轉教室（Flipper Classroom）改變現場的學與教，「大數據（Big Data）」觀念引入教育，勢必又將掀起另一波巨大的學校教育生態改變，將產生極為深遠的影響，就稱其為「旋轉教室（Rotation Classroom）」旋風吧。

大數據讓我們有實證效果的研究工具，讓新型態的學與教行動研究可以開展、啟動，才能真正的解決現場教師的課程、教學、評量與學生學習的間隙（gap）。從大數據的分析，教師可以為每位學生做出客製化模組的課程；教學可以針對學生學習，產生認知負荷時做調整，教師與科技不會是光譜的兩極端，而是光譜的共構，教育主管機關與學校才能將資源最佳化，運用照顧所有學生的學習。

校長「科技領導──大數據的觀點」的初衷，需謹記：「是為了要找出學校教師、學生及家長關切的核心議題，進而瞭解他們的想法，並

且要用他們聽得懂的語言與他們溝通，方能解決問題。」

參考文獻

(一) 中文部分

大資料（Big Data）在教育上的應用。取自http://blogger.gtwang.org/2013/09/big-data-improve-education-infographic.html?utm_source=tuicool

江裕眞（譯）（2014）。Thomas H. Davenport著。**大數據@工作力：如何運用巨量資料，打造個人與企業競爭優勢**（Big Data at Work: Dispelling the Myths, Uncovering the Opportunities）。臺北市：天下文化。

吳清基（1984）。影響教育行政決定之因素研究。**師大學報**，29，247-286。

吳清基（1987）。**教育行政決定理論與實務問題**。臺北：文景。

吳清山、林天祐（2006）。科技領導。**教育資料與研究**，71，196-196。

吳金盛、李柏圍（2012）。臺北市中小學校長科技領導課程實施成效之研究。**教師天地**，178。

吳春諭（譯）（2009）。Rita Pohle著。**最好的決定就是做出決定：從老鼠身上學到的人生智慧**（Die besten Entscheidungen sind die, die man trifft: Von der Klugheit der Ratten profitieren）。臺北市：臉譜。

李元墩、陳璧清（譯）（2009）。Bennis, Warren G.著。**領導不需要頭銜：如何讓奇葩怪傑爲你效力？**（On Becoming A Leader）。臺北：大是文化。

車品覺（2015）。**大數據的關鍵思考：行動×多螢×碎片化時代的商業智慧**。臺北市：天下雜誌。

呂冠緯（2015年6月16日）。個人化教育──2025的教育想像。**聯合報**，A15版。

林俊宏（譯）（2013）。Viktor Mayer-Schonberger、Kenneth Cukier著。**大數據**（Big Data:A Revolution That Will Transform How We Live, Work, and Think）。臺北市：天下文化。

林俊宏（譯）（2014a）。Viktor Mayer-Schönberger&Kenneth Cukier著。**大數據：教育篇**（Learning with Big Data:The Future of Education）。臺北市：天下文化。

林俊宏（譯）（2014b）。Viktor Mayer-Schönberger & Kenneth Cukier著。**大數據：教育篇**（Learning with Big Data:The Future of Education）。臺北市：天下文化。

林俊宏（譯）（2014c）。Viktor Mayer-Schönberger & Kenneth Cukier著。**大數據：教育篇**（Learning with Big Data:The Future of Education）。臺北市：天下文化。

邱莉燕、鄭婷方（2013年1月）。Big Data大數據正在改變生活，創造新生意。**遠見雜誌**。

袁帥（2015年6月15日）。釋放「數據」的力量。人民日報。取自http://big5.china.com.cn/gate/big5/xinjiang.china.com.cn/Agriculture/ShowInfo.asp?InfoID=141921

教育Wiki（2015）。科技領導。取自http://content.edu.tw/wiki/index.php/%E7%A7%91%E6%8A%80%E9%A0%98%E5%B0%8E。

張奕華、吳怡佳（2008）。校長科技領導與教師教學效能關係之研究。**教育研究與發展期刊**，4(1)。

張奕華（2007）。學校科技領導與管理：理論及實務。臺北市：高等教育。

張金鑑（1995）。**行政學新論**。臺北：三民。

張茉楠（2015年03月31日）。大數據國家戰略還需跨過幾道坎。**鉅亨網新聞中心**。取自http://news.cnyes.com/Content/20150331/20150331081940692112810.shtml

張善政（2015）。發想大數據在政策上的應用。取自http://www.itma.org.tw/20150328_gov.pdf

盛治仁（2015年4月7日）。大數據浪潮 人人有機會。**聯合報**。

許恬寧（譯）（2014）。Noreena Hertz著。**老虎、蛇和牧羊人的背後：如何在大數據時代破解網路騙局與專家迷思，善用個人力量做出聰明決定**（Eyes Wide Open: How to Make Smart Decisions in a Confusing World）。

許瑞宋、侯秀琴、洪慧芳、羅耀宗、李明、黃秀媛（譯）（2014）。Thomas H. Davenport, Andrew McAfee, Erik Brynjolfsson, D.J. Patil, Jeanne W. Ross, Cynthia M. Beath, Anne Quaadgras, Thomas C. Redman, Manish Goyal, Maryanne Q. Hancock, Homayoun Hatami & Wes Nichols 著。**哈佛教你精通大數據**（Big Data: The Management Revolution）。臺北市：天下文化。

郭昕、孟曄（2014）。**大數據的力量**。臺北市：五南。

黃昆輝（1988）。**教育行政學**。臺北：東華。

黃昆輝、呂木琳（2000）。教育行政決定。**教育大辭書**。新北市：國家教育研究院。

黃旭鈞（2013）。促進學校改進的策略：「資料導向決定」的觀點。**教育研究月刊**，232，65-79。

湯志民（2008）。未來學校：學校建築規劃。**教育研究月刊**，165，63-80。

智庫百科（2015）。大數據。取自http://wiki.mbalib.com/zh-tw/%E5%A4%A7%E6%95%B0%E6%8D%AE

維基百科（2015）。大數據。取自http://zh.wikipedia.org/zh-tw/%E5%A4%A7%E6%95%B8%E6%93%9A

趙國棟、易歡歡、糜萬軍、鄂維南（2014）。**大數據時代**。臺北：五南。

潘少（2014年1月17日）。大數據時代。華爲IT產品解決方案。取自http://mp.weixin.qq.com/s?__biz=MjM5NzQwNTk0MA%3D%3D&mid=100027307&idx=1&sn=443871e0c948c1a0c5151657cda46692&scene=2&from=timeline&isappinstalled=0#rd

錢莉華（譯）（2015）。Thomas H. Davenport & Jinho Kim著。**輕鬆搞懂數字爆的料：不需統計背景，也能練就數據解讀力**（Keeping Up with the Quants: Your Guide to Understanding and Using Analytics）。臺北市：天下文化。

謝明瑞（2015年2月26日）。大數據分析——以柯P現象爲例。**國政院報告**。取自http://www.npf.org.tw/post/2/14788

霍偉棟（2015年3月30日）。學與教博覽2014——教育大數據的新時代。**教師電視**。取自http://www.hkedcity.net/ttv/mod/ttvvideo/view.php?id=1933

譚家瑜（譯）（2012）。Daisy Wademan著。**記得你是誰：哈佛的最後一堂課（修訂版）**（Remember Who You Are: Life Stories That Inspire the Heart and Mind）。臺北：天下雜誌。

Viktor Mayer-Schonberger, Kenneth Cukier（2015）。**與大數據同行：學習和教育的未來**。（趙中建、張燕南譯）。上海市：華東師範大學。

G.T.Wang（2013年9月28日）。

Lorne McConachie（2007年6月9日）。跨越科技隔閡，前瞻學校未來式。Microsoft, Education。取自：http://www.microsoft.com/taiwan/education/pil/visit/Lorne_Mc-Conachie.aspx

(二) 英文部分

ISTE (2015). *ISTE Standards Administrators*. http://www.iste.org/standards/ISTE-standards/standards-for-administrators

Ross, T. W., & Bailey, G. D. (1996). *Technology-based learning: A handbook for teachers and technology leaders* (Rev. ed.). Arlington Heights, IL: IRI/Skylight.

問題與討論

一、中央或地方教育主管機關，如何建置硬體設備，並提供軟體資源，協
　　助校長做好大數據科技領導。

二、校長在既有科技領導素養的基礎下，如何善用大數據的科技領導，增
　　能學與教的差異化教學與補救教學，進而提升學生學習成效與教師教
　　學效能。

第十一章

校長專業發展的利器
——如何成爲反省實踐者

范熾文

反省實踐是在挑戰及檢視教育人員之所作所為及其結果。
（Crawley, 2005: 167）

在我們正式機構中，例如學校、政府、法院或軍事等，都是運
用專業活動之場所，我們都在尋求專業意涵與解決問題之策
略，透過專業以促使社會進步。（Schon, 1983: 3）

壹 前言

　　西諺有云：「有怎樣的校長，就有怎樣的學校；有怎樣的學校，
就有怎樣的老師；有怎樣的老師，就有怎樣的學生。」這句話道出了
校長的領導對學校的發展有重大之影響。國外學者Kotter（1990）指
出：「良好的管理，可以掌控複雜度；有效率的領導，可帶動組織之
革新。而領導的功能，在創造出有建設性和適應性之變遷。Edmonds
（1979）也指出，校長是創造一所有效能學校之重要關鍵。雖然一位
能力強的校長奉派經營一所尚未上軌道的學校，而無法於短期間內展現
其行政效能，但若無一位好的校長，則不可能創造出好的學校（張德
銳，1995：185）。可惜的是，大部分學校校長之領導仍停留在科層管
理與技術層面或侷限於行政管理者的角色，以至於領導效能不彰。如在
美國的中小學校長，是將70%以上時間花在不足輕重之事，掉入瑣屑之
泥淖之中，非常可惜。校長是受過專業訓練，應以專業修養來領導全校
師生，從事專業知能之工作（黃昆輝，1980）。而國內中小學校長也
是偏重於行政領導而忽略教學領導功能，將大多數時間投入營繕工程或
文書處理，錯失許多幫助教師提升教學品質之良機，而使中小學校長淪
為低水準之專業影像（楊振昇，1995）。Lashway（2002）在「Trends
in School Leadership」一文指出，在最近五年來學校領導研究的趨勢，
政策制定者和學校領導者都發現教育領導工作者面對了變革及未來趨勢
的挑戰。校長們並不覺得他們有足夠的權力和資源來勝任工作，使得他
們必須以超時工作來彌補。半數以上的現任校長想在十年之內退休，這
也顯示出由誰繼任領導的問題。由上述各學者之看法，可見校長專業領

導之重要性。

　　行政人員長久處在工具理性及追求效率的行政行為，如果缺乏反省與實踐能力，會使行政及教學之主體性逐漸失落，行政將因為缺乏教育價值而流為上下班簽到、退及公文處理情況，教學過程缺乏學生學習創意而淪為知識販售，教育的功能也會萎縮。因此校長要常反省、檢視、修正既有意識型態與行政行為，以進行深度自我對話，同時要透過思考，運用理性思維，才能打破宰制的集權性格（范熾文，2008）。尤其是1995年教師法公布實施，教師有權組成學校教師會，參與各項教師職位及維護自身權益，改變了校園的權力生態。再者，1999年新頒的教育基本法及修正的國民教育法更擴大家長參與校務的權力，讓學校領導者面臨更大的挑戰，當學校行政、教師與社區家長鼎足而立的局面形成時，校長領導不能再以過去行政管理角色扮演，需要更大的專業智能與行政作為，才能開創新的局面。亦即只有受過專業訓練，擁有專業知能的校長，才能明智地應付時代劇烈的變遷以及學校內外的挑戰。為了改善校長行政行為，提升專業素質，近來許多學者（林進材，1997；高敬文，1990；陳美玉，1998；陳寶山，1999；黃淑燕，2003；歐用生，1994；Bolton, 2010; Osterman & Kottkamp, 1993; Schon, 1983）開始倡導反省實踐的理念，希望以提升教育人員專業成長。他們主張反省是教育人員專業成長的主要核心，在反省中，才能使專業知識及經驗，產生重組與轉換，足以理解瞬息萬變的教育情境。反省實踐是專業發展和自我成長的核心因素，而且促使校長的行政作為不會成為有壓力的、例行的行為，使校長能表現慎思的、有意圖的行動，成為一個更有能力，更有思想的專業人員。基於上述緣由，本文旨在探究反省實踐的重要性、意涵及校長反省實踐的方法。

貳　校長反省實踐之必要性

　　韓愈在「師說」一文中特別指出：「師者，所以傳道、授業、解惑也。」正道出我國教師的應有角色。但在社會變遷，價值混淆的現代社會中，教師也有面臨到許多角色衝突的現象。同樣地，校長也面臨許多環境變革壓力。1995年《教師法》公布施行之後，中小學校的組織產

生了重大變革。如教師會的成立、教師評審委員會的設置、家長會參與及學校行政運作程序調整等，促使學校權力生態，迥然不同。傳統上學校組織是以校長領導爲主，校長擁有極大的權威及決定權力。但是面對上述學校組織之變革，校長必須面臨行政領導的轉化事實，適時地調整角色與領導風格。茲分述校長反省實踐之必要性如下：

一、檢討學校組織意識型態

學校教育充滿許多意識型態，形成既定假設而宰制著行政人員，校長如因缺乏主體性反省思考，養成被動僵化習性，只知拘泥於法條，而未深究法理意義，或一味應付上級交辦事項，未能依教育原則辦教育，以致反教育的行政作爲層出不窮，卻習而不察。因此，校長面對校園民主的變革與挑戰，不但要有學校行政的專業素養，更要有自我約束、自我管理與自我規範的批判能力。透過自我反省，深思檢討，以發覺行政措施得失之所在，指出錯誤與不合理處，並深入分析、批判自我意識型態，重新建立合理的行政信念（陳寶山，1999；黃淑燕，2003）。

二、發展教育決策愼思歷程

學校行政決策影響深遠，必須依靠校長作出正確決策，張鈿富（2000）指出，如何做決定對從事教育行政工作者而言，是一件備受考驗的事。考驗在於如何在第一時間內決定「做對的事情」（do the right thing）和如何「把事情做對」（do the thing right），需要的是高度的決斷能力。決定是學校行政機關的中心功能，也是學校行政人員的主要任務。換句話說，校長所作任何決定，不僅將影響學校行政歷程的運作，也將關係著教育目標的達成，可見決定能力對學校行政人員，至爲重要。由於教育工作是生成化育的志業，對象是活生生的個體，許多教育政策、課程改革，並非一蹴可幾，面對教育改革時，學校校長要認真嚴謹，審愼思考每一項決定。就歷程而言，反省是一種決策的歷程。透過反省思考與實踐可以培養學校行政人員評估決定、正確判斷的能力，明智把握作決定的情境及運作的歷程（吳和堂，1999），權變

的應用各種決定模式以符合現況，進而成為更有力的決定者，做出高品質的決定。

三、建立學校成為道德機構

學校乃是一道德機構，要培育學生之社會規範與人格成長。Greed-field（1993）就認為，學校的行政行為要注重倫理學的理由之一，即是學校是道德機構，負責道德社會化重要功能。Starratt（1991）指出：每一項行政作為或措施，都會使某些人獲得好處，而某些人則會犧牲其利益。學校校長有其獨特的倫理要求，校長乃是道德推動者，所做的決定要具備道德價值，尤其更要致力於學生的福祉。校長之行政行為，不僅是為個人之道德責任而已，更重要的是創造一個倫理機構。一位領導者，他們所做的決定是否公平或民主；分配資源時必須公正（just）與公平（equitable）；評鑑教師時是否公平而人道；管教學生時，懲罰是否公正。都涉及到「公正」、「公平」、與「人道」（humane）（吳清山、黃旭鈞，1999：39）。從上述這些理由均顯示出：學校領導者的作為必須是道德性的。校長的道德責任，不僅表現在日常生活中的倫理困境上，也存在於教育政策及學校結構之中。是故，身為領導者，校長有責任運用倫理上之權威，亦即是道德權威。

四、掌握教育意義及本質

教育行政沒有目的，其真正目的是為了教師教學與學生學習而存在。但是如果教育人員缺乏反省實踐能力，所制訂教育政策脫離教育意義，實施決定脫離教與學價值，則可能造成負面之教育改革。從師生身上所聽聞的則似乎是比較多「喝倒采」的比喻——「教師配合行政」、「教學服務行政」、「行政領導教學」，而且行政人員給予他人的觀感總是冷漠冷淡的（張慶勳，1996）。實際上，學校中教學與行政是一種互為主體關係，行政要以教學為本，政策要以教育為根，教育行政旨在達成學校目標或教育目標，而非只為辦理行政業務而做出行政行為。在理論上而言，學校行政人員乃是扮演促進者與激勵者的角色，協助教師以達成教學目標或教育目標（謝百亮，1995）。就自我

反省而言,當校長能運用適切的策略進行反省、並克服可能面臨的限制時,將逐漸產生教育理論與行政表現相結合的價值。

五、落實政策執行之社會正義

學校領導方面,學校領導之倫理實踐,係強調主體之間相互依賴關係,由於相互依賴之關係,必須從主體理解立場開展,故本質上是一種關懷、憐憫行動,是一種愛的表現,更是服務他人之企圖(黃乃熒,2000),這種概念可謂是學校領導民主化之核心。Sergiovanni(1992)也強調,為避免造成學校成員被增權後,產生各自獨立的負面效果,所以要與學校所追求的教育目的結合,具備目的感(purposing),使其能全力對整個學校所追求的目的奉獻心力。課程實驗政策執行,是求公共之善(public good),是為落實社會正義,校長除了要關懷他者,感同身受之外,當整體政策執行時,仍要配合正義倫理,兼顧整體公共領域的教育發展,才能提升領導之民主特質。

參 校長反省實踐的意涵

在1983年,Donald Schon就介紹專業工作者反省實踐之概念,他認為反省實踐乃是實務經驗與成功實踐之共鳴。反省與實踐,乃是一種思想及行動的對話。許多教育理念要透過反省歷程,才能激發創意、建構價值。以下就反省實踐之意義與態度說明如下:

一、反省實踐的意義

批判教育學者Giroux(1988)主張:教師是轉型知識分子(transformative intellectuals),轉型一詞是指在根本上改變人或物之外表、型態、性質、角色、地位的過程。轉型教育人員旨在批判不合理的信念與假定,解構意識型態之宰制,解析教育與政治、經濟的複雜關係,更重要的是要從倫理、正義的觀念重建教育哲學,以達自主與自律。學校課程有許多是既得利益者將其特殊形式的知識、信念、或利益合法化的歷程,教師如不能加以批判挑戰,很容易成為特定利益團體的附屬分子或代言人,甚至本身就是特定利益團體,協助再製社會不平等。因

此，革新在於「革心」，革心是要對信念、價值、徹底加以改革。因為信念、價值徹底左右著個體的思想、態度與行為。課程改革即是教師改革，教師要以新的人性觀、知識觀、價值觀來參與教育改革，換句話說，教師要轉型。反省實踐係教師在公開且系統性、嚴謹性的態度下，針對專業教育活動，持續性地進行反省（陳惠邦，1998）。同樣地，要將此理念應用在教育實際上，就要靠主體的實踐能力。理論是在邏輯與倫理預設為其價值高下的判準，實踐則是依照實用性為判斷價值的標準；理論偏向心靈、抽象的思維，而實踐則傾向身體的、具體的行動（Dewey, 1916）。反省早在我國儒學即受到重視，西方是美國學者杜威（John Dewey）1910年在其名著《思維術》（*How We Think*）所提出。

　　何謂反省？饒見維（1996）提出反省是指在感官經驗外、在雜亂無章的經驗中所進行的思索，進而將經驗加以分析、歸納、整理，並從中萃取出有意義的組合。陳聖謨（1999）將反省視為一種內在隱性思考，其歷程是無法直接觀察的。反省使個體對信念與行動加以檢核以獲致更佳結果。Schmuck（1997）認為反思是在反省、探究和問題解決之間持續不斷，從未有結束的程序。一旦設定新目標，實踐者便會一再地進入循環的歷程。總之，教育理論是行政人員實踐之依據，而實踐乃是將理論具體落實在教育情境。反省實踐並非侷限於實務技術層面，而是要以多元深層思考來探究問題。就如同一位「藝術工作者」，對繪畫有深度理論知識，但是除了具備技藝知識及嘗試能力外，也要有此理論知識之哲學素養，去創作藝術，活化人生。所以，反省實踐係在連結理論與實際之間的距離，進而提升個體專業知能。

　　因此校長反省實踐可透過教學反省札記、自傳、對談或經驗敘述，將重要教育事件，予以記錄反思與公開討論。它是校長對辦學一種過程與結果的循環論證，也是一種理論與實踐之結合，透過持續性學習與批判思考，揭發學校組織深層結構中的假定與偏見，其目的在導向教育公平與正義。可見反省實踐是一種深思、多方、持久的歷程，校長反省則必須對既有認知模式加以重建與改造，才能促使教育人員邁向專業化的關鍵。

二、反省實踐的技能與態度

反省的技能與態度內涵如何？Dewey認為反省由二個共同要素所構成：反省技能與態度。技能包含書寫方式與解決問題之作為，態度包含思維邏輯與價值觀念。茲說明如下：

1. 反省實踐的技能

包括有助於解決教師感受到的困惑與問題的思考技巧，如分析問題、尋找解決問題的可能答案，形成假設、試驗假設的可行性，選擇解決方案等。或包括敏銳的觀察與合理的分析（高敬文，1990）。

2. 反省實踐的態度

態度是做人處事之想法與人際互動關係，反省實踐態度要保持觀念開放與理性思維。包括：(1)秉持多元觀點與開放合作：心胸開放是對任何觀點與訊息都保持開放多元態度；合作是要走出孤立的型態，學校乃是一學習社群，要建立合作機制，都可以成為團隊領導者，樂於分享自己觀點、創新教學，創造專業氣氛。校長面對學校教育新的主題、事實、觀念與問題都能採包容的態度，傾聽各方同仁的意見、留心任何資料、對各種可能性給予重視及承認自身觀念中存在錯誤的可能性。其中的基本要素為好奇與主動追求。(2)全心全意及工作熱忱：全心投入的態度是對教育工作保持熱誠，不僅在實際事務或道德層面有此要求，理智上的發展亦然。這種真誠的熱忱的態度成為理智的一種力量，促進主動的學習。(3)承諾責任及展現承擔：每個職務都有其應對之責任，對行動及相關的結果負起責任。這不僅是一種道德的特質，也是理智的泉源。承諾是個體對角色的專注與投入，對組織有強烈的情感，能喜歡工作，對組織引以為傲，這些都蘊含著情感因素；同時成員具有積極的工作動機，表現努力、忠誠、奉獻之外顯行為。校長就是綜理校務，負責學校所有之成敗，能預想校務發展的後果，能在工作崗位上犧牲奉獻，甚至付出額外的心力來促使組織獲得成功，也願意承擔其後果（高敬文，1990；陳木金，2007；湯維玲，1996；鄭英耀、黃正鵠，1995；Zeichner & Liston, 1987）。

肆　校長反省實踐的觀點與歷程

在我國傳統思想中反思概念存在已久。例如：《論語‧爲政》篇：「退而省其思，亦足以發」；子曰：「見不賢而內自省」；曾子曰：「吾日三省吾身」。這些都是反省意義。反省起源於面對問題時，反省者對問題的思考歷程。

美國學者杜威（John Dewey）1910年在其名著《思維術》（*How We Think*）指出反思是對問題進行反覆的、嚴肅的、持續不斷的深思，它是一種經由觀察、蒐集資料、檢驗證據後的思考活動（姜文閩，1992）。Dewey將反省的歷程分爲五個步驟：1.遇到問題；2.界定問題；3.提出各種建議；4.多方面的推理建議；5.結論（conclusion of belief or disbelief）。Dewey的思考歷程可謂是反省概念之源頭，後來學者所提思考歷程或概念，都是以此爲基礎。他所提出之思考歷程其實就是反省概念。Schuttloffel（1999）認爲反思有三種歷程八個階段，分別爲行動後反省、行動中反省以及行動前反省，讓個體針對各個階段所發生的困境進行反省，設計一個計畫來處理此困境，並且預想他人對計畫實施所可能產生的回應後，再提出決定，爲正在實施中的計畫，提供修正的機會。

茲歸納學者（吳和堂，1999；高敬文，1990；湯維玲，1996；Roth & Hannay, 1986; Roth, 1989; Osterman & Kottkamp, 1993），認爲反省實踐歷程分爲三階段，一爲「反省前的情境」（pre-reflective situation），陳依萍（2001）指出：在行動前反省階段包括對過去經驗的反省並重構知識、釐清問題、進行情境評估並尋求各種解決問題的可行策略以及提出行動計畫。因此即使個體發生於認知困擾、困難或迷惑情境，亦即知覺到困境之發生，面臨兩難或價值衝突，例如：教育價值與教育政策產生衝突；二是「行動中的反省」（reflective in action situation），陳依萍（2001）指出：在行動中反思可結合運用配對觀察或撰寫札記來協助校長從事反思，以確保行動的品質與適當性。此爲個體採取解決問題或政策實施行動歷程中對行動、情境或問題產生歷程中反省；三爲「反省後的情境」（post-reflection situation），陳

依萍（2001）指出：在行動後反思，包括反省行動的結果與創造專業知識。因此，行動後反思是關注於實施行動計畫之後，當個體慎思之後，透過實踐歷程得以解決問題，進而澄清迷思與統整價值概念，再度回到反省，去思考前面發生之整體事件，則進入「反省後的情境」。

就校長實際實踐之過程，有九個步驟：

1. 校長能知覺到一個問題的存在，有效知覺此為一個問題需要解決。

2. 校長面對問題時，同時注意到問題之特定情境的獨特性質，並能思考此一問題與其他環境情境的相關性。瞭解何事（what）、為何（why）、如何（how）。

3. 校長能將問題解析，將問題結構化與重組思考，保持無偏見的態度從各種觀點審查。

4. 校長能檢視問題，蒐集資料運用合理的問題解決方式並蒐集、組織、解釋與評鑑訊息，以發現各種解決方案。

5. 提出假設與教育理論，考慮各種解答的結果與啟示。

6. 進行各種方案之分析與評鑑。

7. 最後是要做決定，經過慎思明辨之後，進行專業判斷，作出決定。

8. 校長採取評估與反思行動，調整行動效果。

9. 校長經由前述反省歷程，最終獲致較佳結果，提升工作的專業知識與能力，也發展出建構教育行政知識。

校長反省功夫，須包含「探究、反省、決定與辯證」的過程，這些歷程不只是相互關聯，且是螺旋式的進行，每一次經驗與決定都是以先前的經驗與決定為基礎，進而不斷地擴展知識與能力。總之，具有反省實踐者永遠不斷在改變中，反省歷程重在循環概念，串聯思想和行動的歷程，個體要不斷地循環解決及省思活動。反省實踐是一種連結思想和行動的歷程，藉由反思能使個體獲得專業能力的發展，具有積極影響的認知歷程。

伍　校長反省實踐的途徑

　　教育學是一門涉及理論與實際的學科，不管從教育理論入手，或自教育實踐著眼，都不可避免會產生一些衝突、對立、調節與平衡（何秀煌，1988）。從事教育行政也是一樣，在面臨價值衝突或理論與實踐之落差時，行政人員必須從事深度反省，當校長反省實踐方法相當多，如錄音、錄影、日誌、工作報告、日記、檔案等策略，都是幫助校長改進行政作為的工具（Hayon-Kremer, 1993）。茲歸納學者（吳和堂，1999；黃宗顯，1995；歐用生，1996；Korthagen, 1993）看法如下：

一、從事行動研究，提升教育研究專業

　　「教師即研究者」已成為師範教育上重要的一種重要專業發展活動，也是教師增權賦能之方式，教師研究自己的教學實際，才能促進專業成長。校長為綜理校務工作，負責學校學營與管理，對自己校務經營亦可以從事行動研究加以解決。行動研究係實務工作者結合其他人員的參與或協助，基於合作、平等、反省和批判等精神，使用質性或量化研究方法，以改善實務運作為目的之系統性持續探究和興革歷程。行動研究講求反省批判的研究態度，強調自我導向的探究和深層剖析，不僅探討議題表面的現象，也觸及深層結構和意義的批判，不僅要成長自我的專業知能和變革理念，也省思和解放自我的知識觀、價值觀、意識型態等（葉連祺，1990）。因此，現代的校長不應只被研究，自己應該就是研究者。在主體思考下，可以與同仁相互討論教育議題，澄清自己信念與價值。經由研究自己以及同事的教學實際，才能促進專業成長，落實課程與教學的革新（歐用生，1996）。校長可以觀察學校內每天發生之事件，對學校校務會議運作問題、推動教師專業發展評鑑之問題，擬定行動研究計畫，進行研究與解釋，進一步瞭解其意義、原因、改進之道。從這些第一手資料，校長才能生產自己的知識，改進辦學績效。

二、撰寫反省日誌與自傳，以培養教育反思能力

　　撰寫日誌屬於一種心靈活動，在寫的過程中，整個腦部各種的思維、判斷、記憶或創作技能都會加以運用。校長辦學日誌是校長正確地「召喚」、「描述」、「詮釋」自己過去的事略，包含每日發生教育議題或倫理兩難案例，日誌寫作可以讓行政人員掌握「靜默知識」（tacit knowledge），將個人知道卻說不出的知識帶到知覺的層面，導致高層次思考的潛力。日誌寫作可說是最常見的反省實踐方式（吳和堂，1999）。反省札記可以每週或每日敘寫，將所習得之專業理論、學習心得或問題，作非結構性地發揮，使所學與生活經驗相聯結，或進行轉換與反芻，具體化個人理論，釐清自我價值信念（陳美玉，1997）。校長可以將辦學經驗或學校發生重要事件，記錄於札記，除事實內容外，並將理論的概念，當作反省的語言及工具，加廣、加深思考的層次，藉以提升決策之品質。

三、運用持續行政對話，檢視自己的行政理念與實務

　　對話具有表達與傾聽雙重功能，亦為進入深層思考階段。對話為學校成員具有方向、目標的交談，強調教育的意義，重視學生學習與教師教學，以新觀念，凝聚共識。黃宗顯（1995）指出：學校行政人員為了處理行政職務的問題，隨時需要與同仁或其他問題有關人員，進行問題描述、解說、描述、辯詰、評析等口語等交流活動，可稱之學校行政對話。透過融通型對話，學校行政人員能以一種平和的態度去傾聽和分析與談者的發言，進而開放他人檢視自己的行政理念與實務，是同儕協同反省的方式，對於組織跟個人成長的提升都有極大助益。校長可以採取走動管理，與同仁對話，理解行政管理運作過程是否得當；也可以進到教室觀課，與教師進行課堂討論對話，協助改善教學情況。

四、建立自我檔案評量，培養自己成為積極主動自我評鑑者

　　檔案評量是有系統蒐集個人資料加以反思之過程，paulson、Paulson與Meyer（1991）認為：「檔案指有目的地蒐集個體作品，這一系

列的作品展現出個體在一個或數個領域內的努力、進步、與成就、自我反省的證據。」檔案評鑑又稱為教師公事包或檔案評鑑。包括教師自己的課程計畫、教學資料與測驗、教學品質的評鑑結果、和同儕或教學專家檢視辦學的結果及其建議。檔案評量是校長本身蒐集一段時間的作品，將辦學理念、課程計畫、教學視導以及教學品質的評鑑結果等置於檔案或公事包中，檔案除應具有保留有關反省的價值，亦應將同儕或專家檢視領導結果及改進建議列於檔案中，以利於評鑑或辦學參考之改進（羅清水，1999；Winograd & Jones, 1993）。這些檔案評量歷程能促使校長能在資料的蒐集與反思的過程中，主動分析自己的優點長處與改正缺失，成為不斷成長的學習者。

五、對重要事件進行反思批判，培養自我領導成為現代教育公民

批判思考是具有自主性自律者，其心靈所從事辯證性活動，最重要是，增進批判氣質、習慣和技巧，幫助獲得關於基本社會結構的批判性的知識，有機會與有勇氣抵抗社會的不公平與不正義。教育政策或學校領域經常發生重要事件，例如：師生衝突、親師溝通或教育政策執行問題，都是引發媒體與大眾關切焦點，例如：教育部修改要點延長教師介聘年限、十二年國教中央與基北區對國中學力成績使用不同觀點等等，均成為教育領域之重要事件。校長可以將此重要事件與同仁共同公開討論，釐清自己教育信念與行政作為。校長不僅要重視學校文化，瞭解師生聲音、想法與立場，更要以教育專業成長觀點，培養自己具有思考能力與批判的解放公民。

六、繪製教育事件心智圖，有系統理解現象與解決問題

心智圖又稱為腦圖，Mind Mapping主要譯名為心智圖法或思維導圖，是由英國腦力開發權者學者Tony Buzan在1970年初期發明的，並於1974年出版了《頭腦使用手冊》（*Use Your Head*），向世界推廣這套腦力潛能開發技巧。它運用視覺化技巧，及左右腦全部的功能提供組織圖像，圖像組織提供了整合語言和思考的機會，並且可以精鍊知識，不但更容易瞭解，而且也提升了學習的速度，因此比起長篇大論的

文章讓人更容易記得它所要傳達的知識（李欣蓉譯，2005）。在個體繪製過程已融入了分析、理解、綜合與判斷之能力，因此，校長面臨各項問題，可以先蒐集各項資訊並予以結構化，運用顏色、圖案、線條、數字等繪製，有助於理解學校教育問題概念架構以及開啓自己系統思維能力。

七、主動閱讀專書經典，改變思維認知方式

閱讀是個體主動蒐集外界之資訊圖表或文字之歷程，當個體透過各種形式閱讀活動，即在運用既有知識與閱讀資料之結合，進行新舊概念連接，此種歷程包含分析、批判、鑑賞、回饋等，有效閱讀活動將改變個體認知結構與思維方式。教育經典是古人先哲之經驗之精華，生活智慧之結晶，閱讀教育經典可以對教育現象或問題產生啓發及頓悟。例如：閱讀John Dewey之《民主主義與教育》，這是其實用主義之教育理論代表作，可以理解教育真正目的，教育即生活與教育即生長之真諦，以能釐清教育本質建立正確教育信念。Gareth Morgan《組織意象》（*The Images of Organization*），探究組織中政治行爲、心理分析與社會等現象，藉以理解學校組織結構與行爲之複雜。此外，有關Jean-Jacques Rousseau的《愛彌兒》，可以認識人性本質與自然教育之真諦。因此閱讀的資料很多元化，校長可以加入讀書會，蒐集主動閱讀教育經典名著或是專書，透過閱讀活動來理解經典篇章內容，開啓自己眼界與思維，促進自我成長與自我實現。

八、運用正向思考，提升自我效能

正向思考具有激發引導個體發展之力量，Neck與Manz（2012）認爲，吾人生活在個人所構築的心理世界，而此一內心世界是由個人的思維所營造而成；我們的心（思維）是一個功能強大的工具，善加運用，便可獲致更大的成就。例如：嘗試進行自我對話，這是個體對自己內心說話，找到真正自我。尤其指個體對自己傳達內在的認知（思想、信念、態度和價值觀）及對外在環境的反應（Houghton & Yoho, 2005）。自我對話可以改變個人的自我認知和評價，並給予心理和行

為的指導與增強。自我對話分為積極正向與消極負向兩種。消極的自我對話，如：「我糟透了！」、「我做不到！」，含有自我批評、懷疑與貶抑的性質，容易加深壓力與焦慮；而積極的自我對話，如：「加油！我做得到！」、「相信自己！」，具有自我激勵的作用。換言之，校長運用正向思維與積極性自我對話，達到自我激勵與自我成長。

陸　結語

　　本文旨在探究反省實踐的重要性、意涵及校長反省實踐的方法。反省實踐是專業發展和自我成長的核心因素，要具備自覺能力，對環境或議題之察覺。校長反省實踐方法相當多，如錄音、錄影、日誌、工作報告、日記、檔案等策略，都是能幫助校長改進行政作為的工具。最後表現慎思的、有意圖的行動，將信念具體落實在教育之中，成為一個更有能力，更有思想的專業人員。

　　歸納言之，校長反省實踐要自覺教育現象之問題意識，結合教師、學生及行政人員為夥伴，具體反思於學校願景、課程發展、教學革新、社區互動、組織文化與環境空間等範疇，採取行動學習方式，透過札記、自傳、對談等，將重要教育事件，予以反思與發展討論，並加以革新以求教育真善美境界。本文將校長反省實踐之架構整理如下：

　　校長是創造一所有效能學校之重要關鍵。為了改善校長行政行為，提升專業素質，許多學者開始倡導反省實踐的理念。行動研究學者Schön（1987）特別指出，反省與實踐，乃是一種思想及行動的對話。許多教育理念要透過反省歷程，才能激發創意、建構價值。同樣地，要將此理念應用在教育實際上，就要靠主體的實踐能力。反省實踐並非侷限於實務技術層面，而是要以多元深層思考來探究問題。就如同一位「藝術工作者」，對繪畫有深度理論知識，但是除了具備技藝知識及嘗試能力外，也要有此理論知識與哲學素養，去創作藝術，活化人生。所以，反省實踐係在連結理論與實際之間的距離，進而提升個體專業知能。總之，學校是教育改革的主要單位，而校長則是改革的關鍵人物（key agent）。校長應該體認本身的職責，扮演好教學領導的角色，塑造學校願景，這才是校長應該重視的工作。

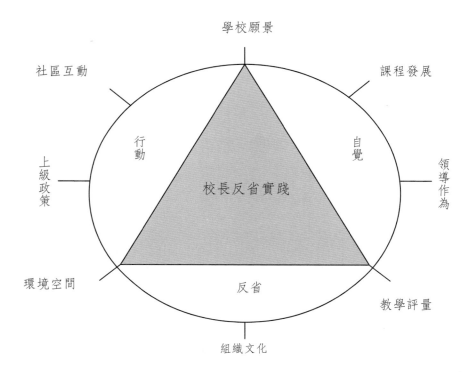

圖1　校長反省實踐之架構

參考文獻

(一) 中文部分

何秀煌（1988）。文化、哲學與方法。臺北：東大。

李欣蓉（譯）（2005）。K. Bromley, L. I. Vitis & M. Modlo著。圖像化學習：在不同
　　課程領域使用圖像組織。臺北市：遠流。

吳清山、黃旭鈞（1999）教育行政人員專業倫理準則之建構。理論與政策，50，37-
　　54。

吳和堂（1999）。國民中學實習教師教學反省與專業成長關係之研究。國立高雄師
　　範大學教育學系博士論文，未出版，高雄市。

林進材（1997）。**國民小學教師教學思考之研究**。國立臺灣師範大學教育研究所博士論文，未出版，臺北市。

高敬文（1990）。批判的反省與師資培育計畫。**初等教育研究**，2，35-71。

范熾文（2012）。教育行政即反省實踐。學校行政雙月刊，77，142-156。

范熾文（2008）。教育行政研究：批判取向。臺北市：五南。

張鈿富（2000）。**學校行政原理與實踐**。臺北市：五南。

張德銳（1995）。**教育行政研究**。臺北市：五南。

張慶勳（1996）。**學校組織行為**。臺北市：五南。

姜文閔（譯）（1992）。John Dewey（著）。我們如何思維（How we think）。臺北市：五南。

陳木金（2007，五月）。**問題導向學習法與反思學習法在校長學習之應用**。刊載於國立臺北教育大學（主編），校長的學習國際學術研討會會議手冊（頁237-252）。臺北市：國立臺北教育大學。

陳美玉（1997）。傳統「壓迫式教學法」的省思與突破。**中等教育**，48(1)，116-117。

陳美玉（1998）。**教師專業——教學法的省思與突破**。高雄市：復文。

陳惠邦（1998）。**教育行動研究**。臺北市：師大書苑。

陳聖謨（1999）。國民小學教師教學反省之研究。國立高雄師範大學教育研究所博士論文，未出版，高雄市。

陳寶山（1999）。批判性思考對學校行政的啟示。**學校行政**，1，12-20。

楊振昇（1995）。提升國小校長的教學領導正是時候——寫在國小新課程標準實施之前。**師友**，341，51-55。

湯維玲（1996）。**反省取向的師資培育學程之研究**。國立臺灣師範大學教育研究所博士論文，未出版，臺北市。

黃乃熒（2000）。**後現代教育行政哲學**。臺北：師大書苑。

黃宗顯（1995）。學校行政對話即反省性合作探究——理念與實踐。**國民教育研究集刊**，1，141-180。

黃昆輝（1980）。**教育行政與教育問題**。臺北市：五南。

黃淑燕（2003）。學校行政人員反省思考與實踐之探討。**學校行政雙月刊**，24，35-42。

歐用生（1994）。做一個有反省能力的教師。**研習資訊**，11(5)，1-3。

歐用生（1996）。**教師專業成長**。臺北市：師大書苑。

鄭英耀、黃正鵠（1995）。中等學校教師創造思考、批判思考及其相關因素之研究。**教育學刊**，11，145-198。

謝百亮（1995）。**國民小學行政管理與教師工作滿意度之關係**。臺中師院初等教育研究所碩士論文，未出版，臺中市。

羅清水（1999）。國小教師評鑑的概念與方法。**國教學報**，11，1-14。

饒見維（1996）。**教師專業發展：理論與實務**。臺北市：五南。

(二) 英文部分

Bolton, G. (2010). *Reflective practice, writing and professional development*. Californi: SAGE publications.

Dewey, J. (1916). *Democracy and education*. New York: The Free Press.

Edmonds, R. R. (1978). Effective school for the urban poor. *Educational Leadership, 37*, 15-27.

Lashway, L. (2002). *Trends in school leadership*, http://eric.uoregon.edu/publications/digests/digest162.htm

Hayon-Kremer, L. (1993). *Teacher self-evaluation. Teachers in their own minnors*. Boston, MA: Kluwer Academic Publishers.

Houghton, J. D., & Yoho, S. K. (2005). Toward a contingency model of leadership and psychological empowerment: When should self-leadership be encouraged? *Journal of Leadership & Organizational Studies, 11*(4), 65-83.

Giroux, H. A. (1988). *Teachers as intellectuals: Toward a critical pedagogy of learning*. Massachusetts: Bergin & Garvey.

Greenfield, W. D. (1991). *Rationale and methods to articulate ethics and administrator training* (ERIC Document Reproduction Service No ED332379)

Neck, C. P., & Manz, C. C. (1996). Thought self-leadership: The impact of mental strategies training on employee cognition, behavior, and affect. *Journal of Organizational Behavior, 17*(5), 445-467.

Osterman, K. F. & Kottkamp, R. B. (1993). *Reflective practice for educators: improving through professional development.* California: Corwin Press.

Roth, R. A. (1989). Preparing the reflective practitioner: Transforming the apprentice through the dialectic. *Journal of Teacher Education, 40*(2), 31-35.

Ross, D. D. (1989). First step in developing a reflective approach. *Journal of Teacher Education, 40(2)*, 22-30.

Korthagen, F. A. J. (1993). Two models of reflection. *Teacher & Teacher Education, 9(3)*, 317-326.

Kotter, J. P. (1990). *A force for change: How leadership differs from management.* N.Y.: The Free Press.

Paulson. F. L., Paulson, P. R., & Meyer, C. A. (1991). What makes a portfolio aportfolio? *Educational Leadershi*p, *48*, 60-63.

Sergiovanni, T. J. (1992). *Moral leadership: Getting to the heart of school improvement.* San Francisco, CA: Jossey-Bass.

Starratt, R. J. (1991). Building an ethical schools: A theory for practice in educational leadership. *Educational administration quarterly, 27*(2), 185-202.

Schmuck, R. A. (1997). Practical Action Research for Change. Arlington Heights, IL: IRI SkyLight Training and Publishing, Inc.

Schon, D. (1983). *The reflective practitioner: How professionals think in action.* London: Temple.

Schuttloffel, M. J. (1999). Character and the contemplative principal. (ERIC Document Reproduction Service No. ED438599)

Winograd, P., & Jones, D. L. (1993). The use of portfolios in performance assessment. *Portfolio News, 4*(4), 1-13.

Zeichner, K. M., & Liston, D. P. (1987). Teaching student teacher to reflect. *Harvard Educational Review, 57*(1), 23-48.

問題與討論

一、請分析校長從事反省實踐行為的理由與原因為何？

二、請論述校長反省的技能與態度內涵如何？

三、請闡述校長反省實踐具體途徑有哪些？

四、請舉例說明校長運用正向思維與積極性自我對話之意義？

第十二章

「閱讀學校」的營造

白雲霞

讀書給我更多的憩息，引導我散步在別人的知識與靈魂中。

～弗裡德里希・威廉・尼采（Friedrich Wilhelm Nietzsche）

壹　前言

　　二十一世紀是知識經濟、知識爆炸的時代，在這個多元開放的社會、學習方式改變的時代，現代人是否具有競爭力，將取決於他們如何獲取、吸收、整合與管理繁雜瑣碎資訊及知識的能力與創造知識的能力。而在獲取知識的方法中，閱讀無疑是重要方法之一。英國前教育部長David Blunkett所說的：「每當我們翻開書頁，等於開啓一扇通往世界的窗，閱讀是各種學習的基石。」特別是今日的社會，由於資訊與知識透過網路與各種媒體大量流通，因此，人們除了從書籍汲取知識之外，更大量地使用3C產品，如電腦、手機、平板電腦、電子書閱讀器等，隨時閱讀以獲取各種新知。

　　國內自前教育部長曾志朗提出「閱讀童年」的政策後，培養閱讀習慣的話題開始成爲教育部、大眾與教育學人關注的焦點。而近年來世界各國與國際組織，如經濟合作發展組織（Organization for Economic Co-operation and Development, OECD）、聯合國教科文組織（United Nations Educational, Scientific and Cultural Organization, UNESCO）、歐盟（European Union）等國際組織亦非常重視教育的國際性研究與發展及閱讀能力（素養）的培養，各項與閱讀有關的計畫陸續展開，例如：OECD從1999年開始推動的「國際性學生評量計畫」（The Programme for International Student Assessment, PISA），國際教育成就評鑑協會（The International Association for the Evaluation of Educational Achievement, IEA）所主持的「國際數學與科學研究趨勢」（The Trends in International Mathematics and Science Study, TIMSS）、或是LEA所主持的國際閱讀素養評比（Progress of International Reading Literacy Study, PIRLS）等。這些評量計畫都與閱讀有著密切的關係。

　　而我國也於2006年首次參加PIRLS評比，根據PIRLS2006的調查結果，全體45個參加國家（地區）平均分數爲500分，臺灣學生平均536

分，排名22名。而香港及新加坡分別名列前五名；而同年PISA的「閱讀」調查中，臺灣名列16名，香港排名第3名。

　　而至2011年臺灣PIRLS的成績排名自2006年第22名大幅躍升爲第9名，平均分數進步18分。在這PIRLS閱讀研究中，香港、俄羅斯、芬蘭及新加坡4國學生表現最好。但就閱讀興趣、信心而言，則相對其他受評國家低落，臺灣學生的閱讀動機排名第42名，僅有62%的學生有較高的閱讀動機，低於國際平均值（74%），僅贏過新加坡、芬蘭、香港等七個地區；同時，高達12%的學生屬於「低度閱讀動機」，而此項國際平均百分比爲5%。此外，學生的閱讀信心方面，也在後段，只有21%的學生具有高度閱讀信心，此項國際平均爲36%；而有高達22%的學生是「低度閱讀信心」，僅贏過香港、摩洛哥、科威特等六個地區，此項國際平均是11%（Mullis, I. V. S., Martin, M. O., Foy, P., & Drucker, K. T., 2012）。由此可見，我國學生的閱讀興趣與閱讀信心仍有待提升。

　　除此之外，國內《天下雜誌》在2002年第263期的教育專刊「閱讀——新一代的知識革命」，也曾針對全國國中小學老師進行「中小學教師閱讀大調查」，結果發現：1.沒有升學壓力的國小閱讀風氣比國中好，但是在校園裡，閱讀被定義爲有幫助但不被重視的課外活動。2.有89.6%的老師，都認爲閱讀有助於激發學生創意、想像力，81.5%的老師認爲，可以提升學生自我學習能力，更有56.5%的國中小老師認爲，閱讀有助於邏輯思考。但調查卻顯示有87.5%的國中老師覺得在學校推廣閱讀時，並不覺得順利，而六成的國小老師有同樣的看法。3.雖然國中小學的整體閱讀環境並不佳，但是多達85.7%的國小老師，67.4%國中教師仍然想將提升學生的閱讀能力納入教學重點。4.在閱讀的相關教學上，老師們最頭痛的依序是學生的學習精神不足、教學負擔過大、學校資源硬體及經費不足、缺乏家長配合等，顯見在推廣閱讀上仍有很多教育體制結構上的限制。5.老師推動閱讀的方法並不多元活潑，多爲指定書本（66.4%）、要求學生撰寫書面報告，或要求學生課堂上當面報告和成立班級圖書室。

　　基於上述與盱衡世界各國推動閱讀的潮流及國內學童在國際閱讀評

比上的結果，推動閱讀教育應是當前國內學校相當重要的任務，學校應鼓勵學童透過學習閱讀，再透過閱讀來學習各種知識。因此，本文將透過審視國內外推動閱讀教育的經驗，並加以借鏡，提出學校推動閱讀教育之相關策略或措施，期使能提供國內學校推動閱讀之參酌。

貳　國外的閱讀政策推動

一、美國推動閱讀的經驗

　　基於閱讀能力是一切學習的基礎，美國克林頓總統在1997年的國情咨文中，提出十項邁向二十一世紀的國家教育目標及行動策略：1.建立嚴格的國家標準，並舉辦全國四年級閱讀測驗及八年級數學測驗；2.使每間教室均安排具有才華及認真教學的教師；3.協助每位學生在三年級結束時，能具備良好的自行閱讀能力；4.鼓勵家長及早參與子女的學習活動；5.提升公立學校教育的多元選擇性與教育績效；6.確保學校延續美國的價值觀念，並能成為安全、紀律、無毒的學習場所；7.更新學校建築，支持並協助學校的建設；8.開放大學入學機會，使十三至十四年級的教育更為普及；9.發展成人的技術教育，將聯邦之職業訓練計畫轉型為單一的技能基金；10.每間教室及圖書館在2000年均能連結網際網路，學生均具備科技素養。這十項行動策略中，第1.至第4.均與閱讀能力培養有關，顯示美國政府提升閱讀之決心（劉慶仁，1997）。

　　此外，美國諸多法案的通過與計畫的推動都是回應閱讀的重要性的具體指標；例如：「改革美國學校法案」（Improving American's school act）及所修訂之中小學教育法，融入了讀寫的推動政策；1997年推動的「美國閱讀的挑戰」（America Reads Challenge）計畫、「提升美國閱讀能力工讀計畫」（America reads work-study program）」、1998年國會通過挹注2.6億美元的「卓越閱讀法案」、1988年全美教育協會所發起「全美閱讀運動」、1998年的「二十一世紀社區學習中心」（The 21st century learning community）計畫、1999年「卓越閱讀能力計畫」（The Reading Excellence Program）（張明輝，2000）；

2000年的「暑期閱讀之樂」（summer reading fun）等等（房思平，2000；黃美珠，2001）。

在柯林頓總統1997年所提出的「美國閱讀的挑戰」（America Reads Challenge）計畫中，由聯邦政府撥款約27.5億美元，來推動全美學童的閱讀計畫，以確保每一位學童在國小三年級結束之前具備獨立的閱讀能力，並將1997年定為閱讀年，成立「美國閱讀挑戰辦公室」（America Reads Challenge Office），主張「多看點書，關掉電視」、「人應該控制電視遙控器，而不是讓遙控器控制你的生活；特別是父母，不能讓遙控器控制孩子們的成長」。其計畫內容包括：協助父母成為孩童的啟蒙導師、協助4-5歲孩童儘早接觸閱讀學習、閱讀團體為學童實施課後輔導與暑期閱讀指導、對四年級學童進行閱讀績效評估、鼓勵家長每日花30分鐘陪孩子讀書、鼓勵成年人到圖書館借書、大學生參與閱讀指導和推廣活動（林巧敏，2009；黃美珠，2001；張佳琳，2010）。該計畫招募閱讀志工擔任家教，引導孩子閱讀，同時聯邦政府除集合學者專家、教師、圖書館人員及家庭共同發展一套新的「即時讀寫計畫」教材，更透過多元化的學習指導策略，協助全國學童在小學三年級以前習得必要的閱讀能力。此外，「國家服務基金會」中的「美國閱讀任務小組」也訂定「高品質美國閱讀之原則及關鍵要素」（principles and key components for high quality America reads），以提供志工家教活動之參考（Corporation for National Service, 1997; Adler, 1999）。

再者，有鑑於美國多次於全國性兒童閱讀能力評量發現：全國兒童閱讀能力有普遍低落的現象。是以，柯林頓政府在1998年更提出「閱讀卓越法案」（Reading Excellence Act），經美國國會表決通過，授權聯邦政府提供巨額補助款，協助地方辦理教師專業發展活動以及閱讀不利兒童地區的補救教學方案（林天佑，2000；張佳琳，2010）。並在2000年時，撥款約2.6億美元，其中85%的經費用來改善學校相關硬體措施，剩餘款則撥給個人閱讀指導方案支持的四項活動；內容包括：1.課後指導；2.課後指導人員的專業成長活動；3.掃除家庭文盲計畫；4.協助從幼稚園過渡到小學一年級有困難的學生（張明輝，

2000）。其目的在於：1.協助小學生在小學三年級結束時，能具備自行閱讀的能力；2.運用研究本位（research-based）方法，增進教師和其他指導人員的教學技巧；3.透過家長、教師、家庭文學作家、志願性社團、圖書館、大學、兒童照護中心和專業發展機構，建立夥伴關係積極推動。

同時美國國會亦於1997年要求「國家兒童健康及人力發展研究所」（National Institute of Child Health and Human Development, NICHD）所長會同教育部長成立「全美閱讀研究小組」（National Reading Panel, NRP）進行研究，該小組於2000年4月13日提出長達449頁的《教導兒童閱讀》報告，其提出閱讀教學最合適的教學法應包括：1.音素認知的教學；2.系統化的發音教學；3.改善閱讀流暢的方法；4.提升閱讀理解的方法。而且該報告亦曾指出：最有效的閱讀學習策略應同時包括「發音學習」（phonics）與「全語言」（whole language）兩種學習策略（NICHD, 1997; NRP, 2011）。

到了1998年，柯林頓總統亦制定「二十一世紀社區學習中心」（The 21st century learning community）計畫，提供一處中小學學生放學後安全的學習場所（U.S. Department of Education, 1999），其計畫從1998年的4,000萬美元提高至2000年時的6億美元，至2002年，美國政府又投入了10億美元。之後略減，至2008年又回到10億以上的水準，至2014年為11.49億（Afterschool Alliance, 2014）。其具體做法包括（張明輝，2000）：1.提供課後指導和實施補救教學；2.運用大學生支援課後指導工作；3.鼓勵家庭成員參與指導中小學生閱讀；4.鼓勵學生放學後至學校圖書館及社區圖書館閱讀；5.提供廣大年齡層的學生高品質的圖書；6.和社區鄰近的大學、文化團體、青年組織等，建立正式的合作關係；7.每月舉辦一次社區年長者口述歷史活動；8.協助學生以書籍或劇本方式，撰寫自己的故事；9.舉辦「閱讀改變我生活」為主題的論文或演講比賽；10.提供其他擴展或延伸性的閱讀活動。

綜上所述，可以發現柯林頓政府團隊確實致力於閱讀的推動，然而，1998年全國教育進展評量（National Assessment of Education Progress, NAEP）閱讀能力測驗結果卻顯示：四年級成績不及格學生比

例占38%、8年級占26%、十二年級占23%；雖然該年度的報告已經顯示，全國學生自1994到1998年已有相當進步，然而距離「熟練」（proficient）仍有努力空間，在1998年，四年級達到「熟練」程度的僅有31%、八年級有33%、十二年級則有40%的學生達到「熟練」程度；甚至到2000年，仍有38%的四年級學生未達基本閱讀能力水準（Donahue, Voelkl, Campbell & Mazzeo, 1999; Song & Young, 2008；張佳琳，2010；黃美珠，2001）。顯見閱讀政策推動的成效確實需要長時間的累積，非一蹴可幾。

除了閱讀政策的推動外，美國公共圖書館亦提供電子書閱讀器借閱，如1998年Rocket eBook上市後，美國North Carolina State University（NCSU）圖書館及Algonquin公共圖書館（Algonquin Public library, IL）便率先於1999年及2000年進行電子書閱讀器試辦服務，不過當時設備、技術、圖書館管理及讀者閱讀習慣方面尚未成熟，以致服務成效不彰，試辦計畫以失敗收場。直到2007年Amazon推出Kindle，美國New Jersey的Sparta公共圖書館（Sparta Public Library, NJ）成為美國及全球首先提供Kindle電子書閱讀器借閱的圖書館，並限制每人每次借閱只能選擇一本書，購書費用由圖書館支出，倘若讀者擅自下載超過一本電子書則須自行負擔。江子隆、賴玲玲（2012）蒐集13所美國地區公共圖書館資料研究，發現由於相較於紙本書，電子書閱讀器設備成本昂貴，因此借閱流程及規範都有嚴格的借閱政策與規範，如借期與續借、逾期罰金與賠償金、簽署借閱合約、身分限制等。這些限制都是為了降低電子書閱讀器的損毀、遺失等問題，且限制愈完整愈能保障設備長遠使用，也能夠減少圖書館在管理上的問題。

而在美國小布希（George W. Bush）上任後，在2001年通過《沒有孩子落後》（No Child Left Behind Act, NCLB）的《初等及中等教育修正法案》，提出「閱讀為美國新世紀的民權，不讓任何一個孩子落後」的主張；以「努力的閱讀者」（striving readers）的方案為例，該方案服務六至十二年級學生，提供經費給學校去設計可增加學生閱讀成就的教學策略，而且須透過嚴謹的實驗評鑑過程測量方案的影響與效益（楊巧玲，2007）。該法案要求三到八年級學生每年都要參加閱讀

測驗，並據以評估學童的進步情形，來決定聯邦所能提供的協助與補助。同時該法案中亦有一個《閱讀優先計畫》，此計畫為一項競爭性補助方案，鼓勵各州（尤其針對貧困學區）運用研究本位的有效閱讀教學策略進行K-3年級閱讀教學的改善。因此，州政府可以藉由閱讀優先計畫來爭取教育經費（Song et al., 2008）。而加入閱讀優先計畫的各州可自由選擇是否接受《早期閱讀優先》（Early reading first）的補助（張佳琳，2010），《早期閱讀優先》主要在加強高貧困地區，以及在小學階段無法閱讀地區兒童的閱讀準備度為目標，提供關鍵早期的認定，強調早期閱讀，以防止美國兒童閱讀能力低落，進而確保所有的兒童在三年級結束時能成為有技巧的閱讀者（陳明印，2002）。

此外，2001年暑假前，佩吉部長及副總統錢尼夫人（Lynne Cheney）也推動《暑期閱讀運動》（summer reading campaign），提出「前所未有的閱讀假期」（no such things as a vacation from reading）口號，鼓勵父母以共讀與孩子們共度假期，不但圖書館有兒童專屬區、說故事時間，更能邀請名人朗誦讀物，而且由各地的pizza hut提供免費的小披薩，作為學童閱讀的獎賞（黃美珠，2001）。

而至歐巴馬總統2009年就職後，更簽署了《美國振興及投資法案》，其中「衝頂計畫基金」便規劃了43.5億美元，作為鼓勵及獎賞各州創造教育革新及改革條件的競爭性經費；並將提升閱讀能力列為《衝頂計畫》（Race to the Top）補助的申請要項。

本文歸納彙整了美國政府從1998到2013年在推動閱讀政策的努力，在多年的推動努力後，我們可以從2013年全國教育進展評量閱讀能力測驗結果來檢視美國多年推動閱讀的成效。由NAEP（2013）的調查來看，四年級達到「熟練」程度的從1998年的31%提升到35%、八年級則從33%提升到36%（NAEP, 2013），顯見美國政府在閱讀教育上的努力有相當的成效。

二、英國

英國在閱讀活動的推廣，也有值得我們借鏡的地方，本文回顧其從1992到2012年推動閱讀的作法。

英國1992年啟動「閱讀起跑線」（Bookstart）的閱讀指導服務計畫，目的在讓每一個英國兒童都能在早期閱讀中受益，並享受閱讀的樂趣。該計畫由圖書信託基金會負責提供和分發各種免費資料，同時由圖書館負責各項親子互動的閱讀活動，幫助家長學習如何培養孩子養成良好的閱讀習慣與方法，並鼓勵家長與幼兒一起分享圖書的內容與利用圖書館資源。從Lewisham地區2009年「閱讀起跑線」的年度報告中，可以發現其活動的規劃幾乎是從嬰兒期就開始了，他們鼓勵父母對親生兒分享圖書內容，並將其稱為「閱讀從出生開始起跑」（Bookstart form birth），之後一連串的「小熊閱讀之旅」（Bookstart Bear Tour）、「國定閱讀起跑日」（National Bookstart Day）、為0-4歲學童設計的「蹣跚閱讀活動」（Bookstart Book Crawl）、「雙語閱讀包」（Dual Language Packs）、為0-2與2-4歲視障學童設計的「觸摸閱讀包」（Booktouch））、為0-2與2-4歲聽障學童設計的「發光閱讀包」（Bookshine）等等，都是閱讀起跑線的重要推廣活動（Lewisham Council, 2009）。

此外，自西元1998年，英國教育及職業部（Department of Education and Employment）也開始推動閱讀相關教育措施，如以推動全國閱讀年（National Year of Reading）作為教育改革的一項活動，該政策要求所有學校教師、地方教育行政當局、所有家長、社區團體、圖書館與媒體工作者共同參與此項活動，以促進青少年的閱讀和寫作能力。其活動重點包括（黃雯玲、陳麗君，2012；齊若蘭，2003）：自1998年9月的新學年度開始，國小每天增加1小時的閱讀素養時間（literacy hour），提升學校教師在閱讀和寫作教學的教育訓練、增加學童在校的閱讀和寫作課程、增加圖書館館藏以支援教學計畫、成立閱讀基金會推動工作。推動至今已有專屬網站用來彙整全國閱讀活動和閱讀策劃創意（http://www.yearofreading.org.uk/），並已成為英國推動閱讀的經驗與訊息交流園地。

政府在第一屆全國閱讀年的推動經費約計400萬英鎊，共在九個城市進行閱讀年的巡迴推薦，其活動重點主要包括（齊若蘭，2003）：

1.送書到學校：英國政府額外花費1億1千5百萬英鎊實施「送書到學

校」計畫，全國中小學圖書館共多了2,300萬冊圖書，促進了圖書館與教育服務機構間的合作。2.增加小學閱讀課程：從1988年起，英國小學每天額外撥出1小時加強讀寫能力，亦額外撥款1,900萬英鎊來訓練小學教師如何教授學童識字、閱讀及寫作；3.媒體、企業和民間組織合作發起各種閱讀活動。

到了2001年，「英國讀寫能力信託基金會」更發起「寢前閱讀週」（Bedtime Reading Week, BRW）的全國性活動。活動內容包括：1.對全國兒童及成人閱讀習慣展開調查研究；2.舉辦兒童寫作比賽，優選作品編印成"*Storybook 2001*"一書，並安排前往義大利參觀此一專書印刷、出版的過程；3.在全國各地書店圖書館舉辦閱讀茶會等等。此外，英國廣播公司也推出系列名人閱讀故事書經驗分享；BRW專屬網站在活動期間，每天提供不同的故事內容，讓父母與孩子能一起閱讀，亦提供家長為各年齡層孩童選書的方式，推薦適合寢前閱讀的各年齡層好書；此外，為配合BRW的宣傳活動，許多書店如知名的水石（Waterstone）書店各連鎖店的店員，更於上班時穿著睡衣宣傳睡前閱讀的習慣。各地圖書館、學校等則利用張貼海報，或舉辦各項活動等方式共襄盛舉（王錫璋，2001；黃雯玲、陳麗君，2012）。

2002年「英國讀寫能力信託基金會」更推出「閱讀聯絡網」（Reading Connects），鼓勵學校打造「全校閱讀文化」（a whole-school reading culture），在英國已經有超過五千所學校與圖書館等組織加入，成效廣受好評。其重點包括（引自吳怡靜，2009）：1.「為樂趣而閱讀」必須成為學校的核心政策；2.學校須鼓勵除了紙本書籍之外的廣泛的閱讀材料如報紙、雜誌與螢幕上的數位內容；3.讓教師與其他非教職成員一起參與，鼓勵閱讀；4.讓學生也能參與閱讀活動的規劃與執行；5.與當地社區、其他學校建立密切合作關係與統合活動來鼓勵閱讀；6.學校應儘量鼓勵家長養成學生「在家閱讀」的習慣；7.加入聯絡網的其他學校與組織來分享、學習各種最佳做法。

至2003年，英國公共圖書館則是發布《未來的架構》（Framework for the Future）文件，描繪了英國公共圖書館未來十年的藍圖，該報告明確的指出「閱讀是所有文化和社會活動首要任務」。

　　而到2008年，英國政府為鼓吹與培養對閱讀的熱情，並打造「為樂趣而閱讀」的人文國度，再次舉辦第二次的全國閱讀年，當時的教育部長布朗奇（David Blunkett）推動「全國閱讀年」為「全國讀寫素養策略」（National Literacy Strategy）和終身學習政策的重要法案，並由「英國讀寫能力信託基金會」與英國慈善機構閱讀協會（the Reading Agency）代表「兒童、學校暨家庭部」（Department for Children, Schools and Families, DCSF）來舉辦全國閱讀年。該活動則是透過媒體運動（media campaign）來宣導閱讀的優點——可以改善生活機遇與享受閱讀的樂趣。在此一閱讀活動推廣中，政府投入3,700萬英磅，目的在於打造英國的閱讀文化，特別是針對些需要閱讀幫助的人。而在此期間各類型的圖書館與相關機構（電臺、慈善機構、出版商等）則展開一系列的讀者發展活動，特別是公共圖書館。例如：2百萬新圖書館會員活動，25萬本繪本透過太陽報發放，3萬短篇閱讀（Quick Reads）透過英國世界新聞報（News of the World）發放，夏日閱讀挑戰活動（The Summer Reading Challenge）（比起前一年，多了2.3萬男孩參加）。此外，閱讀年網站上共註冊了接近6,000個閱讀活動，全英國有150個共同提倡機構領導當地的合作夥伴關係，為社區辦理活動（引自National Literacy Trust官方網站，2015）。本次的全國閱讀年動員了學校、家庭、圖書館、企業、媒體、作家、書商及藝術團體等共同推展，並借助各種傳播工具作為宣傳的管道（Attenborough, 2002）。

　　到了2012年秋季，英國教育部的學校大臣尼克‧吉柏（Nick Gibb）也舉辦與閱讀相關的競賽計畫，藉以鼓勵學童能夠熱愛閱讀，廣泛接觸各式各類的讀物，以期提升學生在校的閱讀成績。這項競賽適用整個英格蘭地區7-12歲的在學學生。該閱讀競賽由教育部設定主題，再經由學校自己主辦之地區型、區域型以及國家型的競賽，藉此讓閱讀變得更有吸引力。透過這些競賽使得家庭與學校產生連結，並使父母的積極投入促使學生有興趣進行閱讀（教育部電子報，2012）。

　　而英國大力推動閱讀教育的效果如何呢？2008年，英國讀寫能力信託基金會（National Literacy Trust, NLT）對9-14歲的青少年進行閱讀者自我概念（self-concept）研究，結果發現，將自己定位為「閱讀

者」（readers）的學童較常在學校以外的時間進行閱讀，而將自己定位為非閱讀者（non-readers）的學生中，幾近一半表示他們從不在學校以外進行閱讀活動（Clark & Akerman, 2008）。再者，根據「經濟合作暨發展組織」（Organisation for Economic Cooperation and Development，簡稱OECD）最近一次於2009年所實施的PISA能力評量測驗發現：英國15歲的學童，比香港、新加坡、加拿大、紐西蘭、日本和澳洲等表現較好國家的同齡學生落後。

而2009年時，NLT再次對2,176位英國7-15歲學生進行閱讀研究，結果發現：有40.5%學童與青少年非常喜歡閱讀，有三分之二的學生每週閱讀網頁，有一半的學生閱讀部落格、電子郵件與社群網頁（Clark, Osborne & Dugdale, 2009）。到了2011年公布的PIRLS結果中，英國學生的閱讀動機排名到第40名（比臺灣高2名），有65%的學生有較高的閱讀動機，但仍低於國際平均值（74%）；有7%沒有閱讀動機，卻高於國際平均值（5%）。而英國學生的閱讀信心排名為第25名，「低度閱讀信心」的學生有10%，而具有高度閱讀信心者有37%，此項百分比則高於國際平均值的36%（Mullis et al., 2012）。在2011年NLT調查8-16歲17,089位青少年閱讀的報告中顯示，大約有51%的青少年很享受閱讀，超過三分之一有一點喜歡閱讀，但有10%完全不喜歡閱讀，2011年的調查結果相較於2008年的結果是有大幅度的進度。就性別的比例來看，女生比男生喜歡閱讀（58% vs 43%），而大約有24%的青少年表示有自己的部落格，48%有自己的社交網頁；以每個月至少閱讀一次的種類來看，簡訊、雜誌、網站、電子郵件小說排名較高；而跟成就水準比同年齡低的人相比，那些閱讀能力超過同年齡水準，且與同年齡比起來較有創造力的青少年，他們較多採用傳統閱讀（如小說、散文文學、詩詞、戲劇或電影劇本）方式（Clark & Douglas, 2011）。

綜合上述的國際閱讀素養的評比來看，英國的閱讀教育成果在世界各國當中不算是傑出的表現，然而比較2009到2011年的調查評比，可以發現雖然兩年度的調查對象分別是7-15歲8-16位學生，並不完全重疊，但約略可以發現學生喜歡閱讀的百分比略有成長。

國內的閱讀政策推動

在這全球閱讀風潮的推動下，我國教育部也積極推動多項閱讀計畫，各縣市亦有不同的閱讀推動策略。以下分述中央與地方推動閱讀的策略。

一、中央推動的閱讀計畫

民國90年，教育部以充實學校圖書資源，營造閱讀環境、培訓種子教師、補助地方政府推動閱讀活動為目的，推動三年的「兒童閱讀計畫」（自90-92年補助約2,717萬元左右），並補助民間團體（如臺北市文化基金會及TVBS關懷臺灣文教基金會等）參與推廣閱讀計畫。自民國93年起針對弱勢地區國小推動「焦點三百—— 國小兒童閱讀計畫」，選定300個文化資源不足之焦點學校，投入圖書資源加強該校兒童之閱讀素養；95年起推動「偏遠地區的國中小閱讀推廣計畫」；而自97年開始啟動為期四年的「悅讀101—— 教育部國民中小學閱讀提升計畫」，從過去針對弱勢地區的輔助，擴大為全面性的閱讀政策推動。此外，自98年度啟動的各項計畫更考量到閱讀能力之發展性，例如：「0-3歲幼童閱讀起步走」及「小一新生閱讀起步走—— 教育部國民小學一年級新生閱讀推廣計畫」，都希望透過全面性的大量贈書，鼓勵家長踴躍協助孩子跨出閱讀的第一步。

另外，教育部更從98年著手推動「閱讀植根與空間改善：98-101年圖書館創新服務發展計畫」，目的在於使圖書館能有效整合並改善公共圖書館閱讀環境（吳清基，2010），到了102年、103年則持續「悅讀101—— 教育部國民中小學閱讀提升計畫」，並推廣辦理之（教育部，2013，2014），上述內容如表1所示。除此之外，教育部近年來亦致力於獎勵國民中小學推動閱讀績優學校，如選拔閱讀磐石學校、閱讀推手團體獎與個人獎等，以鼓勵學校推動閱讀。

表1

近年來教育部推動閱讀教育之政策

推動期程	計畫名稱	實施策略與工作要項	對象
93-97年	焦點三百——國小兒童閱讀計畫	選定300個文化資源不足之焦點學校，加強焦點學校兒童閱讀素養，提升文化資源不足地區之圖書資源投入，弭平城鄉教育資源差距。	300所文化資源不足之焦點學校
95-97年	偏遠地區國民中小學閱讀推廣計畫	充實學校圖書資源、營造良好閱讀環境、培訓師資、補助民間公益團體及地方政府辦理相關活動等。	教育部所核定全國共645所偏遠地區國民中小學校
97-100年	悅讀101——教育部國民中小學閱讀提升計畫	1. 全面性閱讀推動策略：進行閱讀基礎研究、整合民間資源、相關師資人才培育、建構優質環境、建立閱讀學校及教師典範、統整閱讀平臺。 2. 持續充實全國國中小圖書館及圖書設備。 3. 持續補助偏遠地區國民中小學閱讀推廣。 4. 「小一新生閱讀起步走——教育部國民小學一年級新生閱讀推廣計畫」透過全面性的大量贈書及辦理親子講座，鼓勵家長踴躍協助孩子跨出閱讀的第一步。	以全國國民中小學（含幼稚園）為推廣對象
98-101年	閱讀植根與空間改善：98-101年圖書館創新服務發展計畫	1. 「建立公共圖書館與學校閱讀網絡」計畫：以社區（市／鄉／鎮／區）為單位，地方公共圖書館為核心，串聯公共圖書館周遭學校資源，共同建置「社區閱讀網絡」。 2. 「多元悅讀館藏充實」計畫：建立各鄉鎮市區圖書館之館藏特色，同時有系統辦理多元閱讀活動。	0-3歲幼童以及3所國立圖書館與543圖書館

續表1

推動期程	計畫名稱	實施策略與工作要項	對象
		3. 「閱讀起步走0-3歲嬰幼兒閱讀推廣活動」計畫（98-101年）：藉由積極推辦0-3歲幼童閱讀活動，吸引幼兒家人入館使用圖書館資源，培養全民閱讀習慣、涵育全民閱讀風氣。四年期間各年分別有103個、135個、138個、114個縣市鄉鎮圖書館推動計畫，辦理嬰幼兒閱讀相關活動：如辦理志工或種子人員培訓、贈書儀式、閱讀禮袋的發送（逾14萬個）、各圖書館建置閱讀專區；全國公共圖書館辦理父母講座、育兒講座及說故事活動等相關推廣。	
102-103	持續推動悅讀101——教育部國民中小學閱讀提升計畫	一、成立推動組織 (一)教育部成立閱讀諮詢委員會及推動小組。 (二)縣市政府成立閱讀計畫工作推動小組。 (三)學校組成閱讀工作圈。 二、整合多元資源 (一)招募故事團體協助閱讀推動。 (二)募集人力投入學校推動閱讀活動。 (三)系統整合公私資源推動閱讀。 三、建構優質環境：充實國中小圖書及圖書設備：教育部依據各學校之需求，撥補經費購置圖書並鼓勵以聯合採購降低書價，開拓學生閱讀路徑，豐沛學生的閱讀內涵。 四、規劃閱讀研究 (一)進行各項閱讀基礎研究及行動研究。 (二)委託進行縣市閱讀成效調查。 (三)辦理閱讀高峰論壇。	以全國國民中小學（含幼稚園）為推廣對象

續表1

推動期程	計畫名稱	實施策略與工作要項	對象
		五、精進閱讀教學 (一)「閱讀策略教學方案」推廣與教師培訓。 (二)培訓閱讀種子師資：本計畫重視建立閱讀種子師資培訓制度及證書制度，為結合精進課堂教學能力，規劃初階、中階、高階閱讀教師培訓制度，針對國小低、中、高年級及國中階段不同教學需求，每年定期培訓共200名初階種子師資，並逐年規劃辦理回流進階培訓課程。 (三)試辦增置圖書館閱讀教師。 (四)協助閱讀不利學生。 六、表彰閱讀推動績優之磐石學校：教育部定期表揚全國閱讀推展績優學校單位；各縣市依據本計畫同步辦理績優閱讀學校的活動，以鼓舞閱讀活動之推展。 七、鼓勵學校及幼稚園推動家庭閱讀。 八、持續推動弱勢學校閱讀計畫。 九、建置閱讀網路及圖書管理系統平臺。	

資料來源1：吳清基（2010）。推動臺灣的閱讀教育——全民來閱讀。研考雙月刊，34(1)，63。

資料來源2：教育部（2013）。教育部102年度施政目標與重點。Retrieved April，20，2014，from http://www.edu.tw/

資料來源3：教育部（2014）。教育部103年度施政目標與重點。Retrieved April，20，2014，from http://www.edu.tw/

資料來源4：陳麗君、林麗娟（2014）。臺灣公共圖書館推動「閱讀起步走」計畫之調查研究。圖書與資訊學刊，6(2)，51-72。

　　教育部除了推動共同的閱讀政策外，另外也與民間合作的閱讀教育相關措施：如教育部於2010年底與《親子天下》雜誌合作，募集100所「晨讀十分鐘」種子學校，希望把美、日實踐成功的晨讀運動引進臺灣中小學（李佩芬，2011）。

二、地方推動的閱讀計畫——以臺北市為例

在教育部的推動下，各縣市也積極投入閱讀教育的推動工作。天下雜誌何琦瑜（2011）對全國中小學校長和主任進行問卷調查，結果發現，選出A級「優質閱讀縣市」共有七縣市，包含臺北市、高雄市、桃園縣、臺中市、新竹市，比較特殊的是離島兩大縣市金門縣和連江縣。以下列舉臺北市的閱讀推動策略，作為參考。

(一) 臺北市教育局的閱讀工作推動

整體而言，臺北市教育局推動兒童深耕閱讀四年計畫，提倡個人閱讀、家庭共讀、學校班級共讀及社會共讀之脈絡，並結合閱讀美術、閱讀音樂、閱讀戲劇、閱讀影音及經典之主題，拓展兒童閱讀的深度與廣度。在教師方面，規劃教師閱讀教學專業發展學習社群，提升教師兒童閱讀教學能力；充實兒童閱讀資源，提供多元學習的閱讀素材；建構閱讀資源網絡，提供兒童線上學習及閱讀分享之平臺；推廣學習型家庭參與兒童閱讀活動，開拓閱讀指導人力資源等。

臺北市教育局在國小所推動的深耕閱讀架構，可為各縣市參考，其主要架構有三方面：「精進閱讀，素養提升」、「充實閱讀，完善資源」及「繽紛閱讀，百花齊放」，如圖1所示。

圖1　臺北市推動深耕閱讀架構

資料來源：諶亦聰（2013）。談臺北市推動國小深耕閱讀——從量到質的過程，從點到面的延伸。教師天地，187，頁36。

　　在「精進閱讀，素養提升」方面，主要透過研習、座談、工作坊、讀書會等多元方式提升教師專業知能，培養教師閱讀素養，並培訓閱讀種子教師，推動閱讀理解策略研習，預計至104年度全市國小全數1萬名教師均可完成12小時之閱讀理解策略研習，並領取證書通過認證。另外，為接軌國際閱讀測驗，臺北市教育局於101年度起進行動態評量文本研發，102年度透過分區研習進行推廣。此外，挹注經費至資源不利地區，辦理閱讀活動。

　　在「充實閱讀，完善資源」方面，筆者將其工作內容區分為三大類，如下說明：在「學童閱讀推動工作」上，臺北市教育局邀集專業教師共同研發學童學習日誌，分送國小學童引導學生認識圖書館、學習圖書資源工具。且每年敦聘閱讀專家學者及閱讀教師評選出最近二年內出版的優良兒童好書與教師參考工具書，並邀請閱讀教師建置優良好書教學索引資源庫，壓製光碟分送全市學校。此外，在「教師閱讀推動方面」教育局每年舉辦各校閱讀種子教師研習，研習後各組產出教案並製成教學資源光碟，讓各校閱讀種子老師返校推廣。在「學校閱讀推動」方面，逐年自籌款項設置學校閱讀推動教師，學校圖書館閱讀推動教師是學校閱讀推動之種子教師，工作聚焦在「圖書資訊管理」與「閱讀推動」兩項重點工作。

　　在「繽紛閱讀，百花齊放」方面，臺北市教育局近年辦理相關系列活動，包括：「小小說書人」、「閱冠王選拔」、「國小晨讀10分鐘運動」、「線上讀書會」、「閱讀成果調查」、「每月主題部落格」、「親子閱讀闖關」、「閱讀紀錄片閱讀評選」、「小一新生閱讀起步走」、「親子電臺分享」及「親子說故事徵件」、「讀報教育」、「我是小主播」等項目（諶亦聰，2013）。

(二) 臺北市公共圖書館的閱讀工作推動

　　除了臺北市教育局的閱讀推動工作外，臺北市公共圖書館在閱讀工作推動亦有多種方式可供學校圖書館作為參考，略述如下：

1. 與學校的連結

黃雯玲與陳麗君（2012）曾指出，北市圖與學校結合推動閱讀具

有六大特色：(1)「一年一主題」：以此主題設計閱讀手冊，提供兒童從學習單中接觸不同知識的面向；(2)「圖書館的暑假作業」：建議學校儘量可以將閱讀推廣列入寒暑假作業，讓孩子利用假期進入圖書館進行自主學習；(3)「多元的活動方案」：以各項主題爲活動讓學生多元參與各種類型的閱讀體驗課程；(4)「善用學校的學習網絡」：市圖多方引入社區、學校的資源進行活動的規劃。如主動邀請學校老師參與閱讀活動設計；(5)「主題書展帶動閱讀」：針對自身的館藏特色，推出各種主題書展與閱讀推廣、獎勵活動；(6)「熱絡的閱讀網路」：各項活動考量以公共圖書館爲核心，串連各個學校和家庭，提升各界參與活動的意願。

具體而言，自民國98年教育部「建立公共圖書館與學校閱讀網絡計畫」啓動之後，各縣市圖書館與學校更加密切合作推廣閱讀活動，如「團體借書證及班級圖書借閱」、「校園推廣閱讀」、「與學校合作利用教育」、「合作推廣閱讀」及「志工培訓」。此外，於民國98年及99年亦分別推出「遊臺北，Fun一夏」以及「百花齊Fun樂一夏」等全市性的閱讀推廣活動。不少學校將系列閱讀推廣活動，列爲小學生的暑假作業，黃雯玲與陳麗君（2012）指出，全市平均將近三成小學生都參與相關閱讀推廣活動。且每年都會舉辦全市大型的閱讀嘉年華。

2. 主動出擊，走出圖書館，與社區互動提高閱讀風氣

此外，臺北市圖有一項對主動出擊的對外活動亦值得學習。臺北市立圖書前館長曾淑賢（2006）曾指出，臺北市立圖書館的經營觀念與作法，在持續改變中，從過去「We Go to the Library」轉變爲「The Library Comes to Us」，如爲推動讓更多人走進圖書館，歡迎外界租借會議及講座場地，並以合辦方式免費提供高中等社團成果展示，針對各地社區特性與讀者需求辦理各項不同的活動，如古亭分館的「思鼓亭、道螢橋——中正時光之旅文化季」、南港分館的「認識原住民文化之美」等。此外，由於臺北人生活忙碌，於是臺北市立圖書館於94年7月23日推出「Open Book智慧圖書館」的活動，讓民眾於假日全家上賣場補給日用品之際，順便借書回家，締造出圖書的高出借率。同時也提供電子書借閱、書香宅急便的方式讓偏遠、忙碌的民眾方便借書。並與

民間或學校、社區里辦公室等合作設置民眾閱覽室，服務社區民眾。

3. 與國際接軌，變化圖書內容

此外，舉辦各項與國際接軌的閱讀活動，也是值得學習的，如舉辦德國、法國、波蘭、希臘等書展、講座、說故事與有獎徵答活動、「2004法國讀書樂」、「閱讀奇遇記──2005讀書樂在臺灣」、舉辦法國文學講座、法國主題圖書書展及法國童話說故事、「童心裡夢話捷克」、「來自南半球的童言童語──澳洲暢銷童書繪本插畫展」等。並與國外圖書館，如溫哥華公共圖書館、橫濱市立圖書館、波士頓公共圖書館等，交換圖書展示。

4. 各項好書推廣

除上述一般圖書館的各項推廣業務，更舉辦各項優良書展，推廣好書，更舉辦讀書節慶，如配合臺北市動物季推出「動物書海滿載窩心喜悅」等。

綜合而言，近年來教育部與各地教育局確實大力推動閱讀教育，吾人可從2011年所公布的PIRLS評比來看，臺灣的PIRLS排名自2006年第22名大幅躍升為第9名，只是國內閱讀素養在PISA的評量上，仍未有出色的表現。於是國內關心閱讀的相關研究者，如施宜煌（2013）曾提出目前國內閱讀教育問題有以下幾點：(1)缺乏深度、重點、有策略的閱讀；(2)走錯方向用錯力，忽略閱讀理解的重要性；(3)升學考試、學生自主性強窒礙了國中閱讀教育的推展；(4)過多的家庭作業不利學生閱讀習慣的培養；(5)教師教得太多太細，反而讓學生沒有空間與機會發展自己的閱讀策略；(6)閱讀並非國文教學的一部分；(7)各校應充實圖書館的閱讀資源；(8)父母是整個閱讀推動過程中最重要的推手。這一點上與幸曼玲（2008）所提出看法不謀而合，其認為教導閱讀時過度工具化或簡化流程，或直接要求學習成果，容易丟失學習中下的學生，並且喪失老師教學的意義。因此政府在閱讀政策的推動上，不只是要注意運用何種方式讓學生增加閱讀，更重要的是在進行閱讀活動時，所搭配的教學方法、教材、教學者的價值觀、學生的閱讀態度、閱讀自信心的提升。因此本文下一節的重點，將探討如何落實閱讀策略，打造一所閱讀‧悅讀的學校。

肆 打造一所閱讀‧悅讀學校的策略

要打造一所閱讀或悅讀的學校不僅僅只是請學生多閱讀課外讀物，以增加閱讀數量爲目標來作爲推動方式，吳清基（2010）指出爲了達成全民愉悅閱讀的目標，閱讀教育必須關注閱讀各面向，並以全方位策略推動，包括：進行閱讀基礎研究、整合民間資源、相關人才培育、建構優質環境、建立典範、統整閱讀平臺等。基此，打造一所閱讀的學校，並非僅是行政領導的責任，更是學校各行政單位、教師與學生應該共同營造的一種學習氣氛。有鑑於此，筆者整合上述美、英兩國與我國過去推動閱讀經驗，提出在學校場域中，如何更精緻地推動閱讀的策略，作爲學校提升閱讀質量的參考依據。

一、主動積極爭取各界資源與組成聯盟，豐富閱讀資源

有鑑於經費限制，學校閱讀資源常常處於短缺狀態，許多學校在充實各項圖書資源上甚感困難。市區學校由於社區資源較爲豐富，購書與募書能量較高。許多偏鄉地區亦有教育優先區計畫，或得到公益團體的關注，但介於都市與偏鄉中間的鄉鎮卻很可能有被忽略的現象。因此在豐富閱讀資源方面，無論是中央或地方政府都應在資源分配上做需求性的考量，而且傾聽地方學校的聲音，妥善分配圖書資源。

然而在學校方面，豐富閱讀資源除有賴政府的補助經費外，亦可有下列作法：

(一) 主動積極爭取地方、社區或企業資源：向地方里辦公室、家長會或企業團體募集資金。在民間企業面，例如：參與誠品文化主辦之「閱讀分享計畫」向企業募書活動、天下雜誌教育基金會的「希望閱讀」計畫、信誼基金會的免費贈書……等，都是充實圖書室藏書的一個方式。以彌補學校購書經費不足的問題。

(二) 跨區策略聯盟豐富圖書資源：除家長會與社區資源的經費捐助外，主動對外組成聯盟來募集或交換書籍是可行的策略，如與市區學校策略聯盟，鼓勵市區學童將閱後之書籍轉贈至需要的

學區，或是與市區里辦公室結盟，辦理募書活動，透過資源流通達到豐富藏書的目的。

(三) 積極建立與鄰近企業、財團法人的夥伴關係，成立區域閱讀聯盟，讓聯盟內的團體資源能交流共享。例如：以生命教育為主題結合醫院資源獲取閱讀資源與講座，與藝術團體結合，引入閱讀藝術教育圖書……等。

(四) 與鄰近大學圖書館、縣市立圖書館簽訂館際合作，進行實際的閱讀交流活動，如圖書巡迴展出。一般大學圖書館與市圖資源豐富，更有各學習領域的圖書與視聽資源，透過圖書資源巡迴展出，可以豐富學生的閱讀資源。

(五) 爭取地區圖書分館在校內興建：各地圖書分館的建立除經費考量外，地點亦是須克服的要件，若學校能將靠近校園外側的閒置校舍空間釋出，與地區圖書館合作，設置圖書分館，如此一來，除了可以引入外部資源，同時，無形中等同於增加學校圖書館藏，再簽訂合宜的借閱與閱讀室條款，讓學校可運用社區資源來協助學生廣泛閱讀，此外，學校亦可與其合辦各項閱讀活動，嘉惠校內學子。

(六) 學習領域圖書資源分配：在各項圖書中，除了學童閱讀的總類圖書外，與各領域相關的圖書也應有所關注，在強調各領域均衡發展的教學下，校內圖書應考慮各學習領域圖書資源分配是否得宜，是否有缺漏之處，並逐年編列經費購買。

二、製作各種閱讀包

有鑑於英國「Book start」的運動，透過免費贈「閱讀包」給育有嬰幼兒的家庭，提倡鼓吹嬰幼兒即早接觸書籍，國內推動「Book start 閱讀起步走」，也贈送免費閱讀禮袋，其中包含兩本圖畫書、《寶寶愛看書》父母導讀手冊和《寶寶的第一份書單》推薦書目。因此筆者認為學校也可效法此種閱讀包與閱讀推薦單的方式，在一年級新生剛入學時，即贈「新生閱讀推薦單」、「父母陪伴閱讀手冊」、「你可以參與的學校各項閱讀策略與活動手冊」，讓學童在進入小學之後能在師長

的引導下，開始閱讀活動，此活動可以搭配國小一年級新生親師座談會；同時經費許可的情況下，閱讀包中可贈送一本適合全體一年級新生合適閱讀的書籍」，以鼓勵學生閱讀，亦可借重於教育部「閱讀起步走」的經費。

三、形塑學校閱讀藍圖，訂定全校閱讀推動計畫

　　閱讀是學習的基礎，而推動閱讀更是學校必要的學習活動之一，因此，此一基礎活動的推動，絕不是想到哪裡做到哪裡的活動課程，學校欲有效地推動閱讀工作，應先就學校的各項特性，進行SWOT分析，瞭解各自學校的優劣勢、機會和威脅點，與全校教師共同形塑學校閱讀藍圖與可行的推動策略，此種由下而上的方式，一方面可集結眾人的智慧，另一方面較能引起教師的共識與對未來推動工作的支持，增加閱讀推動計畫的可行性。

四、營造優質閱讀環境、e化空間與數位閱讀情境

　　(一) 建置樂活與豐富的圖書館環境，打造舒適自在的閱讀氛圍

　　在推動閱讀的同時，學校應致力於營造優良的閱讀環境。舒適的閱覽空間可以讓師生都願意進入圖書館閱讀，圖書館除了依書籍分類號編排上架與閱讀區規劃外，更可以規劃書籍排行榜、新書展示區與主題書展區，新書展示區可展示新進圖書；主題書展區可根據節慶、社會議題、與暢銷電影排行相關、時事相關等議題，定期推出不同主題的書籍展示，以吸引學生進入圖書館；再者，圖書館內亦可以設置心得寫作、小論文成果區，展示優良心得與學生針對主題所撰寫的小論文。在閱覽空間與桌椅的設計上也可以有所改變，設計個人閱讀區，沙發區、視聽區、電腦查閱區等吸引學生的舒適空間。在家具的選擇上也可有不同的創意，例如：具有童話般創意的造型閱讀書架與桌椅，再加上綠化的閱讀環境，必能使學生更樂意停留於圖書館內。

　　(二) 建置e化圖書系統與數位閱讀情境

　　在有限的經費下，建立簡易的校內圖書館e化圖書系統，提供線上

書目查詢、借閱紀錄查詢、各班級書籍書目、新書及好書推薦、閱讀排行上榜同學……等，透過網路資訊改變學生的閱讀習慣。雖然學生可以到社區圖書館借書，但是校內圖書館仍是學生就近方便借書與閱讀的地點，因此，簡易的校內圖書館e化圖書系統確有其必要。同時透過e化系統也可以快速瞭解學生的借閱率與班級借閱率等資料。此外，有鑑於數位閱讀已漸漸形成趨勢，因此學校在經費允許的情況下，可購買電子白板與電子書，供學生借閱。

(三) 設置各類校園閱讀角，處處可閱讀，轉角有書讀

1. 班級閱讀角

在班級中，各班可以建立「班級閱讀角」或「班級悅讀學習角」等，讓孩子善用零碎時間輕鬆享受閱讀，並建置「班級同學提供圖書清冊」及「班級圖書借閱登記表」，使學生可以從班級中借閱圖書回家閱讀，此外，班級圖書可以定期與他班圖書交換閱讀，擴大學生閱讀視野。

2. 校園閱讀空間

除班級外，學校中也可以在校園中建立各學習領域閱讀角、利用校舍畸零空間，擺設領域圖書，或是建置簡易電視牆，在下課時播放與學習有關的短片，透過視聽媒體，引導學生探索新知；或者邀請閱讀排行榜中，善閱讀的學生錄製「好書介紹短片」，從學生的觀點來推薦好書，更可激發同儕閱讀的動機，同時也給喜好閱讀的孩子表現的機會。此外，文化走廊、文化藝廊都是展示作品、佳文、好書介紹的優良場所，而家長接送區也可剪貼好文共賞，營造親師生共同閱讀的氛圍。透過上述的方式，來達到處處可閱讀的優質的校園閱讀環境。

(四) 成立愛書部落格或臉書

e世代學生對網路社群的使用頻繁，學校可善用網路社群的功能，例如：部落格、臉書的管道，來上傳一些有關閱讀的活動訊息，也可隨時在臉書上報導有關書籍的相關訊息，並可以利用臉書連結來舉辦各項競賽與投票等相關活動。此外，學生也可在臉書上互相分享閱讀的心得，不必長篇大論，學生只需寫出看新書的一些想法，這種方式相較於

將閱讀心得張貼在學校校園中，讓學生互相觀摩學習的方式要來得直接而且即時，其優點便是互動性高。再者，有些學生對於閱讀並非不喜歡，然而要學生長篇大論的撰寫閱讀心得可就是件難事了，因此在社群網路中發表一下小小的心得，對學生來說，相對簡易得多，也更有意願回應。當然，這樣的作法除可在圖書館的網頁或facebook社群進行，班級導師也可以在自己的班級網頁或臉書上推動，並給予有回應的學生獎勵，以推動閱讀的風氣。

(五) 愛書小志工於圖書館服務

學校可以招募愛書小志工，於下課時前往圖書館輪值，其工作便是協助同學尋找書籍，提供相關的閱讀服務諮詢，每位小志工每學期僅須服務一到三個小時，一方面可以增加學生對學校閱讀服務的向心力，另外一方面藉由學生服務學生將可以更貼近學生的學習，也可以使學生更願意親近圖書館，小志工也能感到為校服務的榮譽感。

五、辦理各項閱讀相關活動，提高閱讀風氣

有了良好的閱讀環境尚無法打造閱讀風氣，需辦理與推動各項閱讀活動，才能推動全校性的閱讀。以下筆者列舉學校中可推動之各項閱讀活動，以供參考：

(一) 教師鼓勵學生借閱圖書，進行閱讀認證或登入閱讀存摺，定期獎勵學生閱讀表現：班級導師是推動閱讀的重要推手，因此學校要推動閱讀，班級導師將扮演重要的角色，若導師能於平常多鼓勵學生借閱圖書，並參加學校閱讀認證，將可以使閱讀風氣更加興盛。認證可以分成不同等級，等級可以區分為入門、基礎、挑戰、進階、高手、專家等不同的等級；當然也可以訂定有趣的名稱來區分不同的等級。學生透過閱讀不同類型書籍，可以擴增學習的廣度，也可以設計閱讀不同深度的書籍可得到各種不同程度積分，鼓勵學生挑戰較深程度的書籍，藉以提升學習的深度。如果閱讀認證系統可以搭配e化的系統，將可以設計若干線上題目測驗學生，以確認學生對該本書的閱讀

理解程度，這既是一種即時性閱讀成效的檢核，也可以在e化數位系統上記錄孩子的閱讀成長歷程，並根據其閱讀的成效與歷程給予不同的獎勵。

(二) 班級共讀，晨讀10-15分鐘：晨讀10分鐘在美國、日本、韓國也有推動的經驗，在國內已有多位學者專家提倡晨間閱讀，而國內中小學也有許多學校推動晨讀10分鐘，一日之際在於晨，學生若能在早晨養成閱讀的習慣，即使只有10分鐘，也有助於養成學生每日閱讀的習慣。

(三) 短文分享：無論是圖書館、班級導師，或是各學習領域的授課教師都可以將其相關領域的文章在課堂上與學生分享，或者張貼於學校文化走廊、圖書館短文分享區或是臉書上，讓學生在不知不覺中被文學包圍，習慣文字的閱讀。

(四) 好書票選：圖書館可以於每月進行好書票選活動，由全校師生共同投票，票選出好書排行榜，並可以拍攝「好書推薦小短片」，讓學校教師、同學入鏡推薦好書，並在圖書館的公共空間以電視播放，或者於學生朝會時讓學生上臺分享好書內容。

(五) 月讀‧悅讀與閱讀：圖書館可以訂出每月一圖書，讓親師生共同來讀一本書，再利用彈性時間，中午吃飯時間等零碎的時間，讓學生一起共同來討論讀月圖書的心得。

(六) 主題閱讀：學校可以定期辦理主題圖書季或主題圖書月等，例如：「品德教育」、「生命教育」、「科普閱讀」、「動物奇觀」、「雪的傳奇」……等主題，在主題閱讀中，學校圖書館可以展示同一主題的相關書籍，供學生借閱與館內閱讀，讓學生透過對主題的閱讀，瞭解主題內容。

(七) 推動小組讀書會、班級讀書會或舉辦閱讀下午茶會：學校或班級內部可以安排每週一節、或每月一到兩節閱讀時間，讓學生組成小組讀書會，圖書館可以提供不同的書單與書籍，讓學生事先閱讀，而該週決定閱讀同一本書的學生，可以於小組讀書會時間，互相討論對於這本書的看法。另外，圖書館也可以於每週某一日舉辦下午茶會，讓學生在下午茶的氣氛中閱讀。學

生可採預約制，點心可請全校師生、家長共同贊助，目的在讓學生感受無壓力輕鬆的閱讀感受，從而愈來愈喜歡閱讀。

(八) 建立圖書館課後聊書陪伴（課後志工陪伴閱讀）、志工入班導讀制度：對許多不知道如何開始閱讀的學生，學校應該設有輔導的機制，例如：可以在放學後讓志工家長到圖書館輪值，進行課後聊書陪伴活動，對於不知道如何開始閱讀的學生，透過志工家長的導讀與輔導，將可以幫助其提升閱讀的興趣與學習閱讀的方法。此外，亦可以安排志工於晨光時間入班導讀，或者說故事。

(九) 讓圖書去旅行，定期辦理圖書交換與捐贈活動，增加好書的閱讀循環：透過定期辦理圖書交換與捐贈活動，引入外部企業資源進行贈書，另外也可以跨校進行圖書交換，透過二手書籍的環保流通，將可以讓好書巡迴各地。

(十) 配合「行動書箱」送至各班：「行動書箱」可以班級為單位辦理借閱，借出的書籍放置於專屬箱子。學校可以設計「共讀書箱」鼓勵全班一起閱讀與共同討論，另外也可設計「主題書箱」做課程的延伸閱讀。

(十一)辦理「與作家有約」活動：透過與作家有約的活動，學校可以先預告作家及其書籍，以增加學生閱讀的動機，並可藉由作家的分享及帶領，增進學生對書籍之認知或對作家的瞭解。更可搭配該活動，請學生撰寫與作家會面的心得或自訂題目撰寫心得，並且選拔優秀心得進行分享；同時也可讓學生帶作者書籍讓作者簽名。

(十二)組成故事媽媽團隊：學校可以善用社會中相關基金會所組成的故事媽媽團隊，例如：彩虹媽媽說故事、社團法人高雄市故事媽媽協會等故事媽媽的資源，進入校園為學生說故事，當然學校中也可以自己組成故事媽媽團隊，定期在圖書館中說故事，或者進入班級中為學生說故事。

(十三)推廣家庭親子共讀計畫：親子共讀是家庭成員陪伴孩子共同在閱讀世界成長的有效活動，然而親子共讀在今日繁忙的工

商社會中，確實有其推動的難度。因此學校如果要推動親子共讀計畫，應該先為家長與學生進行閱讀親職講座，可以家庭為單位，讓家長瞭解親子間如何共讀，如何反思與做閱讀紀錄及心得，如何尋找適合親子共讀的書籍等。學校可以製作「閱讀筆記學習單」，由學生與家人共同完成，交回後可以得到學校的閱讀積分。

(十四)辦理各項徵文活動、有獎徵答、猜謎活動、繪本製作、電子書製作、角色扮演、戲劇表演、拍攝微電影等多元化讀後心得活動。

1.定期舉辦各項徵文活動、猜謎活動有獎徵答，吸引學生閱讀。在有獎徵答的活動上，除了可以提出書本中的重點作為題目來進行有獎徵答外，也可以將書中的一角、書中的封面一角作為猜測的題目，這種趣味性的有獎徵答更可以讓學生有興趣參與。

2.說書、演書、做書，鼓勵學生製作繪本、電子書、角色扮演、戲劇表演或是拍攝微電影等多元方式來表現讀後心得，配合學生多元智慧能力的展現，讓閱讀表現不再只有心得寫作一途，對於排斥寫作心得的學生來說，多元的讀後心得展現，使其不再覺得閱讀是件麻煩的事。如此一來，對於文學性高寫作能力強的學生，可以鼓勵其根據書籍進行模仿寫作，或者是獨立創作文學作品的智性活動，另外，也可辦理另類讀後心得發表；對於喜歡製作小書的學生，可以參加閱讀小書創作展；而對於喜歡繪畫的學生，可以對書籍進行讀後聯想，自由聯想發展續集，或將文本改成漫畫或繪本，來表現自己的創意。另外，也可舉辦「閱讀紀錄片」評選，或舉辦閱讀微電影評選，讓讀者發揮其創意來表達其閱讀歷程或感想。

(十五)延伸家庭的閱讀：除了學生閱讀外，學校亦可以辦理家長閱讀研習，親子共讀講座，辦理家長閱讀社群與親師生共讀活動。

(十六)培訓說書故事人：學校可以辦理學生說書故事人培訓、志工爸媽說書培訓，培訓之後可以定時到各班說故事。一方面可以讓學生有讀後能力表現的機會，另外一方面也可以培養學生閱讀後的反思活動。

六、辦理各項閱讀競賽

除了辦理各項活動外，辦理各項與閱讀相關的競賽，也是激勵學生閱讀的良好方式，例如：（網路）讀書心得競賽、閱冠王或閱讀博士選拔、借閱排行榜表揚、主題書蟲獎、線上即時閱讀競賽、心得競賽票選活動或讀後抽獎活動等，都是有助於閱讀風氣提升的方式。

七、創造教師閱讀風氣與組成教師閱讀社群

教師以身作則閱讀，對於校園內閱讀氛圍的建立有相當的幫助，因此如何創造教師閱讀風氣與氛圍則成為學校必須要努力的方向之一。學校可以組成閱讀讀書會或是教師閱讀社群，如閱讀行政、導師、各領域、閱讀策略教學社群等，透過每月一書的活動，讓教師在教學之餘，也能夠參與校園閱讀活動。至於閱讀的書籍，除了一般性的廣泛閱讀之外，亦可以挑選合適的領域來閱讀，以增進教師的領域專業知識；除此之外，與教學心理學、教學新趨勢與教育潮流、閱讀理解等有關的書籍都可以列入教師閱讀的好書清單中。教師透過閱讀社群聚會與共同討論、可以對自己的教學專業有更深入的瞭解，進而改變與創新教學的方式。

八、辦理研習或工作坊提升教師閱讀理解教學能力與促進閱讀課程與教學的創新

學生大部分的時間都在班級中，班級內的互動與教學活動是提升學生閱讀能力的最直接管道，因此，除了校方與圖書館共同推動各項閱讀活動與競賽外，教師的閱讀教學活動，更是直接提升學生閱讀理解能力的方法。因此，學校除了培養學生主動閱讀與思考的習慣外，同時也應該辦理教師閱讀教學、閱讀寫作指導、閱讀教案設計研習與工作坊

等，並鼓勵教師產出自編閱讀教材，相互觀摩閱讀指導課。此外，亦可培訓校內閱讀種子教師，協助閱讀工作的推動也可以針對閱讀能力弱的學生，提供每週二次，每次20-30分鐘的閱讀指導；同時，學校教務處可辦理閱讀教學分享會，讓教師分享所設計教案與閱讀教學經驗。

九、鼓勵教師運用批判思考教學與閱讀理解教學模式於課堂中

在班級進行創新的閱讀教學活動是提高學生閱讀理解能力的最佳方式。因此，除了上述所提到的晨光共讀外，教師可搭配課程內容設計多元閱讀課程，結合各領域內容，從知識面引導到態度、價值觀的建立。例如：藉由批判思考教學，讓學生對於知識的內容加以省思，透過相互教學法提升學生閱讀理解能力，以下略述兩種方式在班級教學上的應用。

(一) 使用批判思考教學模式增進學生對文本內容的省思

白雲霞（2010）曾引用Paul & Elder（2006）批判思考教學模式提出批判思考教學的示例流程：

1. 探詢與定義

在此階段，教師可以讓學生共同探詢文本的內容，文本的理念、文本的中心主旨及目的與作者的看法等。

2. 解釋證據與分析

在此階段當中，教師可請學生共同討論找出文本中所提出的看法是什麼？中心思想為何？作者又提供了哪些證據、事實經驗來支持上述的看法與中心思想？文本當中是否有前後矛盾之處？其一致性為何？文本當中是否有出現不同的意見、偏見或與事實不一致的陳述。

3. 假設與推論

此階段教師可以引導學生去瞭解自己在文本的閱讀當中，「自己一直認為理所當然的是什麼？」、「是什麼原因讓自己這樣子想？」、「文本當中有沒有什麼其他的想法是我沒有注意到的？」、「如果結局真的如作者所說，會有什麼樣的正面跟負面的影響呢？」、「作者為什麼要這樣子寫呢？」、「作者在寫這本書的時候，心裡有哪些基本假設

呢？」、「如果是你，你會讓結局成為什麼樣子呢？」、「這樣的結局好嗎？有其他的可能性嗎？」等等。

4. 鑑賞與評鑑

關於上述等問題，教師可以讓學生分組討論，並且設定另外一組或其他組為評鑑／鑑賞組，讓評鑑組針對發表組的陳述來評分或講評。

5. 歸納結論

教師可以在最後引導學生說出對該本書的結論。

(二) 運用相互教學法提升學生閱讀理解能力

相互教學法是一種常用於課堂上以協助學生提升閱讀理解能力的教學模式。相互教學法（reciprocal teaching）為Palincsar & Brown（1984）為提升學生的閱讀理解能力所發展的教學策略，其建基於Vygotsky的近側發展區以及「專家鷹架」（expert scaffolding）概念，強調由教師和同儕輪流擔任教師角色，師生間透過對話（dialogue）的互動方式，共同建構文章的意義。相互教學法具有兩大特點：其一為指導學生閱讀理解的策略，使學生習得能夠促進理解的策略，其二則是引進互動式的教學型態，意即以師生對話模式來進行學習。根據國內外相關研究結果（Palincsar & Brown, 1984; Palincsar, 1987; France & Eckart, 1992; Lederer, 2000；李新鄉、黃秀文、黃瓊儀，1997；李姿德、林芃娟，2003），皆發現相互教學法能有效提升一般生或低閱讀能力生的閱讀理解能力。

相互教學法包含了預測（predicting）、提問（questioning）、摘要（summarizing）和澄清（clarifying）四項閱讀理解的策略，每種策略皆有其特殊功能，以下分述之：

1. 預測策略（predicting）

在閱讀前，教師指導學生針對標題、圖示或前段內容來預測可能的內容。Afflerbach與Walker（1990）指出預測策略可使用於閱讀時或之前，預期文章的意義與連結先備知識與文章內容，並對先前的預測進行修正。

2. 提問策略（questioning）

教師請學生在閱讀內容後，針對內容提出相關問題，進行自我辯答。學生可藉由發問策略的運用，將焦點集中於文章內容中，並自行進行文章內容的整合，且學生可透過自問自答來進行有效的理解監控。

3. 摘要策略（summarizing）

指導學生如何確認與陳述段落或全文內容的重要概念。李新鄉、黃秀文、黃瓊儀（1997）指出摘要策略使學生瞭解自己理解文章的程度，更能自己監控及回憶理解的歷程。

4. 澄清策略（clarifying）

教師針對文章中較難理解的部分，指導學生運用如重頭閱讀、對照前後文等方式，來協助自己監控理解過程。

十、跨校閱讀活動

建立知識支援體系，學校可以向縣市國語文輔導團申請蒞校指導或與其他閱讀績優學校進行交流活動，共同辦理與閱讀相關的活動，組成閱讀學習共同體，改變孤軍奮戰的方式，以群策群力、學習共同體的方式來快速提升閱讀績效。

伍　結論

笛卡爾曾說：「讀一本好書，就是和許多高尚的人談話」，我們需要增加智慧，而花些時間閱讀是增加智慧的最佳途徑；然而閱讀不僅僅只有讀，在閱讀的時候我們仍然需要思考，就如同著名的作家伏爾泰也曾提到：「書讀的愈多而不假思索，你就會覺得你知道得很多；但當你讀書而思考愈多的時候，你就會清楚地看到你知道得很少」；因此，學校不僅僅要幫助學生增加閱讀的機會，進入廣泛閱讀的書海中，養成學生經常閱讀的習慣，使其在未來的人生中透過閱讀來終身學習。更重要的是要引導學生從閱讀當中思考，不論是對知識或文本的內容與技能、作者寫作方式、篇章法與修辭與寫作心態的思考，或是對人生意義、態度與價值觀的反思，或是透過閱讀與反思增加自己批判思考的能力。以上種種，目的在於讓閱讀不僅僅是閱讀，而是讓閱讀者能從閱讀

當中反思，以進行深度學習，並期使每個人在生命成長的旅途上以閱讀陪伴，從閱讀中解答困惑，進而從閱讀到悅讀。

參考文獻

(一) 中文部分

天下雜誌編輯部（2002）。**閱讀：新一代知識革命**。天下雜誌，263。

天下編輯（2008）。**閱讀，動起來——借鏡國際成功經驗‧看見孩子微笑閱讀**。天下雜誌教育基金會。

王錫璋（2001）。「BRW——寢前閱讀週」。**全國新書資訊月刊**，27，14-15。

白雲霞（2010）。以班級經營案例分析培養國小師資生批判思考能力之研究。**國民教育學報**，7，1-33。

江子隆、賴玲玲（2012）。美國公共圖書館電子書閱讀器借閱政策初探。**臺北市立圖書館館訊**，29(3)，56-74。

李姿德、林芃娟（2003）。交互教學法對增進聽覺障礙學生閱讀理解能力之研究。**國立臺南師範學院特殊教育學系特殊教育與復健學報**，11，127-152

李新鄉、黃秀文、黃瓊儀（1997）。相互教學法對國小六年級學童閱讀能力、後設認知能力與閱讀態度之影響。**嘉義院師學報**，11，89-118。

何琦瑜（2007）。從閱讀到寫作——中小學現況大調查。**教出寫作力2007親子天下專刊**，138-151。

何琦瑜（2011）。23縣市大評比——從閱讀看政績。天下雜誌電子報2011年四月28日，取自http://www.cw.com.tw/article/article.action?id=5009270。

吳怡靜（2009）。英國如何讓學生樂在閱讀。**親子天下**，4，32-35。

吳清基（2010）。推動臺灣的閱讀教育——全民來閱讀。**研考雙月刊**，34(1)，62-66。

李佩芬（2011）。晨讀十分鐘種子學校綜合報導：25招，克服晨讀瓶頸。**親子天下雜誌**，21，108-111。

幸曼玲（2008）。閱讀的心理歷程與閱讀教學。**教師天地**，154，4-8。

房思平（1999）。卓越閱讀法案。**美國教育新知選輯**，3，30-31。

林天祐（2000）。「研究本位」的決策：美國國會「全國閱讀研究小組」研究報告的啓示。**課程與教學通訊**，3，15-16。

林巧敏（2009）。推動國中小學童數位閱讀計畫之探討。**臺灣圖書館管理季刊**，5(2)，49-67。

施宜煌（2013）。從PISA評量閱讀素養情形省思臺灣國民中小學閱讀教育推展的問題。**新北市教育**，6，67-71。

張佳琳（2010）。美國閱讀教育政策發展之探究，**教育資料與研究雙月刊**，93，183-216。

張明輝（2000）。美國中小學課後輔導計畫及其啓示。**學校行政雙月刊**，5，123-134。

教育部（2008）。「悅讀101」教育部國民中小學提升閱讀計畫。臺北市：教育部。

教育部（2013）。**教育部102年度施政目標與重點**。2014年4月20日，取自http://www.edu.tw/

教育部（2014）。**教育部103年度施政目標與重點**。2014年4月20日，取自http://www.edu.tw/

教育部電子報（2012）。英國教育部藉由舉辦閱讀競賽等措施提升學童閱讀能力。**教育部電子報**，449，2014年5月1日，取自http://epaper.edu.tw/windows.aspx?windows_sn=9426

陳麗君、林麗娟（2014）。臺灣公共圖書館推動「閱讀起步走」計畫之調查研究。**圖書與資訊學刊**，6(2)，51-72。

陳明印（2002）。美國2001年初等及中等教育修正法案之分析。**教育研究資訊**，10(1)，205-228。

曾淑賢（2006）。臺北市如何推動城市閱讀風氣。**全國新書資訊月刊**，95(4)，4-8。

黃美珠（2001）。美國兒童閱讀政策及暑期閱讀運動。文教新潮，6(4)，8-11。

黃雯玲與陳麗君（2012）。閱讀扎根夢想成眞：從閱讀植根成果探討公共圖書館閱讀推廣策略。**臺北市立圖書館館訊**，30，2，41-56。

楊巧玲（2007）。美國教育政策的發展及其啓示：沒有任何孩子落後。**教育資料集**

刊，36，153-170。

齊若蘭（2003）。打造讀書人的國度——英國閱讀運動。載於圖書館與閱讀運動研討會論文集，13-18。臺北市：國家圖書館。

劉慶仁（1997）。美國教育部教育改革總體計畫。教育資料與研究，19，53-57。

諶亦聰（2013）。談臺北市推動國小深耕閱讀——從量到質的過程，從點到面的延伸。教師天地，187，35-37。

(二) 英文部分

Adler, M. (1999). *The america reads challenge: An analysis of college students' tutoring.* center for the improvement of early reading achievement. University of Michigan School of Education.

Afflerbach, P., & Walker, B. (1990). Prediction in basal readers. Reading Reasearch and Instruction, 29(4), 26-45.

Attenborough, L. (2002). The national year of reading in the united kingdom. *New Review of Children's Literature and Librarianship, 6,* 103-113.

Afterschool Alliance (2014). *21st century community learning centers federal afterschool initiative.* Retrieved April, 30, 2014, from http://www.afterschoolalliance.org/policy21stcclc.cfm

Clark, C. & Akerman, R. (2008). *Being a reader: The relationship with gender.* London: National Literacy Trust.

Clark, C., Osborne, S., & Dugdale G. (2009). *Reaching out with role models.* Retrieved April. 15, 2014, from http://www.literacytrust.org.uk/assets/0000/0403/Role_models_2009.pdf

Clark, C. and Douglas, J. (2011). *Young people's reading and writing. An in-depth study focusing on enjoyment, behaviour, attitudes and attainment.* Retrieved April. 15, 2014, from http://files.eric.ed.gov/fulltext/ED521656.pdf

Corporation for National Service (1997). *America reads: Principles and key components for high quality America reads.* NY: Corporation for National Service.

Donahue, P. L., Voelkl, K. E., Campbell, J. R. & Mazzeo, J. (1999). *NAEP 1998 reading report card for the nation and the states.* Retrieved May, 5, 2014 from http://nces. ed.gov/nationsreportcard/pubs/main1998/1999500.asp

France, S. M., & Eckart, J. A. (1992). *The effects of reciprocal teaching on comprehension.* (ERIC Document Reproduction Service No. 350572).

Lederer, J. M. (2000). Reciprocal teaching of social studies in inclusive elementary-classrooms. *Journal of learning disabilities, 33*(1), 91-106.

Lewisham Council (2009). *Bookstart annual report 2008-09.* Retrieved April, 20, 2015 from http://www.lewisham.gov.uk/myservices/libraries/children/Documents/Lewisham-BookstartAnnualReport200809.pdf

Mullis, I. V. S., Martin, M. O., Foy, P., & Drucker, K. T. (2012). *PIRLS 2011 international results in reading.* Chestnut Hill, MA: TIMSS & PIRLS International Study Center, Boston College. Retrieved April, 30, 2014 from http://timssandpirls.bc.edu/pirls2011/downloads/P11_IR_FullBook.pdf

NAEP (2013). *What level of knowledge and skills have the nation's students achieved?* Retrieved May, 5, 2014 from http://nationsreportcard.gov/reading_math_2013/#/what-knowledge

National Institute of Child Health and Human Development (2015). *National Reading Panel.* Retrieved April, 30, 2014, from http://www.nichd.nih.gov/research/supported/Pages/nrp.aspx/

National Literacy Trust (2015). *National Year of Reading 1998–1999 and 2008.* 2015/04/05 Retrieve from http://www.literacytrust.org.uk/resources/practical_resources_info/751_national_year_of_reading_1998_1999_and_2008

National Reading Panel (2000). Teaching children to read: An evidence-based assessment of the scientific research literature on reading and its implications for reading instruction. Retrieved April, 20, 2014 from http://www.nichd.nih.gov/publications/pubs/nrp/documents/report.pdf

Palincsar, A. S. (1987, April). *Collaborating for collaborative learning of text comprehension.* Paper presented at the annual meeting of the American Educational Research Association, Washington, DC.

Palincsar, A. S., & Brown, A. L. (1984). Reciprocal teaching of comprehension-fostering and comprehension-monitoring activities. *Cognition and Instruction, 1*(2), 117-175.

Paul, R. W. & Elder, L. (2006). *Critical thinking: Tools for taking charge of your learning and your life.* Indiana: Prentice Hall.

Song, M. & Young, T.V. (2008). *Reading: Policy, politics and processes.* Charlotte, NC: Information Age.

U.S. Department of Education (1999). *Bringing education to after-school programs.* Retrieved April, 30, 2014, from http://www2.ed.gov/pubs/After_School_Programs/Reading_Programs.html

USDE (1997a). *America read challenge.* Washington, DC: Author. Retrieved April, 30, 2014, from http://www.kidsource.com/kidsource/content3/Read_Write_Now/index.html

USDE (1999). *Reading Excellence Act.* Retrieved April, 30, 2015, http://www2.ed.gov/pubs/promisinginitiatives/rea.html

問題與討論

一、借鏡於不同國家的閱讀推動策略，國內還可以有什麼推動閱讀之可行
　　作法？

二、在學校推動閱讀的策略中，除了本文所提出的策略外，還可以有哪些
　　創新的作法？

三、民間企業或基金會還可以結合學校或社區推動哪些閱讀工作？

第十三章

美國夥伴關係學校全國網絡（NNPS）對我國學校經營之啓示

鄭來長

壹 前言

　　學校、家庭與社區關係密切,三者若能建立良好的互動與合作關係,則彼此各蒙其利,最終使學生能接受最好的教育。各國進行教育改革時,莫不將學校、家長與社區夥伴關係之建立納入推動策略之一環。以美國而言,親師協會(PTA)自1897年即已成立,許多學校改革措施都少不了家長與社區的參與和支持,以2001年通過的NCLB法案而言,亦強調學校、家長及社區合作的重要,許多聯邦、州與地方教育改革方案也指出學校必須主動積極的讓家長與社區能參與學生的學習,甚多研究亦顯示家長與社區的參與影響學生學習成就與學校辦學的成效,家庭與社區被視為重要的資源,學校可以透過家庭與社區的積極參與,提供學生社會的、情感的與學業上的支持,繼而提升學校辦學成效(Mavis Sanders, Steven Sheldon, & Joyce Epstein, 2005)。

　　在家長參與學校教育方面,Rose等人的研究顯示,有86%的一般民眾認為來自家長的支持是改進學校教育成效最有效的方式,同時,缺乏父母的參與是公立學校所面對的最大問題(Rose, Gallup, & Elam, 1997)。美國親師協會(PTA)經過數十年的研究指出,父母參與孩子在校的學習具有下列效果:1.可獲得較高的學習評等與測驗分數;2.提高上課出席率;3.提高學習動機與自尊;4.降低輟學率;5.減少毒品與酒精的使用;以及6.更少的暴力行為案例。Welberg檢視29個有關家長參與學校教育方案的研究發現,家庭參與學校教育對學生學習成功的預測力二倍於家庭社經地位,更緊密的家庭參與學校教育之效果十倍於其他因素(Michigan Department of Education, 2001)。Cotton等人研究發現,家長愈是緊密參與學校教育,孩子的學習成就愈高。Williams與Chavkin(1989)的研究也發現,父母愈是參與學校教育,而且持續性參與——支持學校、參與學校之決定與擔任監督者、募款者、援助者、志工、準專業人員、家庭教師等角色——那麼學生的學習成就就會愈高(Michigan Department of Education, 2001)。Epstein等人的研究也發現,家長參與學校教育是增進學生學習成就與人格發展最主要的因素之一(Epstein, et al., 1992)。更有學者的研究指出,家長參與程

度愈高，除了學生的學業成就愈高外（Henderson, 1987, Keith, et al., 1993），孩子的社會適應能力也愈強（Christianson, Rounds, & Gourney, 1992），而且可以減低孩子問題行爲的發生（Trusty, 1996）。可見家長參與學校教育的重要性。國內學者林明地亦指出，家庭對孩子教育的影響力並不亞於學校與教師；家長參與可以化解教育改革過程中來自家長的阻力，可以讓教育改革的資源更豐富，並且獲得更多的社會支持；家長參與是建構有效能學校的必備特徵；家長參與是教育系統（尤其是學校組織）持續生存的有效策略；而且，家長參與可同時爲學生、家長及學校帶來積極正向的教育效果，因此，應該鼓勵家長參與，並善用社區資源，以建立良好的學校—社區—家庭關係（林明地，1999）。

　　在學校與社區合作方面，Epstein（2011）指出，即使學校位於社區之內，卻可能陌生地遠離社區內的企業、機關（構）、歷史悠久的活動中心，以及潛在的可協助學校的團體與個人（Epstein, 2011）。Robert E. Kladifko（2013）也表示，學校與社區應進行組織化的溝通，以獲得更多社區民眾的支持，使學校的負面批評減至最少，學校校長與所有成員也應該知道社區優先關心的事項與價值，俾能獲得社區功能性的支持，一起把學生教育得更好（Robert E. Kladifko, 2013）。更有學者指出，「一所表現優良的學校需要社區大力的支持，社區的支持有利於傳達教育理念與進行教育活動，使學校獲得持續的發展」（Ubben, Hughes, & Norris, 2011, p.302）。又有一些學者表示，學校與社區夥伴關係建立在彼此信任與有效的人際溝通之上，彼此要透過領導（leadership）、信任（trust）、穩定（stability）、準備就緒（readiness）與持續超越（sustained outreach）才能獲得良好夥伴關係（Auerbach, 2011; Epstein, Sanders, Sheldon, & Simon, 2005）。

　　就我國而言，早期學校多自外於社區，未能與社區相互聯結，學校教育活動也多避免家長參與，使學校成爲與家庭、社區脫節的封閉環境。但教改20多年來，隨著教育改革的開放性思考，家長已進入校園，甚至已進入教室協助教學。在政府法規裡，亦可看見家長已參與學校教育。例如：《教育基本法》第8條第3項規定：「國民教育階段

內，家長負有輔導子女之責任；並得為其子女之最佳福祉，依法律選擇受教育之方式、內容及參與學校教育事務之權利……。」同法第10條第2項亦規定學校的學生家長會與社區必須參與直轄市及縣（市）政府的教育審議委員會，成為該委員會之成員。《國民教育法》第9條規定家長必須參與校長遴選委員會，該委員會應有家長會代表參與，其比例不得少於五分之一。同法第10條第1項又規定家長必須參加國民中小學的校務會議，議決校務重大事項。其他相關法規亦規定家長必須參與學校相關事務，諸如參與學生申訴評議委員會、學生家長會、教師評審委員會、特殊教育學生鑑定輔導委員會、學校課程發展委員會……等，教育部更特別制定家長參與學校教育事務辦法。在各級政府推動教育事務、決定教育政策時，亦會邀請家長代表參與討論與決定，可見我國對於家長參與教育已持開放態度，相關法規已有相關規定。

　　研究學校—家庭—社區夥伴關係最為有名的學者為美國約翰霍普金斯大學研究社會學的教授Joyce J. L. Epstein，她自1980年代即開始著手家庭及社區參與學校教育的研究，經過數次的修正，1992年完成了六種建立學校—家庭—社區夥伴關係參與的型式（陳俞琪，民98）。後來又於1996年創建了「夥伴關係學校全國網絡」（National Network of Partnership Schools, NNPS）。該全國網絡之參與採會員制，服務範圍擴及學校、學區與州政府。成為會員者（尤其是學校），可獲得專業的輔助與經費支援，對於如何發展學校—家庭—社區夥伴關係，在該全國網絡裡，在理論基礎方面有所論述，在實際作法上亦有具體而明確的制度，殊可作為我國學校經營的參考。

　　本文將首先介紹Epstein所主張的學校、家庭與社區影響重疊圖（overlapping spheres of influence）理論模式，以瞭解學校、家庭與社區的動態關係，再針對她歷經多年發展而成的學校、家庭與社區夥伴關係主張以及其所建立的夥伴關係學校全國網絡作介紹，並提出筆者之建議，以供我國相關人員經營學校之參考。

貳　學校、家庭與社區的關係

　　關於學校、家庭與社區關係，美國約翰霍普金斯大學研究社會學的

教授Joyce J. L. Epstein提出了學校、家庭與社區影響重疊圓理論模式，此理論模式可分爲外部結構及內部結構二部分（Epstein, 2001）。以下加以說明。

一、外部結構模式

外部結構模式中包括三個圓，分別代表家庭、學校與社區，三者有部分重疊，有部分不重疊。重疊程度受到三個力量所控制：時間、家庭經驗以及學校經驗（見圖1）。圖1中的「力量A」代表學生、家庭與學校發展的時間與歷史線。時間係指個體與歷史的時間，即孩子的年齡、年級，以及孩子在學校期間的社會情況。起初這三個圖形是分立的，此時，孩子處於家庭之中，由家庭提供主要的教養責任，父母與教師在孩子的學習方面沒有直接的互動；漸漸的，在嬰兒期及幼兒期的早期，父母可從書本裡或各方面獲得教養嬰幼兒的知識，他們也有早期接受學校教育的經驗，更可能接收來自小兒科醫師、教育人員與其他重要人員的教養訊息，父母開始運用教養孩子與準備孩子接受學校教育的知

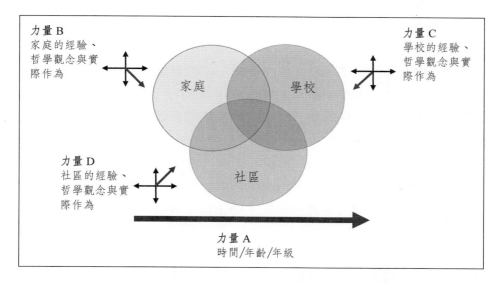

圖1　學校、家庭與社區在學生學習上的影響重疊圓理論模式——外部結構

（引自Epstein, 2001. p.28）

識，於是與學校教育漸漸有接觸，此時，代表家庭與學校的二個圓開始有某種程度的重疊。後來，孩子同時接觸了家庭、學校與社區，三個圓形就相互重疊如圖1了。

　　圖1是一個典型的或預期的樣式，依孩子的年齡、年級、孩子在校期間的歷史差異，其分離與重疊的情況會有所變化。就一般而言，在學前教育與小學教育階段的前期，三個圓的重疊部分比例最高，但要看不同的哲學觀點、政策、實務運作，以及家長、教師或兼含二者的壓力而定，也就是也要考慮到「力量B」與「力量C」而定。

　　「力量B」與「力量C」表示家庭與學校的組織與人員的經驗、哲學觀念與實際作為，此等因素一起推、拉代表家庭與學校的圓產生更多重疊或更為分離，也就是使其教育作為、互動與影響依時間之變動而重疊或分離。當父母維持或增加關心而且參與學校教育（力量B），就會產生家庭與學校二圓更多的重疊；當教師使家長參與更多教學實務（力量C），二圓之重疊部分也會增加。二圓重疊的「最大」情況發生於學校與家庭真正成為「夥伴」（partners），經常努力合作，而且清楚的、密切的溝通之時。然而，各個圓之間不可能達到「完全的重疊」，因為家庭與學校各自的功能有所不同，實務工作亦是各自有分別。

　　同一個家庭的孩子，在學年中面對不同的教師與課程，每一位不同的教師（力量C）與每一個家庭持續或增減參與（力量B），即會產生動態的家庭—學校關係型態，在各個圓之間的重疊與分離是不斷調整變化的。

　　同樣的，「力量D」代表社區的經驗、哲學觀念與實際作為，其與家庭、學校彼此之關係重疊與分離的情況，與家庭—學校關係的情況一樣，彼此更多的溝通、參與、合作，則彼此之重疊部分愈多，反之則愈呈現分離情況。

　　只有時間（力量A）因素或只增加孩子的年齡或年級，在父母未能增進協助孩子成長及可行作為的知識時，將無法單獨的使各個圓產生更多重疊或分離，必須加入力量B、力量C與力量D，才會產生重疊增減的動態現象。依據研究發現，一般在幼教階段與小學一年級時是重疊的

最高峰，自小學二、三年級起，有重疊漸減現象。然而，只要家庭與學校設法增加互動、合作與溝通，學校鼓勵家長參與學校教育，在小學高年級、初中階段，仍然可以有高重疊的現象。

二、內部結構模式

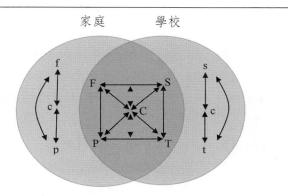

圖例：包括──機構內部的互動（非重疊部分）
　　　　　　　機構之間的互動（重疊部分）
f/F=family（家庭） c/C=child（孩子） s/S=school（學校） p/P=parent（父母） t/T=teacher（教師）
互動：包括「機構層級」（例如：所有家庭、孩子、教育人員與整個社區）與「個
　　　體層級」（例如：一位家長、孩子、教師、社區夥伴）

附註：在整個模式裡，內部機構擴展至社區：co/CO=Community（社區） a/A=Agent from
　　　community/business（社區/企業的代表）

圖2　學校、家庭與社區在學生學習上的影響重疊圓理論模式──內部結構
（引自Epstein, 2001. p.28）

　　圖2所顯示的是家庭與學校組織內與組織間的互相影響的型式（pattern），小寫字母代表組織內的相互影響，大寫字母表示組織間的相互影響。f/F代表family（家庭），c/C代表child（孩子），s/S代表school（學校），p/P代表parent（父母），t/T代表teacher（教師）。家庭之內的溝通互動包括父母、子女、其他親屬之間在家庭生活與個人關係上的溝通與互動；學校之內的溝通互動包括教師、校長、其他學校成員在形成學校政策、執行學校整體或個別活動計畫上的溝通與互動。家庭（F）與學校（S）、父母（P）與教師（T）之互動屬於兩個

組織（F與S）之間的溝通或個別成員之間的溝通（P與T）。

　　家庭（F）與學校（S）的連結係指在家庭成員與學校成員之間建立連結的關係，包括所有父母對學校政策提供意見、父母在子女教養與發展上參加學校所辦理的工作坊、父母擔任學校志工、家庭參加對學校有影響的活動（例如：PTO舉辦的活動、召開家長諮詢委員會、社區公民團體辦理的相關活動……）等等。這是屬於家庭與學校在組織層級的溝通與互動關係。

　　父母（P）與教師（T）的連結係指父母與教師關照特定孩子所進行的特定溝通，包括針對孩子的成長舉辦班親會議、父母在孩子的學業、社會關係或個人問題與需求上以家庭聯絡簿或打電話與教師溝通、教師對於在家如何幫助孩子學習方面給予父母建議等等。這是屬於家庭與學校在個人層級（P與T）的溝通與互動關係。

　　此模式中的雙向箭頭表示組織與個人彼此之間互動與影響的關係。孩子（c/C）處於此互動與影響模式的核心，孩子的福祉與興趣是父母與教師互動的理由。為了孩子，學校與家庭、教師與父母的互動，以及孩子對此模式中組織與個人彼此之間連結的瞭解與回應，會影響孩子的學業成就與社會發展。孩子會受到家庭、父母與其他家庭成員的影響，也會改變家庭、父母與其他家庭成員的行為；同時也會受學校與教師的影響，更會影響學校與教師的實際教育作為。總言之，就組織本身之內部而言，家庭（f）、父母（p）與孩子（c）之間會產生互動與相互影響，學校（s）、教師（t）與孩子（c）之間也會產生互動與相互影響；就組織之間而言，學校（S）、家庭（F）、父母（P）、教師（T）、孩子（C）兩兩之間也會發生互動與相互影響；家庭與學校互動與影響的結果，以及父母與教師互動與相互影響的結果之間亦會互相影響。一切互動與影響的核心是孩子（C）。

　　補充一提的是，社區內的機關、企業、重要人物、資源運用與所舉辦的活動等，亦會與家庭、學校、家庭與學校內部人員發生互動與交互影響，就教育層面而言，亦都以孩子的教育為核心。

參　NNPS介紹

一、對州、學區與學校三層級的服務

NNPS的創建與主其事者Joyce J. L. Epstein表示：「基於超過30年的研究家長／家庭參與及社區夥伴關係，NNPS的工具、工作指南以及行動小組的作法，可以爲國小、國中、高中所使用，以增進參與及改進學生的學習與發展。」（引自NNPS網站）建置NNPS最初的目的在協助學校發展學校層級的夥伴關係，後來始擴大爲協助學校、學區與州三個層級的教育人員發展綜合性與長久性的學校、家庭與社區夥伴關係的方案（Sanders & Epstein, 2000）。實際上，學校可單獨參與NNPS，亦可參與學區與州層級的方案。學區辦公室與州政府參與NNPS時，除了推動本身層級的夥伴關係方案之外，亦需促進與支持學校層級夥伴關係方案的發展，其辦理的事項諸如領導訓練工作坊、小額激勵性補助款以及年終慶祝活動等。學區也會與學校層級的「夥伴關係行動小組」（Action Team of Partnership, ATP）舉辦定期的會議，該行動小組負責學校層級夥伴關係方案的規劃、實施與評鑑（Epstein et al., 2002; Sanders, 1996）。該全國網絡與州、學區與學校層級連結之建立關係如圖3。

Lieberman和McLaughlin（1992）認爲，成功的專業發展網站必須具備四個特性：1.有清晰的焦點；2.舉辦各種專業發展的活動；3.網路成員之間能夠交流；4.有領導發展的機會。NNPS就如同其會員所獲得的服務與益處所證明的，確實擁有成功網路的品質（Mavis Sanders, Steven Sheldon, & Joyce L. Epstein, 2005）。

學校成爲NNPS會員後，整學年都能迅速而定期的獲得服務。學校會員付名義上的處理費用100美元即可加入該網絡，若學校將其全年進步與接受挑戰的資訊於年終時提供給NNPS，NNPS會退回該100美元，並同意學校在下一年度繼續成爲會員。NNPS運用其獲自官方或募款所得的研究與發展經費，補助會員資訊更新及相關必要的費用，這樣做的理由有二。首先，這反應了NNPS的哲學，也就是大學在引導與支持中小學的發展上，其研究與教育實務人員可以發揮一些作用，而且大學在

與中小學互動的過程中，本身也會獲得專業成長的回饋。其次，NNPS
使學校會員能運用有限的經費投資於校內成員的專業成長並辦理相關教
育活動，可以建構、維持學校－家庭－社區夥伴關係於不墜。

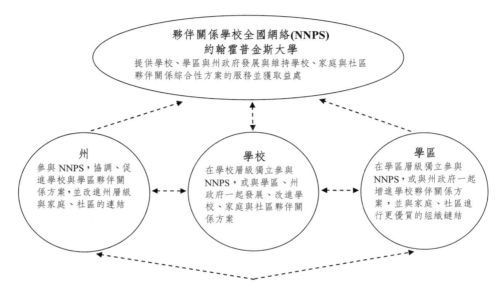

圖3　州、學區與學校如何連結到「夥伴關係學校全國網絡（NNPS）」
（引自 Mavis Sanders, Steven Sheldon, & Joyce L. Epstein, 2005. p.27）

　　加入成為NNPS會員後，每校會獲贈一本「學校、家庭與社區夥伴
關係：你的行動手冊」（School, Family and Community Partnership:
Your Handbook for Action），該手冊內容包括學校、學區與州層級建
構與增進夥伴關係方案必要的研究本位資訊與工具，會員也會收到會員
證書，這是表示他們要承擔學校－家庭－社區夥伴關係責任的象徵。另
外，NNPS會員會收到半年一期的時事通訊（newsletter），其內容強調
會員的成就、分享最近的研究成果，以及夥伴關係工作的輔導現況。會
員也會收到彙集自學校、學區與州會員優良表現的夥伴關係實際作為
年度集刊。此外，NNPS會員也會獲得網站人員透過電話、電子郵件通
知或直接上網查詢（www.partnershipschools.org）而獲得網站相關資
訊，以及會員的經驗分享與特別報導等（Mavis Sanders, Steven Shel-

don, & Joyce Epstein, 2005）。

　　會員也可參加由NNPS在馬里蘭州巴爾迪摩市半年舉辦一次的領導發展研討會，在該研討會上，學校、學區與州政府人員主要是接受NNPS六種參與型式與ATP執行方式的教學，也接受如何協助學校、學區與州政府使用、適應NNPS的研究本位結構、歷程與工具的輔導，俾能發展與改進各校的夥伴關係方案。此研討會是互動式的，是設計用以培育學校、地方、州與全國層級在學校—家庭—社區夥伴關係領導人（Mavis Sanders, Steven Sheldon, & Joyce Epstein, 2005）。

　　為了感謝NNPS的協助與支持，會員必須在年末提供該年度學校—家庭—社區夥伴關係在實施與結果影響因素方面的資訊。例如：會員必須配合運用NNPS已建置於網站的UPDATE問卷調查系統完成年度末的成果撰寫及意見調查，並上傳資料，以取得下一年度的會員身分；這項調查亦使NNPS得知會員在其夥伴關係工作上的進步情形與面對的挑戰，以及如何運用有效的服務來繼續改進對會員的支持。除了完成年度末的調查之外，NNPS的會員也會受邀參加年度研究工作，以檢視學校—家庭—社區夥伴關係活動對學生學習結果的效益（包括出席率、數學與閱讀成就，以及在校行為等）。實際上，NNPS對會員的要求、服務與益處方面所顯現的結果，均指出NNPS在增進教育人員專業發展效能方面，效果是相當顯著的（Mavis Sanders, Steven Sheldon, & Joyce Epstein, 2005）。

　　除前述對學校會員的服務外，NNPS提供給學區的服務事項，具體而言，主要有（NNPS, 2014）：

(一) 提供給學區辦公室一份「領導與成功── 學區領導與增進策略要則」（Lead and Succeed: An Inventory of District Leadership and Facilitation Strategies）。其內容包括「方向」與「目標」二部分。

(二) 提供給學區辦公室年度計畫參考樣式。該參考樣式內容包括：1.學區層級年度應辦理的活動；2.學區協助學校發展綜合性的、學校本位的、目標導向的方案。

(三) 提供學區的學校執行夥伴關係計畫參考步驟。

(四) 提供評鑑工具及評鑑實施方式。

(五) 學區層級夥伴關係優良案例獎項的頒發及優良故事的彙集。

(六) 協助辦理學區及學校領導人專業發展會議、工作坊等活動，促進相關人員的專業發展。

(七) 提供NNPS半年期的時事通訊（NNPS's semiannual newsletter）。

(八) 其他。

在州層級方面，NNPS提供的協助事項主要有（NNPS, 2014）：

(一) 提供一份「州的領導與成功——夥伴關係領導要則」（States Lead and Succeed: An Inventory for Leadership on Partnerships）。其內容包括「方向」與「策略」二部分。

(二) 提供州領導行動年度計畫參考樣式。其內容主要在州政府的領導與協助策略方面。

(三) 提供NNPS半年期的時事通訊（NNPS's semiannual newsletter）。

(四) 提供評鑑工具及評鑑實施方式。

(五) 辦理州層級夥伴關係優良案例獎項頒發的相關工作。

(六) 辦理州層級領導人專業發展會議、工作坊等活動，促進相關人員的專業發展。

(七) 其他。

另外，NNPS亦對一些組織，例如：家長訊息資源中心（Parent Information Resource Centers, PIRCs）、大學及其他組織在學校—家庭—社區夥伴關係之發展上提供協助（NNPS, 2014），在此不再敘述。最重要者在NNPS如何協助學校層級推動學校—家庭—社區夥伴關係。以下就NNPS如何協助學校發展學校—家庭—社區夥伴關係，以及如何對各層級的實施結果做評鑑加以說明。

二、學校層級的辦理方式

Epstein提出了學校、家庭與社區夥伴關係建立的六種型式（type），亦提出了學校執行的步驟及TIPS方案；另外，學校要如何成

爲NNPS的會員亦甚爲重要。以下分別說明之。

(一) 建立學校、家庭與社區夥伴關係之鑰——六種參與型式

Epstein所發展的學校、家庭與社區參與型式有下列六種（Epstein, 2001）：

1. 教養（parenting）：增進家庭教養子女的知能，家庭支持孩子扮演好學生角色的環境獲得改善，以及協助學校更深入瞭解家庭。

2. 溝通（communicating）：在學校推動教育方案以及促進學生學習進步方面，進行有效的「學校」與「家庭」雙向溝通。

3. 志工服務（volunteering）：把志工組織起來支持學校與學生，提供志工在任何場所、任何時間服務的機會。

4. 在家的學習參與（learning at home）：在家裡，家長參與孩子完成家庭作業，以及進行其他與課程有關的活動。

5. 參與決定（decision making）：包括參與學校重要的決定，以及培養家長領導人及代表人。

6. 與社區合作（collaborating with community）：爲學生、家庭與學校出面協調社區資源的統整與運用事項，以及進行社區服務。

以上每一種參與型式，Epstein均將其內涵、可行的實務作爲舉例、將面對的挑戰、執行上一些必須重新定義的事項，以及學生、家長及學校與教師應獲得的成果予以陳列出來。以下僅針對每一種參與型式列表進一步說明。

參與型式1：教養

項目	說明
家庭的基本責任	(1)負責孩子的居住、健康、營養、衣著與安全。 (2)熟知所有年齡層的教養知能。 (3)營造良好的家庭環境以支持孩子扮演好學生的角色。 (4)幫助學校瞭解孩子，以及提供家庭有關的資訊及活動給學校。

續表

項目	說明
實務作為舉例	(1)在孩子的每一年齡與年級，參與教養孩子與孩子發展有關的工作坊、觀看錄影帶、使用網路電話通訊。 (2)參與親職教育以及為家長準備的課程或訓練（例如：普通教育發展（GED）、家庭素養、學院辦理的訓練方案等）。 (3)參與家庭支持方案，協助家庭做好健康、營養、教養（包括衣服交換商店、食物合作商店、家長參與家長團體）方面的事務。 (4)協助家庭訪問方案或出席鄰里會議，以幫助家庭瞭解學校以及幫助學校瞭解家庭。 (5)每年做家庭調查，分享孩子們的目標、強項與特殊才能的訊息。
將面對的挑戰	(1)提供所有家庭主動要求或需要的訊息，不限於只提供給少數出席工作坊或到校參加會議的家長。 (2)使家庭能夠分享學校有關背景、文化、才能、目標與需求的訊息。
需再定義事項	「工作坊」不僅是在學校所辦理的會議，就某議題進行討論，而且亦是在合宜的時間與各種地點針對某些內容進行視、聽、讀。
學生的成果	(1)花在家務、家庭作業與其他活動的時間呈現均衡的結果。 (2)正常的出席。 (3)體認到學校教育的重要性。
家長的成果	(1)協助孩子在學校接受教育的相關教養工作有自信。 (2)具有孩子與成人發展方面的知識。
教師、學校的成果	(1)瞭解各個家庭的目標與孩子關心事項。 (2)尊重家庭的強項與努力。

參與型式2：溝通

項目	說明
學校的基本責任	(1)學校對家庭的溝通 　①備忘錄、通知、學生成績報告單、討論會、時事通訊、打電話、電腦化訊息。 　②學校的方案、測驗、學生進步資訊。 　③選擇學校或轉校、課程、方案或活動資訊。 (2)家庭對學校的溝通 　①問題與互動溝通的雙向管道。

續表

項目	說明
實務作為舉例	(1)至少一年一次每一位家長都參與討論會，需要時再舉行後續討論會。 (2)給有需要的家庭做語言翻譯（面對非以美語為母語的家庭時）。 (3)學生工作文書夾每週或每月送給家長檢閱與評述。 (4)家長與學生表現報告單之蒐集整理。 (5)運用通知、備忘錄、打電話或其他方式進行溝通。 (6)提供有效的時事通訊，包括問題、反應與建議的資訊。 (7)提供選擇學校，以及校內選擇課程、方案、活動的清晰資訊。 (8)提供學校所有的政策、方案、評鑑與變革的清晰資訊。 (9)每年對學生需要、家庭建議與對學校各方案反映意見的調查。
將面對的挑戰	(1)所有的備忘錄、通知，以及其他列印或不列印溝通事項能讓所有家庭清楚與瞭解。 (2)透過時事通訊、成績單以及討論會等溝通程序使家庭獲得改善，以及有關此等溝通方式的設計與內容的主張。
需再定義事項	關於「學校方案與學生進步情況」的溝通，不僅由學校對家庭進行溝通，也由家庭對學校、社區進行溝通。
學生的成果	(1)覺察到自己在學科與技能上有進步。 (2)行動的知識獲得維持或評等提高了。 (3)覺察到自己的角色是夥伴關係的信差與溝通者。
家長的成果	(1)學校的品質獲得較高的評等。 (2)支持孩子的進步，且能完整答覆適切的問題。 (3)容易與學校和教師互動與溝通。
教師、學校的成果	(1)具有清楚溝通的能力。 (2)能使用家長網路與所有家庭溝通。

參與型式3：志工服務

項目	說明
在／為學校的參與	(1)在學校或教室：協助行政人員、教師、學生或家長，擔任助手、導師、教練、講授者、青年社交聚會時在場的監護人，以及其他領導者。 (2)為學校或教室：在任何地方任何時間協助學校方案之推動與增進孩子的進步。 (3)當觀／聽眾：出席集會、討論會、運動會、表彰與頒獎典禮、慶典與其他活動。
實務作為舉例	(1)每年調查以確認擔任志工的興趣、才能與可服務範圍。 (2)為推動志工的工作、舉行相關會議及運用家庭資源而安排一間家長辦公室或家庭中心。 (3)建立班級家長、電話樹及其他相關資料，提供家庭所需要的聯絡訊息。 (4)家長承擔校園巡邏工作，增進校園安全。 (5)每年檢視修正為學生表現、遊戲與集會而安排之日程表，以鼓勵所有家庭出席日間與傍晚所舉辦的活動。
將面對的挑戰	廣泛的招募志工，並提供訓練與擬訂彈性的進程表，俾所有家庭知道他能參與的時間與可發揮的才能，並使家長感覺其參與是受歡迎的、有價值的。
需再定義事項	「志工」不僅意指學校日到校者，亦指以任何方式在任何時間支持學校辦學目標與孩子學習的人。
學生的成果	(1)由志工輔導或教學獲得知能的成長。 (2)獲得與成人溝通的技能。
家長的成果	(1)瞭解教師的工作。 (2)對於參與學校教育事務和協助孩子成長的工作有信心。 (3)對相關方案能踴躍加入，並能增進自己的智識水準。
教師、學校的成果	(1)在參與學校教育上，所有家庭不僅擔任志工而已，更能以創新的方式參與，且教師與學校都能準備就緒。 (2)因為來自志工的幫助，使更多人關心學生。

參與型式4：在家的學習參與

項目	說明
有關學校的資訊	(1)能幫助孩子完成家庭作業。 (2)具有協助孩子學習每一科目的能力。 (3)知道與課程有關的決定。 (4)擁有其他技藝與才能。
實務作為舉例	(1)在家裏獲取每一年級所有科目所需技能的資訊。 (2)瞭解教師在家庭作業方面的作法，獲得並瞭解在家裡如何監督與討論孩子在校學習活動的資訊。 (3)幫助孩子獲得增進能力的資訊。 (4)在班級裡學習時，要求孩子們演練與討論的學習活動，在家裡能協助孩子先行預習，而且這種互動式家庭作業（TIPS）的正式進度表能事先取得。 (5)取得家長與學生在家或在社區要做的每日、每週活動行事曆。 (6)取得暑假學習訊息包，或活動項目表。 (7)幫助孩子擬訂每年的學習目標與計畫，以備未來能就讀大學或進入職場工作，家長要參與該等學習目標與計畫之擬訂。
將面對的挑戰	教師設計與執行互動式家庭作業（TIPS）時，該作業在上課時會討論到的內容與想法，家長必須事先與孩子進行討論。
需再定義事項	(1)「家庭作業」不僅意指學生單獨做的作業，也包括學生在家與家人分享與討論的互動式活動。 (2)在家「幫助」意指家庭如何鼓勵與引導孩子，而不是他們如何「教」學校所教的科目內容。
學生的成果	(1)班級課業、完成家庭作業的技能、能力與測驗分數獲得進步的結果。 (2)家長的看法與教師更一致，而且家庭與學校同步，孩子學習更順暢。 (3)扮演學習者角色的孩子，對自己的能力有自信，對學校態度更積極。
家長的成果	(1)能與孩子討論有關學校、班級課業、家庭作業與未來計畫的相關事項。 (2)瞭解課程、孩子正在學什麼，以及每年如何幫助他們。

續表

項目	說明
教師、學校的成果	(1)尊重家長對家庭時間的安排。 (2)滿足家庭的參與及支持。 (3)確認哪些是單親、雙薪與低收入家庭，並能鼓勵與協助學生學習。

參與型式5：參與決定

項目	說明
參與及領導	(1)具有PTA/PTO會員身分、能參與相關活動、能領導與代表組織。 (2)參與學校的顧問委員會、改進小組。 (3)參與NCLB法案規定的Title I委員會、學校網站管理小組、其他委員會。 (4)參與獨立的學校顧問團體。
實務作為舉例	(1)由家長領導及參與活躍的PTA/PTO或其他家長組織、顧問團或委員會（例如：課程、安全、人事委員會）。 (2)學校、家庭與社區參與夥伴關係行動小組，監督六種參與型式的實際作為。 (3)參與學區層級的顧問團與委員會。 (4)獲知有關學校或地方學校代表選舉的訊息。 (5)所有家庭與家長代表的網路能連結。 (6)擁護獨立的教育團體進行學校改革的遊說工作並進行實際的改革。
將面對的挑戰	(1)家長領導者面對來自校內所有種族、社經背景與團體。 (2)為家長領導者提供官方的訓練，以發展其領導才能。 (3)在作決定上能依照家庭背景而選定學生代表，並使其參與各項重要決定。
需再定義事項	「作決定」意指參與的歷程，係採分享觀點，以行動來分享學校改革與學生學習成功的目標，而不是權力的爭奪。
學生的成果	(1)在學校的各項重要決定上，知道家庭的看法已被提出來討論。 (2)家長組織在參與政策制定上能連結到學生在教育上的特定利益。

續表

項目	說明
家長的成果	(1)知道改變的政策確實影響了學生的學習。 (2)能分享經驗且連結到其他家庭。
教師、學校的成果	(1)在學校政策制定與重要決定的過程中，瞭解家庭的觀點。 (2)在學校相關委員會議上，家庭代表提議的品質是可接受的。

參與型式6：與社區合作

項目	說明
與社區合作	(1)社區貢獻給學校、學生及家庭 擁有企業夥伴、行政機關、文化團體、健康服務、休閒娛樂、及其他團體參與學校教育的方案。 (2)學校、學生與家庭貢獻給社區 以服務學習、特殊計畫來分享才能，解決在地的問題。
實務作為舉例	(1)觀讀社區夥伴關係圖表，學習學校如何連結社區夥伴，達成學生學習成功的目標。 (2)給予學生與家庭有關社區健康、文化、娛樂、社會支持與其他方案或服務的資訊。 (3)傳布有關學習技藝與才能（包括學生暑期學習方案）的社區活動資訊。 (4)透過學校、諮詢、健康、娛樂、工作訓練與其他代理人的夥伴關係，進行「一趟能買齊」的家庭服務。 (5)藉由學生、家庭與學校來服務社區（可運用資源循環再利用計畫、藝術、音樂、戲劇，以及年長公民、輔導教師或教練方案的活動）。 (6)校友參與學校的學生服務方案。 (7)建立學校—企業的夥伴關係。
將面對的挑戰	(1)解決（隱性的或顯性的）勢力範圍、責任、撥款與目標的問題。 (2)傳達給所有家庭與學生訊息：社區方案、服務計畫，以及服務參與的機會是平等的。

續表

項目	說明
需再定義事項	(1)「社區」不僅包括在校學生的家庭，也包括所有為教育品質所影響與對其有興趣（關心）的人。 (2)評定社區等級，不僅在於經濟品質，也包括社區的強項，以及可用以支持學生、家庭與學校的能力。
學生的成果	(1)擁有課程、課外活動，以及生涯探索方面豐富的知識、技能與才華。 (2)擁有強烈的社區歸屬感，對於成為社區的一分子感到有自信與有價值感。
家長的成果	(1)在地資源的使用與知識使家長的技能與才華提升，並獲得所需的家庭服務。 (2)能與其他家庭互動，並對社區有貢獻。
教師、學校的成果	(1)知識與社區資源的使用改進了課程與教學。 (2)使學生能夠學習到行動的策略，而且能貢獻給社區。

（二）執行步驟

Epstein經過多年來與眾多學校以及學區辦公室、州政府的合作，獲取學校—家庭—社區夥伴關係建立的寶貴經驗，她提出了五個執行步驟，包括：1.成立夥伴關係行動小組；2.獲得經費補助及其他支持；3.確認開始行動點；4.發展三年執行計畫概要及為期一年的行動計畫；5.計畫持續執行（Epstein, 2001）。以下分別說明。

1. 成立夥伴關係行動小組

參與NNPS的每一所學校均要成立「夥伴關係行動小組」（Action Team for Partnerships, ATP），ATP相當於學校的改革小組或學校董事會的「行動手臂」。雖然ATP成員負責監管學校的夥伴關係方案，其他教師、家長、學生、行政人員與社區人員也可以指引家庭與社區參與的相關活動。學校成立ATP的目的在於：(1)創造每一個家庭受學校歡迎的氣氛；(2)促使家庭與社區進行相關作為，提高學生學習成就並獲得學習成功的結果。

學校ATP之職責如下（NNPS, 2014）：

(1)研擬夥伴關係三年計畫概要／一年行動計畫（Three-Year /One-Year Action Plan for Partnerships），使所辦理的活動與學校改進計畫所選定的目標產生連結。

(2)統合夥伴關係年度行動計畫中有關家庭與社區參與學校教育的所有活動。

(3)招募人員並認識教師、家長與社區人員，以利領導及推動家庭、社區參與學校教育活動。

(4)執行、協調、公布與監督所規劃的參與活動。

(5)監督計畫執行情況、評估所執行的活動及文件的效果，以及確認優點與改進缺失。

(6)報告計畫執行情況給學校董事會（或學校改進小組）、學校人員、親師協會／親師組織（PTA/PTO）、地方媒體與其他團體。

(7)補實去職的ATP人員。

(8)持續改進家庭與社區參與學校教育方案。

學校的ATP通常由6至12人組成，成員包括：(1)校長；(2)教師2至3人；(3)家長2至3人；(4)家長聯絡人（parent liaison）；(5)PTA/PTO官方人員或代表1人；(6)學生代表（高中階段始有）。ATP必要時外加下列人員：(1)在大型社區，包括企業夥伴、各種信仰的領導人，以及文學、文化、公民及其他組織的代表；(2)校內與家庭有關人員，包括學校護士、社會工作者、教學助理、顧問、其他行政人員、祕書、照顧學生的祖父母、監護人（custodian）等等。ATP成員之任期為2至3年，該期間若有人離職，其缺額隨時予以補實（NNPS, 2014）。

ATP內部分組的方式可以採用下列二種方式之一（NNPS, 2014）：

(1)依改進目標分組：一般學校在促進學生學習成功方面會擬訂四個目標，其中二個是學業方面的目標、一個是非學業方面的目標，另一個是整體性夥伴關係的目標，ATP內部之分組可依該四個目標進行分組。

(2)依參與型式分組：ATP可依據NNPS發展出來的六個參與型式分成六個次委員會或工作小組，每一個次委員會或工作小組負責設計與監

督一種參與型式的活動。

ATP所有組員至少一個月會面開會一次，協調或監督所有活動的舉辦。各個次委員會依需要召開會議，規劃、執行年度夥伴關係行動計畫的活動。

任何ATP成員都應獲得所有成員的尊重，均有資格擔任主席，NNPS傾向採用共同主席方式，通常是一位家長與一位教師（或學校行政人員）分享領導責任，領導者應有卓越的溝通能力並熟悉夥伴關係的推動方式。每一位ATP的成員扮演學校改革小組、董事會或其他做決定小組有如「聯繫者」（linking leader）一樣的服務角色，協助夥伴關係計畫的執行與報告計畫執行情形。另外，每一位ATP成員都有機會領導ATP的每一個次委員會。

每年NNPS會提供「夥伴關係學校獎」給表現傑出的學校及其ATP，俾夥伴關係工作能優質而持續的推動。

2. 獲得經費補助及其他支持

為了方案的推動，核實的經費是需要的，包括ATP運作、辦理相關活動、召開相關會議等，都必須有經費支持。州政府可撥款補助學區及學校，學區亦可補助學校，三層級在辦理相關計畫或活動時，亦應自各設法籌措經費（包括運用各項社會資源）。在政府預算來源方面，補助經費可來自聯邦、州政府、地方郡縣核定通過之計畫、方案可用於夥伴關係建立之預算，例如：在推動NCLB法案之Title I、Title II、Title VII以及Goals 2000等法案或方案的實施上，聯邦與州政府應編補助預算，該預算可用於本方案之推動。此外，學校向企業夥伴募得的經費、學校未限定使用項目的預算、各界認捐所得等，均是可用的經費。

另外，ATP在推動夥伴關係計畫時，應給予充分的時間與社會性的支持，這需要學校校長、學區領導人給予足夠的時間讓ATP召開會議、選擇參與的型式而擬訂年度計畫、執行計畫與活動。

3. 確認開始行動點

如何讓教師、行政人員、家長、社區人士在推動夥伴關係計畫上能有條不紊，願意參與，改進雜亂而隨意的作為呢？開始行動點的確認就顯得相當重要。首先，應蒐集學校現行計畫執行情況的訊息，以及教

師、行政人員、家長與學生的看法、經驗與期望。

　　開始行動點的評估可用多種方式進行，惟須視可用的資源、時間與人力狀況來決定。例如：ATP可以運用正式的問卷或以電話訪問的方式，調查教師、行政人員、家長甚至學生的意見，或由教師、家長、與學生組成一個專案小組，在親師組織的會議上討論，或在學校其他適當的會議場合研議，進而決定夥伴關係的目標與可辦理的活動。在會議上哪些問題應該提出來呢？下列資訊是必須蒐集的：(1)現今執行情況（present strengths）；(2)必須改善事項（needed changes）；(3)預期結果（expectations）；(4)社區家長及相關人士的感受（sense of community）；以及(5)計畫作爲必須密切連結至目標（links to goals）。

4. 發展三年的執行計畫概要及為期一年的行動計畫

　　蒐集相關人員的意見後，ATP必須發展出包括六個參與型式的起始行動點，以及各年度需執行事項與步驟的三年執行計畫概要（outline）。此三年計畫概要必須顯現學校—家庭—社區夥伴關係被整合在一個條理清晰的方案中，包括整個學校社區應辦理的活動、活動必需契合學生與家庭的需要、與學區委員會產生互動的活動，以及每個年級應辦的活動等。

　　除了三年計畫概要以外，第一年的詳細行動計畫也必須擬訂完成。該爲期一年的行動計畫應該包括：應辦的活動、每一參與型式的改進與維持、應辦活動的完成期限（以月爲單位）、確認負責執行每一參與型式的次小組主席、協助活動執行的教師、家長、學生或其他人員負責之工作項目、計畫評估指標、活動執行結果如何評估，以及其他重要事項等。

　　有關NNPS要求會員學校必須擬訂爲期一年的「夥伴關係年度行動計畫」（One-Year Action Plan for Partnerships），NNPS擬訂了二種範本供參考，學校ATP可以直接引用或自行調整修正。其計畫範本就形式的不同分爲（NNPS, 2014）：

　　G（Goals）形式：爲4頁的計畫，係由四個學校辦學改進目標所構成，重點聚焦於家庭與社區參與的活動必需連結到學校的改進目標。其中二個目標是學業方面的，一個是行爲方面的，另一個則是在提升學校

友善的組織氣氛。

T（Types）形式：為6頁的計畫，係由NNPS的六種參與型式所構成，重點聚焦於每一種參與型式的應辦活動。

總之，ATP所擬的年度計畫必須含括以下四個要項：(1)詳列應辦事項（details）；(2)責任與分工（responsibilities）；(3)所需經費（costs）；以及(4)評鑑（evaluation）。

5. 計畫持續執行

學校ATP應列出每年在學校辦理成果展與慶祝活動的日程，俾所有教師、家庭與學生知道夥伴關係計畫執行情形，也可以讓學區辦公室負責此業務的主管知悉，並安排所有學校參加學區年度會議。在每年舉辦的學校或學區會議裡，ATP發表及展示學校每一參與型式的重要成果，討論重要問題，分享想法，以作為來年改進、增列項目與延續辦理之參考。

ATP每年要修改學校三年計畫概要與發展詳細的年度行動計畫，讓教育人員、家庭、學生與社區充分瞭解學校每年進步情形、新年度計畫的內容，以及渠等可以如何協助等。

簡言之，ATP必須思考下列問題，俾每年更加進步：(1)如何確保學校－家庭－社區夥伴關係方案持續改進其結構、歷程與實務作業，以增加夥伴家庭的數量，共同改進孩子的教育？(2)教師、家長與學生在何種時機可以分享到成功的資訊，以強化及維持渠等的努力？

(三) 教師在學生學習上與家長合作（TIPS）

Epstein在其所編的2002年版夥伴關係行動手冊第八章中特別提出「教師在學生學習上與家長合作」（Teachers Involve Parents in Schoolwork, TIPS）的作法。所謂TIPS，係指一種互動式的家庭作業。教師分派一項家庭作業，要求學生在家與某個人談話，分享他在學校或班級裡學習的一些有趣的事，或討論一些問題，彼此提供想法，增進親子互動的機會。TIPS互動式家庭作業是學校、家庭與社區夥伴關係綜合方案的一部分，是參與型式4的一個可行作法，由於甚具特色，故特別予以說明。

TIPS在實施上可分爲七個步驟（NNPS, 2014）：

1. 選擇TIPS互動式家庭作業的科目與年級

學校應先討論TIPS可運用於哪些科目和年級，由教師所組成的個別小組再具體的確定TIPS實施的科目與年級。

2. 選擇每週TIPS功課所要學得的能力

教師個別小組應檢視整個學年度每一學習單元要學生學得的能力，再確認每週可增進學生與家長互動有樂趣的與可使用的一項能力或學習目標。

3. 調整與發展TIPS活動方式以吻合課程

教師於暑假期間共同檢視現有的TIPS手冊與活動範例，決定哪些互動式家庭作業與企求學生習得的能力相契合，或設計新的互動式家庭作業以契合課程的學習目標。

4. 使學生與家庭熟悉TIPS互動式家庭作業歷程

教師必須對學生及其父母或其他家庭夥伴解釋TIPS的歷程與目的，可採用的方式包括：給家庭一封信、家長與教師在班級裡討論、在家長出席的會議中陳述，或其他可行方式。特別要注意的是必須考量家長的閱讀能力，或在家所使用的母語。學生必須知道TIPS作業的目的是要他們與家庭夥伴去表現、分享與談論他們的學習。

5. 擬訂TIPS一個規則性的、對家庭而言是友善的課程表

教師採取每週或每隔一週的方式分派TIPS活動給學生，教師可分派以較少日數或利用一個週末就可完成的工作給學生，必須使學生有時間與家庭夥伴一起進行。

6. 評估學生的表現並回應家庭所提的問題

教師要對TIPS家庭作業給予評分，也要回應家庭所提的問題，以鼓勵開啓溝通管道。

7. 必要時進行活動的修正

教師要記下整年分派作業上所發現的特殊問題，必要時修正活動或發展新的活動。

使用TIPS，教師可以讓家庭瞭解孩子在學校的學習情況，並能參與孩子的學習，增進親子關係，並使學生瞭解完成家庭作業是其責

任。在小學、初中或高中使用TIPS家庭作業,使學生、家庭與教師三方面形成夥伴關係,家庭能知道且讚賞教師的努力,能維持在學校的學習在家裡繼續進行。實際上,TIPS並沒有要求家長要教非他們專長的內容或他們沒準備好要教的科目或技能,TIPS使學校學習活動與真實生活情況發生關聯,幫助父母更瞭解其子女在學校的學習情況,鼓勵父母與子女正常的談論學校學習活動與進步情形,使家長與教師能夠針對孩子的學習、進步與問題常常溝通。是親師合作可行的方式。

(四) 學校如何成為NNPS的會員

學校、學區與州政府加入NNPS,必須具備基本會員的條件。在學校方面,必須具備四個條件。第一、學校必須組成ATP,負責協調、推動夥伴關係方案;ATP的主席負責與NNPS聯絡。第二、每一所學校必須同意使用六種型式的參與架構,以發展所有學生及其家庭的綜合性夥伴關係方案。學校必須承諾依據時間的推移,執行與改進六種參與型式的實際運作。除了六種參與型式的推動外,學校亦需面對每一種參與型式的「挑戰」,也就是鼓勵學校超越傳統的作法,並瞭解學校、家庭與社區夥伴關係是在協助解決所有家庭(包括低社經、肢體殘障以及各種語言文化背景家庭)的問題(Epstein, 2001; Epstein et al., 2002)。第三、每一所學校必須編列年度預算以供ATP規劃與實施相關活動之用,由於學校被鼓勵去發展「脈絡性—特定性」(context-specific)的夥伴關係方案,NNPS不要求必須編列最少額度的預算,但要求學校必須提供辦理相關活動的經費。在1998年,來自超過300所參與NNPS學校的資料顯示,平均每一所學校每年花費在此類相關活動的經費超過5,700美元,或平均每位學生每年12美元,就支出位於中位數的學校而言,每校每年是2,000美元(Epstein et al., 2002)。第四、每一所學校必須同意安排進行ATP人員初任訓練,而且每月至少有1小時的ATP會議,進行檢視、評鑑以及繼續規劃夥伴關係方案的活動。ATP人員的訓練通常由學校、學區或州政府的人員承辦,這些人員必須是已經參加過由約翰霍普金斯大學舉辦的「培訓師的培訓師」(trainer of trainers)領導會議(leadership conference),或是當有需要時,由學區內數校

組成小組，由NNPS人員前往當地，舉辦訓練工作坊。若學校未能符合前述四個條件，將延緩加入NNPS，直到該校完成必要的準備水準為止（Mavis Sanders, Steven Sheldon, & Joyce Epstein, 2005）。

三、方案的評鑑

(一) 成功方案的特性

學校執行夥伴關係方案的經驗可用以確認成功夥伴關係方案的特性，那麼何謂成功的夥伴關係方案呢？

1. 必須是增值的方案

Epstein表示，夥伴關係的成效必須逐步擴增，每年要有更多家庭參與，更多的孩子受益。就像其他教育計畫之實施一樣，夥伴關係方案必須依時間之推移而逐步發展，而且必須進行週期性的檢視，使其持續進步。學校會員必須展現其所擬訂的年度行動計畫在最短的三年內，經由ATP的努力，在每一種參與型式上完成應辦活動，相關的努力必須是高產出的，其組織與運作是長久性的結構（Epstein, 2001）。

夥伴關係的發展是一種連續歷程，並非單一活動的舉辦。所有教師、家庭、學生與社區團體不必在每一種參與型式的每場活動均要一起參加，不必嚴格要求所有活動之舉辦均使每一家庭獲得成功的經驗。但是所擬訂的計畫必須是優質的計畫，其實施必須設想周到，活動之規劃必須完善，並能呈現進步情形，更多的家庭與教師均能學得如何代表孩子的立場而與他人互動，並與他人分享學生關注的事物。同樣的，當家庭為了孩子的教育而參與學校教育時，不必要求所有學生在態度與學業成就上立即獲得改善，畢竟學生的學習主要仰仗優良的課程與教學以及學生必須完成本分上應完成的工作。當優質的夥伴關係方案成功實施時，將有更多的學生獲得家庭的支持，更能激勵學生努力工作與學習。

2. 與課程、教學改革產生連結

學校─家庭─社區夥伴關係方案必須聚焦於學生的學習與發展，所以課程與教學的改革就顯得相當重要。夥伴關係之建立目的在藉由聯邦、州政府與地方教育行政機關撥款補助用於課程與教學的改進而幫助

更多學生在學校學習上獲得成功。夥伴關係的建立在協助家庭對學生的瞭解、監護與增加互動；規定學生做家庭作業，在使學生能清楚瞭解學習的內容、擴大班級教學的效果、加廣加固學生的技能、才華與興趣。另外，改進「親師生會議」的內容與進程、依目標來設定活動，都是課程改革的重要一步；家庭除支持與瞭解孩子及青少年的發展之外，也能支持與瞭解學校的課程與教學，是協助孩子扮演好學習者角色的必要條件。

夥伴關係與課程、教學的連結，對學校、夥伴關係方案領導者、學區之課程與教學部門來說，是重要的改變，它使夥伴關係方案從家長的外部性公共關係活動，轉向以學生學習與發展為核心的方案（Epstein, 2001）。

3. 精進教職員的專業發展

學校為推動學校—家庭—社區夥伴關係方案而成立ATP來負責辦理相關事務，使學校同仁與家長一起發展、實施、評鑑、持續改進夥伴關係實務，可以重新建構學校成員的專業知能，這不是一件在職教育的苦差事，而是一件發展學校同仁才能的積極作法，教師、行政人員與其他ATP成員將在此方案上成為專家，他們在此領域的工作可以獲得聯邦、州與地方撥款補助，成為整體學校教育改革的投資方案。的確，成立ATP的方法可以應用於任何或所有學校改革的重要議題中，不限定運用於成功建立夥伴關係的追求上。

理想的夥伴關係在建立過程中，由於參與實務工作的人員積極參與、熱心服務，其相關的專業知能必定會有長進。由於夥伴關係之建立必須聚焦於學生的學習與發展，所以整個方案在實施過程中，必定涉及課程、教學、領導、方案實施、成果評鑑、後續改進事項等，參與方案的學校同仁，甚至是家長、社區人士，在該等方面的知能必定能從「做中學」的歷程中，發生「在職增能」的效果。優良的夥伴關係方案，就是可以精進專業知能的方案（Epstein, 2001）。

(二) 方案的評鑑

NNPS為協助學校、學區與州政府評鑑年度方案辦理的品質與進步

情形，協助編製了評鑑工具，且NNPS所編的「學校、家庭與社區夥伴關係行動手冊」裡對於如何進行評鑑以及工具（問卷）之使用均有說明。除手冊的編撰外，在NNPS的網站上也有調查問卷（UPDATE），可上網取得（NNPS, 2014）。

　　所有NNPS會員必須每年回到NNPS網站填寫問卷，以瞭解進步情形並上傳填寫的資料，以獲取下一學年的會員資格。以學校爲例，首先，學校上網點選「開始點」（Starting Points），即會呈現「家庭與社區參與的現在實際作爲測量組合」（Inventory of present practices of family and community involvement），然後，開始填寫「學校家庭社區夥伴關係測量」問卷（Measure of School, Family, and Community Partnerships），此問卷係用以評估六種參與型式之活動執行與進步情形；再填寫「年度活動評鑑」問卷（Annual Evaluation of Activities），可幫助ATP評估年度活動執行的品質，此工具在全年中只要在每一個活動實施後，即可以進行測量；「ATP小組歷程年度檢視」問卷（Annual Review of Team Processes）在幫助學校評估ATP小組工作情形，此檢視評估可瞭解ATP在組成方面需要改進事項以及組內成員互動的品質、小組會議進行情況與會議內容、委員會的效能、分享領導的狀況，以及方案執行的進步情形。

　　NNPS也提供一般通用的問卷給家長、學生與教師填寫，以獲取渠等對學校—家庭—社區夥伴關係的態度，當前的經驗，以及改進家庭與社區參與的期望。

　　NNPS也要求學校、學區與州政府填寫年度方案發展結果報告給NNPS。NNPS會協助學校、學區及州政府評估其方案實施結果在UPDATE問卷評估後的進步情形。UPDATE包括八個基本要素的量表與測量：領導、小組合作、行動計畫、執行、經費、學院支持、評鑑，與電腦連線作業。NNPS每年展示並出版其UPDATE測量結果與報告，對於表現良好者，亦頒發獎項公開表揚。

肆　給我國的啓示

　　在今日的臺灣，隨著社會開放性的發展，家長參與學校教育已是不

可抵擋的趨勢，在政府所制訂的許多法規裡，亦可見家長已參與學校教育的事實。教育基本法、國民教育法、高級中等教育法、教師法、特殊教育法，以及2014年11月公布實施的教育實驗三法、地方性的學生家長會設置條例（或辦法）等，悉可看見家長必須參與教育的規定。就社區與學校互動方面而言，村里鄉人士、學校周邊的社區早已與學校發生密切關係，從中小學校長與學校行政人員時常與社區人士互動，學校辦理運動會或運用社區資源辦理教育活動次數之頻繁，即可見學校與社區關係已相當密切。

　　然而，家長與社區的參與並非只要求形式上的參與或資源的相互支援，若能深入到課程與教學、學生輔導方面的互動與合作，才是真正夥伴關係的建立。在此方面，美國NNPS的經驗，足堪提供我國學校經營的參考。

　　就本文前述內容，我國若要參考美國NNPS系統及制度，以發展緊密的學校─家庭─社區夥伴關係，則建議如下：

一、擇定一所大學或學術專業機構為專業支持者

　　一項政策之推動必須有專業機構與專家的支持，美國學校─家庭─社區夥伴關係之推動因有專家如Epstein等人及約翰霍普金斯大學專業資源的協助，並建置NNPS系統，在推動上始能長久維持。我國可以擇定一所大學或學術專業機構為專業支持者，並由一位在此方面學有專精的學者帶領一組團隊，成立「全國夥伴關係學校發展網絡中心」，並以中央及地方政府為後盾，協助學校發展學校─家庭─社區夥伴關係。

二、發展我國本土可行的夥伴關係推動型式

　　美國NNPS依照美國情況經過長時間發展出六種可行而重要的夥伴關係的型式（type），並明白敘述每一種型式的內涵、可行的實務舉例、將面對的挑戰、執行上一些必須重新定義的事項，以及學生、家長及學校與教師將獲得的成果等。學校在實施上依據其中實施型式辦理，擬訂三年計畫概要及年度行動計畫。因此在推行上具有明確可行的特點。我國的國情、文化背景與美國不同，不宜照搬美國的制度或作

法，應該發展出我國可行的本土推動型式，而此等可行型式的推動必須經過長時間的考驗始能形成。因此可由專家學者先進行較小規模的試驗，逐步修正而形成可廣泛推動的制度。

三、明訂具體的推動規範

NNPS以Epstein教授爲首的團隊擬訂了實施步驟，其中規定學校必須加入會員，加入會員又必須具備幾項條件，因此，在執行次序上明確又具體。其中甚爲重要者在於學校必須成立ATP行動小組，並明確規定ATP行動小組之職責與應辦事項、日常運作規定。整體運作上明確可行。我國若擬推動，應發展出具體的相關規範。

四、各級政府必須加入成為會員並予以行政及經費支持

美國NNPS系統包括州、學區及學校三層級的合作機制，學校、各級行政機關均含括在內，因此，在執行上除有專業機構與專家參與及支持外，更有行政機關的參與及經費支持，整體運作上始能持久永續。我國在推動上，除學校參與之外，各級政府亦應加入成爲會員，在行政上更應予以充分的支持，而且每年必須編列預算以推動必要的工作。

五、發展一套網絡系統以提供服務

在資訊時代，行政工作必須藉用資訊科技的支持，始能提高行政效率與落實實施。美國在約翰霍普金斯大學成立NNPS網絡系統，藉由資訊科技的支持，在方案推動上更有效率。資訊科技爲我國之強項，因此，在推動上亦應發展出一套電腦資訊網絡系統，作爲行政推動的工具，其內容除作爲資訊的傳輸之外，透過資訊管理的功能，更可提高行政效率並使本方案能落實實施。

六、採用會員制

美國NNPS採會員制，加入成爲會員者，始可享有相關服務及經費支援；學校必須相對的依規定善盡義務及認真推動年度計畫，推動績效經檢視符合規定者始得繼續取得會員資格，雙方形成約定的權利義務關

係。我國的學校在學校—家庭—社區夥伴關係上，建議亦採會員制，約定雙方權利義務關係，依規定繼續取得會員資格者，始得繼續予以經費及專業的支持，把握績效責任原則。

七、注重相關人員專業知能的提升

NNPS每年舉辦年會、研討會、工作坊等，透過人員的專業訓練，在整體方案的實施上才不致走偏路線。一個計畫或方案的推動，必須在人力訓練上先行，包括行政機關主管及業務承辦人員、學校行政人員與教師，以及此方案之專業輔導人員，均必須在運作初始階段受過此方面的專業訓練，嗣後每年亦應參與研討會與工作坊等，新進人員亦應依規定參加各項訓練活動。我國在此方面亦可參考辦理。

八、重視成果評鑑

NNPS備有相關問卷、表格提供使用，並運用研究本位的方式辦理評鑑，效果立刻可以顯現，學校在方案推動上的問題亦能在下一個年度之行動計畫中獲得修訂與改善。因此，我國在行政三聯制（計畫、執行、考核）的推動上，成果之評鑑必須擬訂可行方式貫徹執行，並且儘量簡化而方便，不要造成學校會員太大的行政負擔。相關的評鑑表件可事先設計完成，並掛載於網站，學校會員可直接上網填寫各種表件，年度報告亦可透過資訊傳送方式逕行傳送至「全國夥伴關係學校發展網絡中心」，該網絡中心之專業人員依序審閱，並提供未來的改進意見。學校依據專家之意見修正下一年度之計畫，並據以實施。

九、擬訂具體執行次序

若臺灣擬在建立學校—家庭—社區夥伴關係上更加落實，其執行程序僅建議如下：

(一) 準備階段

擇定一所大學成立「全國夥伴關係學校發展網絡中心」，辦理下列事項：

1. 發展臺灣本土的家長、社區參與可行方式。
2. 擬訂實施步驟。
3. 發展成果評鑑制度。
4. 擬訂經費補助制度。
5. 訂定人員增能方案。
6. 訂定會員資格
   (1) 組成委員會或工作圈。
   (2) 擬訂三年工作計畫概要及第一年行動計畫。
   (3) 預算編列。
   (4) 校務會議通過。
   (5) 計畫依行政程序陳報後，送全國夥伴關係學校發展網絡中心。
7. 開發網絡支持系統。
8. 其他。

(二) 實施階段

1. 初始階段
   (1) 人員訓練：中央、地方、學校、家長、教改團體、社區人士參與訓練。
   (2) 行政機關與學校實際運作
       ①依年度行動計畫執行。
       ②依規定格式、時限紀錄及填報成果，並傳送全國網絡中心。
   (3) 全國網絡中心檢視、彙報成果及建議分送各教育主管機關及各會員學校。
   (4) 學校進行檢討，並修正下一年度行動計畫。
   (5) 學校第二年度行動計畫送主管教育行政機關核定後傳送全國網絡中心。

2. 深化階段
   (1) 繼續辦理新進人員訓練與人員增能。
   (2) 依循環持續運作。

　　總之，學校服務的對象主要是學生、家庭與社區，家庭與社區又可提供學校甚多資源或辦學之協助，彼此之間的關係密切，若能發展出緊密的合作夥伴關係，則爲學子之幸，更爲國家教育發展之大事。美國NNPS制度係經Epstein教授等人歷經數十年的努力，在約翰霍普金斯大學所建置的全國性服務系統，對學校─家庭─社區夥伴關係之建立具有積極的促進效果。我國未來的教育無法避免家庭及社區的參與，若能依照我國的國情，設法規劃、發展出一套符合我國本土特性而可行的系統或方案，是爲我國教育之幸。

參考文獻

(一) 中文部分

林明地（民88）。家長參與學校教育的研究與實際：對教育改革的啓示。**教育研究資訊**，7(2)，pp.61-79。

陳兪琪（民98）。我國偏遠地區學校、家庭與社區夥伴關係之分析。臺灣師大碩士論文，未出版，臺北市。

(二) 英文部分

Auerbach, S. (2011). Bridging cultures and building relationships: Engaging Latino/an immigrant parents in urban schools. *Educational Leadership, 68*(8), 16-21.

Christenson, S. L., Rounds, T., & Gorney, D. (1992). Family factors and student achievement: An avenue to increase student success. *School Psychology Quarterly, 7*, 178-206.

Epstein, J. L., & Connors, L. J. (1992). School and family partnerships. *The Practitioner, 18*(4), 1-8.

Epstein, J. L. (2001). *School, family, and community partnerships: Preparing educators and improving schools.* Boulder, CO: Westview Press.

Epstein, J. L. Sanders M. G., Sheldon, S. B. & Simon, B. S. (2005). *School, family, and community partnerships: your handbook for action.* Thousand Oak, CA: Corwin Press.

Epstein J. L., Coates L., Salinas K. C., Sanders M. G., Simon B. S. (2009). *School, Family, and Community Partnerships: Your Handbook for Action, (3rd ed.)* Thousand Oaks, California: Corwin Press.

Epstein, J. L. (2011). *School, family, and community partnerships: Preparing educators and improving schools (2nd ed.).* Philadelphia, PA: Westview Press.

Henderson, A. T. (1987). The evidence continues to grow: Parent involvement improves student achievement. Columbia, MD: National Committee for Citizens in Education. (ERIC Document Reproduction Service No. ED315 199).

Keith, T. Z., Reimers, T. M., Fehrmann, P. G., Pottebaum, S. M., & Aubey, L. W. (1986). Parental involvement, homework, and TV time: Direct and indirect effects on high school achievement. *Journal of Educational Psychology, 78*(5), 373-380.

Michigan Department of Education, (2001). What research says about parent involvement in children's education: in relation to academic achievement? From: https://www.michigan.gov/documents/Final_Parent_Involvement_Fact_Sheet_14732_7.pdf. Retrieved at 2015/01/09.

National Network of Partnership Schools, NNPS. From: http://www.csos.jhu.edu/P2000/index.htm. Retrieved at 2014/12/29.

Robert E. Kladifko, (2013). Practical school community partnerships leading to successful educational leaders. *Educational Leadership and Administration: teaching and Program Development, v. 24.* 54-61.

Rose, L. C., Gallup, A. M., & Elam, S. M. (1997). The 29th Annual Phi Delta Kappa/Gallup Poll of the public's attitudes toward the public schools. *Phi Delta Kappan, 79*(1), 41-56.

Sanders M. G., Sheldon S., & Epstein, J. L. (2005). Improving schools' partnership programs in the National Network of Partnership Schools. *Journal of Educational Research & Policy Studies, (Spring) v. 5*, n. 1.

Trusty, J. (1996). Relationship of parental involvement in teens' career development to teens' attitudes, perceptions and behavior. *Journal of Research and Development in Education, 30*(1), 63-69.

Ubben, G. C., Hughes, L. W., & Norris, C. J. (2011). *The principal: Creative leadership for excellence in schools, (7th ed.)* Upper Saddle River, NJ: Pearson Education, Inc.

Williams, D. L. & Chavkin, N. F. (1989). Essential elements of strong parent involvement programs. *Educational and Leadership, 47*, 18-20.

第十四章

偏鄉小校推動全校性
學習共同體經驗分享

鄭杏玲

壹 前言

　　石門國中位於臺灣最北端，屬於海邊小型學校，海邊小村莊非常寧靜，人口數不多，居民非常純樸，富有濃厚的人情味，由於交通較不發達，與大都市的連繫較為不便，因此，也讓石門區隔絕了外界的誘惑，成為遺世獨立的安定村莊。石門區擁有三所國小，一所國中，石門國中已是本地最高學府，學生於國中畢業之後就到外地就讀高中、職，加上石門本身商業氣息並不濃厚，就業機會不多，學生的高中職及就業機會都在外地，因此，在本地缺少競爭的動力，形成了一種獨特的安定性，這種安定性也許有些也來自核電廠的回饋補助，也許是因為偏鄉遠離了都市競爭激烈的環境，不論如何，石門的居民，似乎並不那麼在意升學制度的改變，他們樂天知命，安分守己，不強求，這造就了石門的安定性，但也相對的形成了學習動機較為低弱的問題。

　　偏鄉地區青壯人口外移、人口老化及隔代教養情況非常普遍，學校則負起教養子弟及文化提升的重責大任，如何改變現狀，提升學生學習動機及學習成就，為社區注入活水，為學生奠定未來成功的基礎，是學校一直以來不斷在努力的方向。但是一方面國中課業本來就較重，另一方面學生的學習基礎本來就較薄弱，因此總是剃頭擔子一頭熱，老師愈是焦急的想教多一些，教深一些，學生愈是學不來，愈是提不起興趣，愈是逃避學習，學習成果始終不見起色。因此，在全校老師的共同支持下，我們選擇了全校性的學習共同體推動模式，不分領域，不分班級，沒有實驗組，沒有對照組，所有老師，所有同學，一同參與學習共同體的試辦。因為，我們要找一帖良藥，我們試著扭轉偏鄉學習不利的困境，我們要勇往直前的努力嘗試，讓偏鄉的孩子也能出人頭地，擁有自己的一片亮麗天空。

貳 偏鄉所面臨的問題

　　偏鄉小校面臨一些極須改革的問題，這也是全校老師願意全力推動學習共同體的主要原因，所面臨問題究竟有哪些呢？

一、學生學習動機不足

　　偏鄉地區學生非常純樸，不爭名利，不求聞達，在海闊天空的海邊悠然自得，相較於都會區龐大的競爭力，以及緊湊的生活步調，在這裡的學生似乎受到自然的陶冶較深，也較爲回歸自然，無形中保存了一份質樸的特質，特別令人珍惜。但是，這些孩子總有一天要踏出石門，石門沒有高中職，沒有什麼優勢產業，石門只能留住他們就讀到國中，之後，他們就要離開，多數都去外地讀書，極少數會去就業，他們的未來都在外地，因此，缺少了競爭力，他們如何去與都會區的孩子競爭呢？

二、老師頻頻更換，師生關係建立不易

　　偏鄉老師多數都不是本地人，都是遠從其他地方來到石門教學的外地人，在初任教師分發時分到偏鄉來服務，雖然他們都很年輕，且充滿了教學的熱忱，但多數的老師在偏鄉服務義務期滿，都會調回都市，因此，老師更換頻仍，學生長期處在頻頻更換老師的不安定狀態，形成與老師之間的無形隔閡，學生不輕易打開心房接受老師，造成師生關係建立不易，如何讓學生願意接受新來的老師，是偏鄉老師進到課堂所面臨的最大挑戰。

三、教書重要還是教人重要兩難抉擇

　　國中的教材內容較深且分量繁重，即使在偏鄉，多數老師還是有趕課的壓力，因爲面對學生九年級的升學考試，老師總是不敢稍有懈怠的急忙教學、趕課、考試、複習，希望爲學生的升學多作準備，而結果可以想見，老師愈是努力教學，學生愈是逃離課堂，很多年輕老師因此而受挫，萌生去意，努力教學換來的是學生消極或積極的反抗，究竟哪裡出了問題？

　　偏鄉海闊天空的環境，無形中造就了孩子自然不造作的性格，孩子們好惡分明，勉強孩子是不容易的事情，如何引起孩子們的學習興趣，如何讓他們不避枯燥，願意學習艱難的課程，如何有效達成教育目

標，是老師的最大難題。然則，老師如果捨棄教學內容，一味的陪孩子作些有趣的、無關課業的事，那又如何能夠對得起教師專業、教師的職責呢？教書重要？還是教人重要？難道無法兼顧嗎？

四、規訓的管教方式徒具表面成效的困擾

以往的師生關係非常嚴謹，古語有云：嚴師出高徒、教不嚴，師之惰等等，都在框限老師必須嚴格教育學生，但隨著時代的演進，民主的浪潮已深入民心，老師所能使用的籌碼愈來愈少，老師如何要求孩子的行為及學習態度呢？在偏鄉，這個問題似乎更為明顯，因為偏鄉的學生對老師的信任本就不足，不易敞開心房信任新來的老師，因此，規訓只會更讓師生關係更加惡化，學生就算表面服從，卻是消極或積極反抗的開始，規訓雖具表面成效，卻反而讓學生偏差行為愈加層出不窮，是否要一再規訓或加強規訓的強度，以杜絕學生的偏差行為呢？還有其他的辦法嗎？

五、師生關係是否為上對下關係的反思

老師安排學生每天的學習課業，所獲得的授權來自親職授權，隨著時代的演進，老師不再有那麼大的權力，要求學生處處配合，師生關係從絕對的上對下關係，已有很大的改變，偏鄉同樣受到時代浪潮的影響，學生的自主意識漸強，因此，老師同樣面對使用威權教育方式的反彈。面對老師角色的轉變，老師常處於角色衝突與矛盾之中，老師應如何堅定要求學生的行為？老師應如何面對學生不配合的場面？老師應如何執行教育目標？師生關係是否仍是上對下的關係呢？連老師也不禁懷疑，自己的角色究竟應如何扮演才對呢？

參　共同備課，集體思考，一起找答案

為了解決偏鄉的教學困難問題，全校老師毅然決然一起參與學習共同體試辦，沒有對照組，沒有比較組，每一個班級都是試辦班級，每一位老師都是試辦老師，每週二早自修時間，全校老師齊聚教學研究室，由校長帶頭進行理論及教學分享，每一位老師輪流發表，左藤學的

書一本一本的閱讀，令人動容的理論感動著每一位老師，大家一點一滴的吸收，再將理論帶到班級去實踐，在實踐中碰到了困難，又在下一次的分享中重新汲取能量，修正錯誤，重新再出發，在全校老師長時間的努力之後，改變逐漸發生，雖然不是一蹴可幾，但校園氣氛有了明顯的改變，師生衝突次數漸漸下降，學生偏差行為頻率逐漸降低，社區對學生品格的評價逐漸改為正向，我們是如何找答案，說明如下：

一、首部曲：反思教學問題

　　學習共同體的首部曲是大家一起反思教學問題，究竟教學出了什麼問題，才造成學生逃離課堂，偏差行為不斷發生呢？

(一) 教完了，學會了嗎？

　　老師的主要工作是教學，但老師真的只要教學就好了嗎？教學的目標是希望學生獲得學習，因此，老師認真教學固然很好，但是老師一直教，學生學會了嗎？很多老師執著於要把該上的上完，否則會有不安的感覺，於是一股腦兒把內容都教完了，不管過程中發生了什麼事，也無暇停下來關心學生學會了沒有，甚至在課堂中忽略很多學生問題略過不處理，以節省時間來教學，而結果是，教完了，學生並沒有學會，學生問題也沒有處理好，只是把教材教完就盡到老師的職責了嗎？學生學會了沒才是更重要的問題呢。

(二) 趕進度，學不會的人怎麼辦？

　　老師不斷趕進度是國中課堂常見的現象，因為教學內容太多，沒有足夠的時間討論、互動、讓學生問問題，因為稍不留意，老師的進度就上不完了。問題又來了，一直趕進度，不斷往後走，難度不斷加深，那麼，學不會的人怎麼辦？他們可能在中間，甚至更前面就被卡住了，而老師不管他們，仍然繼續往後走，不是等於是放棄了他們嗎？

(三) 全部都要老師教嗎？

　　課程內容太多，老師一直都在趕進度，不斷講授式教學，疲勞轟炸，學生則枯燥乏味，趴睡情形嚴重，這樣的課堂是造成學生逃離課

堂，教室風景無法變成一幅美麗的圖畫的主要原因，哪裡出了問題了？我們必須要思考，所有的內容都真的都要老師口述過才算教嗎？能不能調整一下，好讓課堂風景變得更為柔和，學生的參與度更高，學習才能更有成效。

(四) 一節課從頭到尾都是老師在講好嗎？

傳統講授式教學並認定是最有效率的教學方法，因為講授式教學可以在最短的時間內傳達最多的教學內容，但這個方法卻也是最枯燥乏味的教學方法，一整節課都是老師在講，學生在聽，學生的注意力很難集中那麼久，如果能夠降低講授式教學的時間，多安排一些學生閱讀、討論及發表的時間，不只可以增加學生的參與程度，同時，也讓上課方式更為有趣，學生也更願意把心留在課堂之內。

(五) 教重要還是學重要？

教學固然是老師的主要工作，但教學只是手段，最重要的是學生學習，同時教學也不只有講授式教學一種方法，還有很多其他的教學方法可以運用，執著於講授式教學法是現代老師的通病，因此才造成課堂變得枯燥乏味，學生趴睡或逃離課堂，因此，老師應該多嘗試不同教學法，靈活運用於課堂之中，改變上課方式，增加學生的參與程度，讓學生主動參與學習的安排、討論及活動，學生的主動學習能力才能真正被啟動。

(六) 評量方式一定要用紙筆測驗嗎？

傳統講授式教學重視記憶與背誦，因此非常依賴紙筆測驗，才能測量出學生記憶與背誦的成效，然而隨著時代的演進，電腦3C產品充斥，網路設施無遠弗屆，當今時代處於知識爆炸的時代，知識隨手可得，並不侷限於課本之內，知識的更新更是異常迅速，很多最新知識甚至是教材還來不及更新的知識，已在網路隨手可得了，當此時代，記憶與背誦已不再是學生出社會所必須具備的重要能力，反而更重要的是學生能夠解決問題的能力，以及創新的能力，而這些能力無法從紙筆測驗中測驗出來了，因此，老師更應該採用多元評量的方式，以培養學生更

多元的能力。

(七) 學生可以主動學習，互相學習嗎？

傳統講授式教學方法的教室主角是老師，學生學習的內容及方式完全掌握在老師手中，而學習共同體的主要精神即在打破這種以老師為主的教室型態，希望將教室轉換為以學生為主體，學生主動學習，參與學習，而非完全依賴老師的講授及安排而學習，主要的目的即在啟動學生主動學習的能量，讓學生可以自主學習，讓同儕夥伴的相互支持成為學習的重要力量，透過小組討論與分享，讓學生從同儕團體中學習，這種方式比老師使用講授式教學的方法更為有效，且更能讓學生參與到課堂之中，提升學習動機與興趣。

(八) 老師可以帶著輕鬆的、柔軟的、個性化的表情上課嗎？

老師進教室之前一定要先武裝自己嗎？一定要板起臉孔，用高八度的聲音與學生互動嗎？這是傳統講授式教學所造成的迷思，老師為了要有效掌握班級秩序及進度，必須以較強勢的方式控制班級，這種控制模式，在傳統講授式教學方式固然有效，但卻拒學生於千里之外，毫無討論空間可言，讓學生也毫無參與感，其實老師可以放下身段，以自然的、輕鬆的、個性化的表情進教室，共築一個溫暖的教室氛圍，這樣邀請學生一起參與的方式，不是更符合生活上真正相處的模式嗎？

(九) 教室內可以讓學生安心的學習，還是緊張的，害怕的？

傳統在老師高度控制的教室中，教室氛圍是緊張、恐怖的，學生每個人分開坐好，單獨面對老師及課程的困難，學生害怕答錯，害怕被排擠，互相之間存在著高度的競爭，教室中的氛圍對學生並不友善，基本上學生的心態是孤單、害怕、戒慎恐懼的，這樣的氛圍並不符合學習共同體的班級氛圍，學習共同體更希望營造的，是每位學生都受到充分的尊重，都可以放下戒心，安心學習的溫暖環境，因此，如果要讓學生充分的參與到課堂之中，老師就應先改善教室的氛圍，讓教室成為可以安心的，不怕恐懼害怕的氛圍。

二、二部曲：找策略

集體思考更能促發教師的集體智慧，我們從學習共同體的理論中找答案，一方面落實學習共同體於課堂之中，另一方面，也是最重要的，就是解決教學現場的問題。

(一) 教室U型座位安排，促發同儕支持與討論

落實學習共同體於教室教學中的首要工作，就是座位的安排，爲了展現學校推動學習共同體的決心，各班級均安排爲U型座位，安排U型座位的主要目的是促發同儕支持與討論，改變學生單打獨鬥的學習習慣，讓學習不再是孤獨的事情，讓同學在遇到困難時，隨時可以與人討論與分享，讓學習更有趣、更有用。

這樣的改變似乎是形式上的改變，很多老師一開始也抱持懷疑的態度，學生比鄰而坐，不是徒增上課秩序維護的困擾嗎？但是依著理論實施，是我們一開始堅持的態度，而在實施一段時間之後，我們卻發現，這樣的座位安排，眞的讓學校的氛圍開始改變了，我們發現孩子對學校的感情改變了，因爲同儕的支持讓孩子不再對學習感到孤獨害怕，這個改變也提升了孩子的同儕性，夥伴關係慢慢成爲支持學生學習的重要力量，這小小的改變，慢慢的在學校文化形塑上發生了潛移默化的影響。

(二) 老師改變音調、姿態，展現傾聽與支持

傳統教室的上課風景非常嚴肅，老師必須以高八度的音調及嚴肅的態度才能掌控班級，這種班級風景正是阻卻學生參與學習的重要因素，因此必須加以改革，希望老師可以降低控制班級的強度，改採可親近的作法，讓學生可以參與到學習之中，因爲學習應該是自然的，自願參與其中的，樂於其中的，並不是老師強勢控制就可以達成的，老師以自然的音調、姿態進入班級，展現願意傾聽同學聲音的態度，班級的風景自然就會改變了。

雖然這個改變一開始讓老師的角色有點錯亂，究竟要採取過往嚴肅的態度進入教室教學，還是要改採輕鬆的態度進入班級上課，這讓老師

在調適上有一點混亂，但慢慢的，很多老師嘗試改變了，老師進入班級不再感覺到那麼大的壓力了，老師開始輕鬆的跟學生教學、說理、閒話家常了，慢慢的，師生關係改變了，學生的參與度逐漸提高，自律、自治的精神也慢慢展現出來，原來師生關係也是此消彼長，老師降低了控制的力量，學生的自治自律也慢慢的自然形成。

(三) 鼓勵學生找到學習友伴

　　學習不是孤單的事情，學習更應該與他人分享，碰到問題應該有人可以討論，同學之間應該建立互相幫助的情誼，藉由同儕的支持，每個人都能夠獲得更好的學習與成長，因此，必須鼓勵同學找到學習的友伴，與同學建立對話關係，讓同儕的支持發揮加成的效果，使所學內容更為實用，也讓學習變成不孤單，更符合生活上的常態，以建立更為健康的生活態度及觀念，培養健全的人格。

　　學習的友伴讓同學瞭解到：學習並非是個人的事，站在別人的肩膀上，可以讓同學看得更高、更遠。經過別人腦內重新組織的知識，透過有效的溝通，充分的問答，再難的知識都會變得容易，因此，學習與夥伴討論比個人單獨學習要更為有效。

(四) 發展學習單

　　教科書繁重的教材經常是老師無法改變教學方法的束縛，因此，鼓勵老師發展學習單，透過有計畫的引導，才能讓同學參與討論，學習到教材中的課程內容，才能逐步降低講授式教學方式，慢慢增加同學參與其中的學習共同體模式，逐步轉變教室風景。

　　發展學習單占用老師很多時間，因此，每位老師在每學期至少辦理一次公開觀課，及設計學習單的活動，其餘時間由老師自行斟酌，因為小型學校老師人數較少，同科老師不多，較難小組合作，因此只能量力而為，以不過度增加老師負擔為原則。

(五) 引進資訊科技資源

　　現今資訊科技非常進步，簡報教學、電腦教室教學、平板電腦教學都可以藉由資訊科技的幫助，促發學生主動參與，主動找答案，而不必

一定經由老師口授以獲取知識，有效的引進資訊科技，也是改善教室風景的有效方法。

　　資訊科技的引進讓老師帶入簡報教學、媒體教學，甚至平板電腦教學，也協助老師節省很多教學時間，並幫助老師累積教學檔案，透過資訊科技的引進，讓每位老師慢慢成為教學高手，以引導學生有趣學習、有效學習。

(六) 放慢腳步，不再趕課，關心每一位學生學習狀況

　　老師放慢腳步才能注意到學生的真正狀況，協助每一位學生接軌到所上的課程內容，幫助每一位學生完成應有的學習課程，教室氛圍才能真正轉變為溫暖和諧的大家庭氛圍，不再有學生被遺漏，被放棄。

　　在少子化的時代，很多孩子都是家裡的獨子、獨女，這些孩子都是家裡的棟樑、社會的棟樑，已經禁不起放棄任何一個孩子了，因此，關心每個孩子的學習狀況，隨時進行個別化的補救教學，變得益形重要。

(七) 發展多元評量方式

　　改變獨重紙筆測驗的評量方式，才能測驗出學生的實作能力、創造能力及情意上的收獲，紙筆測驗僅能測驗出記憶、背誦內容的多寡，而真正的學習並非僅有記憶、背誦能力，而應該是多元的能力，必須發展多元評量方式，才能發揮評量的真正效果。

(八) 定期觀課、議課

　　教師的同儕性建立也是學習共同體的重要關鍵，因此，互相分享，互相觀摩，互相指正，才能在同儕的支持下調整與改變，改變傳統的習慣並非易事，唯有同儕互相支持與協助，才能慢慢改變學校氛圍，因此，每位老師每年公開觀課及公開議課一次，供其他同仁指正與參考，也是自我要求及成長的重要安排。

三、三部曲：調整與修正

　　經過一段時間的實施之後，實際困難陸續浮現，理論落實於實務並

不容易，仍有很多不易克服的困難，比如說學生併排而座，變得愛講話，影響老師教學；以及，老師實施學習共同體之後，雖然學生的參與度提高，學習興趣也提高了，但是課程進度卻一再落後，形成趕課的壓力；以及，老師編製學習單耗時費力，增加了老師不少工作負擔等。因此，有些老師因此又重新拾回講授式教學法，為了重新啟動老師的動力，我們開始重新翻閱理論，再次反芻理論的精神所在，瞭解學習共同體在日本能夠成功的真正原因，重新找出問題的盲點，再度強化理論的基礎，調整及修正不當觀念與作法，讓老師可以重新調整腳步，修正細節，讓學習共同體的推動不至於停滯不前。

(一) 學習共同體不是放任學生自主學習

學習共同體不是老師不用教學，完全交由學生自主學習、協同學習即可，學習共同體是有老師參與的協同學習，以往傳統的教學方式中，如果學生發生協同的學習，都是學生間自主的協同學習，而學習共同體要推動的協同學習，則是透過老師精心安排，不斷居間協助與引導的協同學習，有了老師的引導，學生間的協同學習，才能發揮真正學習的功效，因此，老師的角色並非放任學生，而是精心的安排及規劃，並且在課堂中不斷的引導及安排，讓學生可以有效達成學習的成效。

(二) 學習共同體不是階梯式學習，而是登山式學習

傳統的教材編排方式是將依難易度進行階梯式的編排，學生必須由簡單開始，一階一階拾級而上，慢慢進入較難的內容，如果基礎沒有打好，後面的學習也會愈來愈困難，這就是階梯式學習的問題。而學習共同體則希望達到登山式的學習方式，透過同儕的支持及合作，讓同學可以直接挑戰難度較高的內容，並不需要一階一階拾級而上，因此，並沒有跟不上的同學，或基礎打不好而被遺漏在後面的同學，只要所有同學手牽手不放手，大家可以一起登山，一起攻頂，讓學習落後的同學可以站在別人的肩膀上看世界，這就是協同學習可以產生的巧妙效果，啟動同學主動學習的能量，再加上同儕的幫助，突破以往學習無法克服的障礙，幫助到每一位學生。

(三) 學習共同體不應降低教材難度及分量

老師普遍的經驗認為學習共同體很花時間，以往講授式教學較快，較有效，為了推動學習共同體，為了讓同學參與討論，有些老師嘗試降低教材難度及分量，以撥出時間讓同學討論，但這卻不是學習共同體真正的做法，學習共同體不應降低教材難度及分量，學習共同體更應挑戰困難的教材內容及繁重的分量，端看老師如何作安排，困難的教材如何有效讓學生理解，如何引起學生學習動機與興趣，只要專業而妥善的安排，困難的學習內容也可以讓學生充分理解及學習，分量多的學習內容，也可以讓學生一點一滴完成，重點是，學習共同體是一種新的思維，這種思維是為了達成教育目標，而不是倒果為因，為了推動學習共同體而降低教材難度及分量，反而減低了學生的學習，

(四) 學習共同體不是遊戲式或體驗式學習

學習共同體不是嘉年華會，熱熱鬧鬧一場，然後什麼也沒有學到，學習共同體應該是學生認真的、確實的好好學習，包含所有枯燥的、深奧的內容，都能夠樂於其中好好學習才對，如果只是為了讓同學參與討論，而將課程轉化為遊戲式或體驗式的學習，篩檢掉所有枯燥深奧的知識內容，只讓同學快快樂樂的參與其中，那就不是學習共同體的真意，而是天大的誤解了，成功的學習共同體已啟動了同學主動學習的能量，學生就應該有能力學習更難的，更多的內容，且更能勝任這些學習任務，主動好好學習，這才是真正成功的學習共同體。

(五) 推動學習共同體第二年學生會支持老師學習

佐藤學教授告訴我們，學習共同體的第一年是老師在支持學生學習，第二年則是學生支持老師學習，因為學生比我們更會學習。以佐教授長年在日本推動學習共同體的成功經驗，告訴了我們等待是值得的，這一年的紛紛亂亂是值得的，因為在建立新的學習氛圍，新的文化之前，總是紛紛擾擾，但是文化是會慢慢轉變的，學生經過一段長時間的引導之後，他們知道如何學習了，學習共同體也將因為學生的主動參與，而真正產生成效，所以，堅持不放棄，把持學習共同體的理念，一步一步往前走，成功就一定會來臨。

肆　看到了學校的改變

本校推動學習共同體已有半年多的時間，這半年多來學校的氛圍逐漸改變，學習共同體對教學成效的影響，因推動時間尚短，還難以正確評估，但在師生關係及學生品格上，卻已發生了明顯改變，整理歸納如下：

(一) 師生關係變得更和諧了

偏鄉學校教師異動頻繁，師生關係建立不易，每當新進老師進來，總有一段很長的磨合期，而新進老師由於對學生特性不瞭解，通常在管教學生的方法上，會有一段衝突及矛盾期，而終於在左衝右突之後，慢慢瞭解學生的需求時，服務義務期限已滿，又要調動到他校了。所以如何讓老師在最短的時間與學生建立和諧的關係，是偏鄉學校非常重要的難題。而在推動學習共同體之後，佐藤學教授的理念不斷在全校共同備課反覆討論，教室風景的改變成為全校教師共同的目標，大家共同的理念是將教師為教室主體，逐漸轉變成學生才是教室的主體，每週不斷的討論和研究，都是在找出策略，以提升學生參與程度，老師慢慢減少講授式教學，引導學生討論和分享，老師不再以高八度的音調及嚴肅的態度掌控班級，老師改以和悅的態度親近學生，老師的姿態變低了，學生不再處處被約束，被規範，班級內變得可以討論，可以有不同意見，但是班級氣氛和師生關係卻變得愈來愈和諧，學習共同體把本來很僵硬的師生關係軟化了，把本來硬碰硬的規範體制鬆動了，學生從被動的接受教室內的一切，轉變成了主動參與，也讓學生的主體性慢慢被找回來了，教室裡真的開始有了春天的氛圍了。

(二) 學生間的衝突減少了

以往講授式教學方式營造出學生與學生之間強烈的競爭氛圍，學生之間缺少合作的關係，也很少互相協助，因此，經常一些小衝突就演變成全武行，學生衝突不斷，形成學務處的困擾。而在推動學習共同體之後，班級的座位調整了，學生的協同關係慢慢被啟動了，學生間開始對話了，開始分享了，在學校不斷鼓勵下，學生開始懂得不會就要問，學

生也學習回答別人時就要回答清楚，學校不斷鼓勵大家手牽手，不放手，一起登山，一起攻頂，要站在別人的肩膀上看世界，要用協同的力量完成個人無法達到的艱難學習，學生間合作的氛圍慢慢產生了。在全校老師的協助下，各班的教學課程也不斷增加協同學習的課程，同學分組、討論、分享，學習變得不再孤單，同儕的支持慢慢變成支持學習的重要力量，學生的關係已慢慢從競爭的關係轉為合作的關係，學生間的衝突無形中降低，比起之前的頻率，已產生了明顯的趨緩趨勢。

(三) 學生品行受到社區家長肯定了

推動全校式學習共同體讓學生、老師都產生了轉變，這種轉變在不知不覺中發生，不是突然之間有了巨大的改變，而是不知不覺中已有了明顯的改變，學生以往受到社區排斥的行為都自然消失於無形，過往經常接到社區對學生行為投訴的電話，後來幾乎都不再接到了，取而代之的，是社區肯定的聲音，社區對於學生正向的轉變，普遍都非常肯定。推究而來，學生品行的改變，也應歸功於全校性學習共同體的推動，因為推動全校性學習共同體，讓學生的主體性被啟動了，以前學生被動的接受很多規範，並不是出於自願的遵守這些規範，而在推動學習共同體之後，學生的行為表現都由自己負責，由自己主動參與，變成他們自願的願意表現出好的行為，不是因為校規，也不是因為老師，而是他們自願的，這種出自於自願的行為，所產生的成效，比以往硬性規範要好得太多了。

(四) 學生變得更為積極主動

推動全校式的學習共同體之後，全校的學生變得更為積極主動，以往總是少數同學敢發表意見，多數同學總是怯生生的，不敢有任何意見，生怕被嘲笑，被否定，但在這一段時間的推動之後，很明顯可以看見，連以前很少發言的同學，都開始敢作一些發言了，也敢跟老師打招呼了，眼神也開始有了亮光，展現出較為自信的神態。由此發現，全校性學習共同體的推動，真的照顧到每一位同學的自尊了，啟迪了每位同學的主體性了，可能他們原來只是客人，原來只敢躲在角落，將自己隱形，好保護自己不受傷害，但是現在他們都自動出來了，沒有人逼他

們，他們自願的參與到學校的活動之中，這是學習共同體的成效，這也充分顯示學生的主體性在老師的引導下，慢慢產生了，眞是令人高興啊！

伍　結語

在偏鄉小校推動全校性學習共同體一年多，時間雖然不長，但改變卻慢慢發生了，這些改變都是一開始並無預期的，但隨著全校老師、同學眞正參與了這個改革活動，改變卻眞的發生了，學生與學生的關係，學生與老師的關係都改變了，學校的整體氛圍也改變了，社區對學生的評價也改變了，學習共同體在學校中成爲一種新文化的塑造，每個人都參與其中，孩子有孩子的角色，老師有老師的角色，學校是學習的地方，也是共同生活的地方，老師是老師，也是哥哥姐姐、叔伯阿姨，學生是學生，也都是自己的弟弟妹妹、子姪姪女，大家在相處中互相學習，共同建構學校的文化，學習共同體讓每個人都在校園中找到自己的角色與尊嚴，讓學校眞的改變了。

參考文獻

佐藤學著，鍾啓泉譯（2010）。**學校的挑戰**。上海：華東師範大學。

佐藤學著，鍾啓泉譯（2012）。**教師的挑戰**。上海：華東師範大學。

林秀姿、許芳菊合著（2012）。**希望，永遠在路上：《天下》的故事**。臺北市：天下雜誌。

佐藤學著，鍾啓泉，張華主編（2013）。**學習的快樂——走向對話**。北京：教育科學。

佐藤學著，鍾啓泉譯（2013）。**課程與教學**。北京：教育科學。

林明進（2014）。**學生**。臺北市：麥田出版：家庭傳媒城邦分公司。

佐藤學著，黃郁倫譯（2014）。**學習革命的願景——學習共同體的設計與實踐**。臺北市：遠見。

第十五章

國家考試評分判斷餘地的再商榷

許泰益

今天就是生命，是唯一你能確知的生命。

〜列夫・托爾斯泰

前言

「考試機關依法舉行之考試，其閱卷委員係於試卷彌封時評定成績，在彌封開拆後，除依形式觀察，即可發見該項成績有顯然錯誤者外，不應循應考人之要求任意再行評閱，以維持考試之客觀與公平。」考試院於中華民國75年11月12日修正發布之《應考人申請複查考試成績處理辦法》，其第8條規定「申請複查考試成績，不得要求重新評閱、提供參考答案、閱覽或複印試卷。亦不得要求告知閱卷委員之姓名或其他有關資料」，係為貫徹首開意旨所必要，亦與《典試法》第23條關於「辦理考試人員應嚴守祕密」之規定相符，與憲法尚無牴觸。惟考試成績之複查，既為兼顧應考人之權益，有關複查事項仍宜以法律定之。」這是司法院釋字第319號解釋文。這個解釋文強調國家考試評分除非分數加錯、試題漏改等顯然錯誤者外，不應循應考人之要求任意再行評閱，以尊重閱卷委員之判斷餘地，上開解釋遂成了考試機關應付許多因考試評分疑義提起行政救濟的護身符。為了替一位參加103年第二次專技人員考試職能治療師考試之應考人提起訴願及行政訴訟，查閱過不少考試院對國家考試成績疑義所提訴願之決定書，都是引用前揭解釋意旨及典試法之相關規定，駁回當事人之訴願，甚至進到行政訴訟階段，極少有成功之案例。但基於對前揭考試某科某試題之命題內容直覺有問題，且當事人僅該題之差而未獲通過，乃姑且一試，自願為其撰寫訴願書，被考試院駁回後，進而撰寫行政訴訟起訴狀向臺北高等行政法院提起行政訴訟。

貳　國家考試訴願決定的慣用論述

參閱過考試院不少訴願決定書，歸納出針對國家考試評分疑義所提之行政救濟，考選部答辯書及考試院訴願決定書內容有下列幾個慣用之論述：

一、考試評分有判斷餘地

所謂「判斷餘地」係指行政機關針對抽象之不確定法律概念，應用於具體之事實為判斷時，所享有一定之自主空間，在該空間內行政機關得自主做成決定，原則上行政救濟機關應尊重此種行政自主空間，此種衡量稱為行政機關之「判斷餘地」。（教育部中央申評會，2008，頁271）亦即行政機關將不確定法律概念適用於具體之事實關係時，得自由判斷之情形（高雄高等行政法院93年度訴字第726號判決參照）。而所謂不確定法律概念，即須經由專門知識，或採取評價之態度，始能加以確定之法律概念（宜蘭縣政府100年7月15日府訴字第1000061965號訴願決定書參照）。蓋「判斷餘地」理論，係指對於行政機關有判斷餘地論之不確定法律概念，法院原則上應尊重行政機關之判斷而不加以審查（最高行政法院99年度判字第218號判決參照）。簡言之，就國家考試言，不管是人工或電腦閱卷評分結果，要尊重閱卷、命題（審查）、典試委員的專業判斷。亦即他們評了、說了算，不容許挑戰。於是在評議決定書常載明：「參與審議之委員基於法律之授權，根據個人學術素養與經驗所為專門學術上獨立公正之智識判斷，具有高度專業性，如無程序違背法令之處，即不容應考人對之藉詞聲明不服」、「有關應考人考試成績之評定，係由典試委員或閱卷委員基於法律之授權，根據個人學術素養及經驗所為專門學術上公正之判斷，具有高度之判斷餘地，如無違背法令之處或形式觀察有顯然錯誤之情事，應考人不得任意要求重新評閱」之類的用語。總括一句，就是考試評分有高度判斷餘地，應考人不能置喙。但除了尊重命題（審查）、典試、閱卷委員之專業判斷外，對於考試評分難道都沒有改觀或討論之空間嗎？筆者試圖以前述103年第二次專技人員考試職能治療師考試之案例於下段詳予說明。

二、不適用行政程序法有關程序之規定

《行政程序法》第3條第3項明定：「下列事項，不適用本法之程序規定：……八、考試院有關考選命題及評分之行為。」核其意旨僅

指考選命題及評分之行為不適用行政程序法之「程序規定」，但有關實體規定仍有其適用（法務部91年4月1日法律字第910010998號函釋、最高行政法院92年度判字第1021號判決參照）。蓋考選命題及評分已有典試法規定，基於特殊性，無法事先按既定程序規範進行。惟此等事項，若屬行政程序法行政行為之類型，則不排除適用行政程序法「實體」規定之可能（黃俊杰：2010，頁23）。於是，應考人如果訴願書訴求「程序違法」，如主張考選部書面行政處分違反行政程序法第96條應記載事項，而有「理由不備之程序違法」，或第111條行政處分無效之情形，而有第7款「具有重大明顯之瑕疵」之類的指摘，都會被考試院在決定書上引用《行政程序法》第3條第3項之上開規定，而載明「在行政程序上並無訴願人所指稱行政程序法第96條及第111條第7款之適用」，或引用下列政府資訊公開法之規定，根本得不到訴求不被採納之理由。講白話點，就是行政處分之決定「不用講太多理由」。因此，訴願被駁回，訴願人都會覺得不知所以。

三、資訊不用公開

　　政府資訊公開法第18條規定：「政府資訊屬於下列各款情形之一者，應限制公開或不予提供之：一、經依法核定為國家機密或其他法律、法規命令規定應祕密事項或限制、禁止公開者。……五、有關專門知識、技能或資格所為之考試、檢定或鑑定等有關資料，其公開或提供將影響其公正效率之執行者。」復依典試法第23條第2項第4款及國家考試試題疑義處理辦法第7條規定，應考人不得要求告知典（主）試委員、命題委員、閱卷委員、審查委員、口試委員或實地考試委員之姓名及有關資料。其實應考人不用知道各類委員之姓名資料，可是在意的卻是「為什麼這樣評分」的理由，或者申復或訴願之主張不被採納之理由。但觀諸決定書都一概引用上開各法之規定就駁回訴願，沒有理由好講，關鍵就在於第5款「有關資料」這幾個字。如敘明不採之理由，就是屬於「有關資料」，於是一概不須回應。

四、訴願成功的機率微乎其微

由於前開三項慣用之論述，筆者查閱過之決定書，主文都是：「訴願駁回」。之所以說微乎其微，或許有筆者未查到之案例，至少95年中醫師特考，有位藝人之應考人，差0.85分落榜，爲要求重新閱卷，歷經六次訴願及二次行政訴訟，三次重新閱卷，纏訟六年多，臺北高等行政法院於101年11月判決她勝訴，最後補錄取轟動一時（聯合報102年1月18日http://mag.udn.com/mag/edu/printpage.jsp?f_ART_ID=436817）。所以，要提起行政救濟之應考人就要有失望的準備。

參　案例背景說明

某甲係參加103年第2次專門職業及技術人員高等考試職能治療師考試之應考人，因該職類考科中生理職能障礙治療學第46題：關於燒燙傷的介入，下列何者錯誤？A.壓力衣起始壓力宜從25mmHg開始。B.已產生骨質增生（heterotopic ossification）的部位應避免作過度的關節活動。C.擴口器（microstomia device）不適用於意識不清者。D.增加戶外活動時間以加速疤痕成熟（scar maturation）。考選部公布之標準答案爲選項：D。但某甲前於考選部規定之申復期間舉證在2013年出版之Occupational therapy: Practice skills for physical dysfunction一書中1,136頁；第42章（Burns and Burn Rehabilitation）提到「Custom-made compression garments are constructed to provide gradient pressure, starting at 35mmHg.」大意指壓力衣的訂製須採漸進方式，因患者不同的部位準備接受壓力衣治療的時間點是不同的。傳統壓力衣的製造以梯度方式壓力從邊緣區以35毫米汞柱開始。亦即主張對燒燙傷的介入，壓力衣起始壓力須考量患者不同的部位，以漸進方式採梯度方式壓力從35mmHg開始，故該書主張壓力衣起始壓力宜爲35mmHg之數據。如依該書之立論，則系爭考題選項A亦爲錯誤，是錯誤選項應爲A及D。某甲據此認爲標準答案有爭議，於申復期間以試題疑義申請單內附相關佐證資料，請求更正。但於接獲考試成績及結果通知書系爭考科爲不及格之處分，當事人不服，筆者乃代其於民國103年9月23日向考

試院提出訴願，該院於103年12月＊＊日以考臺訴字第103000＊＊＊號函檢附103考臺訴決字第1＊＊號訴願決定書，文內引用典試法、國家考試試題疑義處理辦法之相關規定及司法院釋字第319號解釋意旨，駁以「……。上開試題疑義之處理，均依相關考試法規規定辦理，由參與審議之委員基於法律之授權，根據個人學識素養與經驗為專門學術上公正之判斷，具有高度之判斷餘地，其程序審慎嚴謹，並無違背法令之處，考選部所為不及格之處分，依法並無違誤。訴願人於榜示後因未獲及格，質疑系爭試題之公告答案有疑義，請求更正答案並重新評閱，核與前揭規定不符，洵無理由。……」，駁回訴願，並無不採之理由。筆者對此訴願決定不服，遂於103年12月25日再向臺北高等行政法院提起行政訴訟。

肆　行政訴訟起訴狀內容——理由部分

　　一、按「人民因中央或地方機關對其依法申請之案件，予以駁回，認為其權利或法律上利益受違法損害者，經依訴願程序後，得向行政法院提起請求該機關應為行政處分或應為特定內容之行政處分之訴訟。」行政訴訟法第5條第2項定有明文，合先陳明。

　　二、考試評分考試機關雖有判斷餘地，法院仍得加以審查：考試成績之評定雖涉及學術上之評價與專業判斷，屬具專業性之評定，考試機關有判斷餘地。但考試所涉及之問題，除成績之評定外，尚包括考試機關所為考試程序有無瑕疵，對事實之認定有無違誤，有無違背一般有效之評價原則，決定及格與否之際，有無考量與考試內容無關之事項，此項考量有無逾越裁量權，應考量事項有無漏未考量，及有無違背憲法上之平等原則等事項。倘考試機關所為考試成績之決定，有上開各項之瑕疵致應考人生不利益之情形，已逾單純評分之判斷餘地範圍，非不得由法院予以審查（最高行政法院101年度判字第1072號判決、臺北高等行政法院101年度訴字第732號、高雄高等行政法院101年度訴字第60號判決可資參照）。亦即雖依典試法規定，國家考試之評分權賦予閱卷委員而不及於他人。惟公權力之行使，均應依法為之。任何人之權利遭受公權力違法侵害時，皆得訴請超然獨立之司法機關予以救濟，此為現代法

治國家之基本原則（臺北高等行政法院101年度訴字第732號），併予敘明。

　　三、系爭考科為單一選擇之選擇題，並無判斷餘地，系爭試題選項A命題內容違反明確性原則，應屬無效：按「行政行為之內容應明確。」行政程序法第5條定有明文，其目的乃在求行政行為內容之明確，俾利相對人遵循或尋求救濟（最高行政法院100年度判字第619號判決參照）。而所謂內容應明確，應指行政行為之各項重要之點均應明確而言。如有爭議，依司法院釋字第432號解釋「……，法律明確性之要求，非僅指法律文義具體詳盡之體例而言，立法者於立法定制時，仍得衡酌法律所規範生活事實之複雜性及適用於個案之妥當性，從立法上適當運用不確定法律概念或概括條款而為相應之規定。有關專門職業人員行為準則及懲戒之立法使用抽象概念者，苟其意義非難以理解，且為受規範者所得預見，並可經由司法審查加以確認，即不得謂與前揭原則相違。」上開解釋意旨奠定了法律明確性原則審查的判斷基準，之後釋字第445、491、545及636等號解釋相繼沿用。綜括該解釋意旨，其判斷基準包括：1.理解可能性：雖容許立法者運用「不確定法律概念」或「概括條款」規定，但其規範意義須易於理解，亦即規範內容及範圍須可得確定。2.預見可能性：受規範者依其專業知識可加以認識、判斷及預見。3.審查可能性：可由司法程序依具體情況加以認定及判斷，且無礙於法安定性之要求（引自張學文：行政法之一般法律原則簡介一文）。

　　按臺北高等行政法院101年度訴字第732號判決：「……閱卷委員針對申論題所為之評分，係根據其個人學識經驗所為專門學術上獨立公正之智識判斷，因具有高度之專業性及屬人性，故為維護考試之客觀與公平及閱卷委員所為之學術評價，此項評分之法律性質，固應屬於閱卷委員之判斷餘地，亦即閱卷委員就申論題所為之評分原則上應受尊重，其他機關甚至法院亦不得以其自己之判斷，代替閱卷委員之判斷。惟按，除性質上特殊之計算題及繪圖題外，形式上屬於由應考人以文字敘述之申論式題型，至少應區分有待應考人進一步依題旨申論己意且無標準答案之一般申論題，以及無待申論且有標準答案之簡答題等二

大類，而分別其評分方式：針對無標準答案之一般申論題，閱卷委員固得本諸其學術專業及一致性之評分標準，就應考人之申論內容予以評分；惟如係有標準答案之簡答題，閱卷委員則應依照標準答案及一致性之評分標準，就應考人之作答內容是否符合標準答案予以評分。而行政法院就閱卷委員針對申論式題型所為評分之審查密度，亦應區分一般申論題或簡答題而有異：針對前者，法院固應尊重閱卷委員學術專業上之判斷餘地；惟如係針對後者，法院即得審查閱卷委員之評分是否符合標準答案及一致性之評分標準，故於此範圍內，難認閱卷委員有何判斷餘地之可言。……。」揆諸前揭判決意旨揭示，考試成績之評定，如屬申論題評分，確實屬不確定法概念之判斷餘地，由專家認定。如為簡答題有標準答案，閱卷委員則無判斷餘地可言。

基上，本系爭考科測驗試題係單一選擇之選擇題，因屬客觀式考試，如明顯背於經驗法則，或其判斷使用明顯不正確之工具或方法而作成評定，即屬瑕疵裁量，應受司法審查，予以糾正。是本系爭考科各試題中應有不致引起爭論的答案，即標準答案必須是正確的或最佳的答案。答案必須明確，對單一選擇題而言，僅可供一個正確選項（引自施添福、王秋原、陳文尚、陳國川（1990），《大學入學考試地理科試題評鑑和命題原則》，臺北：中華民國大學入學考試中心）（原證六號第2頁）。即系爭試題應該只有一個無可置疑、明顯正確的標準答案，亦即命題內容應具體明確，命題（審題）、典試委員或考試機關並無判斷餘地之適用。

四、判斷餘地不能違背經驗法則、論理法則及法治國一般法律原則等事項：原告於申復及訴願期間均提示學者之著作 "Occupational therapy: Practice skills for physical dysfunction, St. Louis: Mosby.（seventh edition）"（2013版），該書中第1,136頁：第42章（Burns and Burn Rehabilitation）提到 "...It may be necessary to order garments on a piecemeal basis because different areas of the client may be ready for compression treatment at different point in time. Custom-made compression garments are constructed to provide gradient pressure, starting at 35mmHg distally (Figure 42-17)." 大意指壓力衣的訂製須採漸進方式，

因患者不同的部位準備接受壓力衣治療的時間點是不同的。傳統壓力衣的製造以梯度方式壓力從邊緣區以35毫米汞柱開始（如圖42-17傳統的壓力衣須定時評估以確定保有足夠壓力以便對傷疤的有效管理）。亦即主張對燒燙傷的介入，壓力衣起始壓力須考量患者不同的部位，以漸進方式採梯度方式壓力從35mmHg開始（如原證二號）（註：該書從1981年初版，之後經歷次修正再版，分別有1985、1990、1996、2001、2006及最新之2013年版，原證七號第2頁），卻不為被告及訴願決定機關接受。所持理由，被告辯以「本項考試試題疑義之處理，……參與審議之委員基於法律之授權，根據個人學識素養與經驗所為專門學術上獨立公正之智識判斷，具有高度專業性，如無程序違背法令之處，即不容應考人對之藉詞聲明不服。是以，訴願人以不服本部對系爭試題疑義之處理結果致未獲及格為由，請求更正答案，洵無理由」（原證八號）。訴願決定機關則駁以「……。上開試題疑義之處理，均依相關考試法規規定辦理，由參與審議之委員基於法律之授權，根據個人學識素養與經驗為專門學術上公正之判斷，具有高度之判斷餘地，其程序審慎嚴謹，並無違背法令之處，考選部所為不及格之處分，依法並無違誤。訴願人於榜示後因未獲及格，質疑系爭試題之公告答案有疑義，請求更正答案並重新評閱，核與前揭規定不符，洵無理由。……」（如原證五號第3頁），皆屬專業判斷餘地不可置疑之制式說詞。但此種判斷僅有結論而無理由，鈞院根本無從審查該判斷有無：1.行政機關所為之判斷，是否出於錯誤之事實認定或不完全之資訊。2.法律概念涉及事實關係時，其涵攝有無明顯錯誤。3.對法律概念之解釋有無明顯違背解釋法則或牴觸既存之上位規範。4.行政機關之判斷，是否有違一般公認之價值判斷標準。5.行政機關之判斷，是否出於與事物無關之考量。6.行政機關之判斷，是否違反法定之正當程序。7.作成判斷之行政機關，其組織是否合法且有判斷之權限。8.行政機關之判斷，是否違反相關法治國家應遵守之原理原則，例如：平等原則等，或其他恣意違法情事（司法院釋字第382號、第462號、第553號解釋理由書參照）。且這種對於原告不及格之處分係限制原告取得職能治療師職業資格之權利，係屬對人民權利之限制，自應踐行正當法律程序，諸如處分書應附記理由

（司法院釋字第491號解釋意旨參照）。舉輕以明重，此際自應認被告及原訴願決定機關之判斷出於恣意濫用而違法（最高行政法院103年度判字第66號足資參照）。同時，此裁量權之行使不能違背經驗法則及論理法則，更不能違反法治國一般法律原則，否則即為裁量濫用。再者，涉及裁量權之行使，除不得逾越法定裁量範圍外，尚應積極審酌個案相關情節，必須實踐具體個案正義，選擇符合比例原則、平等原則及法規授權目的之方法（最高行政法院93年度判字第309號判決、102年度判字第565號判決足稽）。由司法院釋字第588號解釋意旨觀之，比例原則其目的在使人民不受國家機關過度之傷害。

上開證據著作最新之2013年版，主張對燒燙傷的介入，壓力衣起始壓力宜從邊緣區從35mmHg開始。原告再查該書2006年版（第6版）亦為相同之主張（原證九號第5頁）。原告提示之證據舉證歷歷，卻仍得到上開制式之置辯，僅此一題之恣意評分，造成原告系爭考科不及格，而無法取得該職類職業資格之嚴重傷害。按釋字第553號解釋意旨「……事件之性質影響審查之密度，單純不確定法律概念之解釋與同時涉及科技、環保、醫藥、能力或學識測驗者，對原判斷之尊重即有差異。又其判斷若涉及人民基本權之限制，自應採較高之審查密度。」（解釋理由書第二段參照）本項考試涉及到所有應考人該職類工作權取得之重要事項，各科試題及其命題內容自應受到較嚴格之審查。原告今再從醫療臨床實務上，舉證對快速發育、成長的兒童和青少年，壓力應考量採用低標壓力3-15mmHg（原證十號）。以及整形外科醫師在其燙傷後注意事項一文中，對壓力衣使用的建議，提到壓力衣在15-25mmHg（原證十一號）。

對燒燙傷患者之治療，壓力衣之起始壓力上揭證據數值之所以各有不同見解，再參閱在醫療臨床實務操作上之相關資料得知，乃因在病患的復健治療過程中，如有不當，將造成疤痕增生、肢體攣縮，進而影響到關節活動功能等不利於患者之複雜情狀（原證十二號、十三號）。是以，壓力衣起始壓力為避免產生不利於患者，並不能夠不分年齡、燒燙傷程度、部位等，一概以宜從多少mmHg開始論斷。上揭二位醫護人員從臨床實務之觀點，以經驗法則指出壓力衣的起始壓力均應低於

25mmHg，且有彈性區間，以避免如有不當，將造成疤痕增生、肢體攣縮，進而影響到關節活動功能等不利於患者之複雜情狀。然審視系爭試題選項A：壓力衣起始壓力宜從25mmHg開始，該選項並無對患者年齡層、燒燙傷程度及身體部位之明確敘述，除與上揭醫療人員臨床實務操作上經驗法則之壓力數據有間外；既言宜從25mmHg「開始」，即是起點壓力值，亦即25mmHg是最小壓力值，任何低於此起點壓力值者皆為「不宜」，而均被視為錯誤。但醫療實務操作上，壓力衣的起始壓力是有彈性區間的，然上述原證十的15mmHg及原證十一的25mmHg，卻都是最大壓力值。是系爭試題選項A從命題外觀，與依臨床實務操作之經驗數值相較，有顯然之差距。是其命題內容依經驗法則已欠缺理解可能性及預見可能性，則被告何能高舉「判斷餘地」之大纛，命題、典試委員何能偏執於壓力衣起始壓力宜從25mmHg開始為正確無誤？再者，選項A內容既無任何對患者年齡、燒燙燒程度及身體部位之明確說明，即表示該起始壓力對所有患者之任何燒燙傷程度、身體部位均一體適用。果如是，則壓力衣起始壓力宜從25mmHg開始，如對應上揭證據資料，對年紀較輕者或幼童則可能造成嚴重的不適和骨骼正常發育的潛在危害，何能曰「宜從」？末者，既然為「宜從」，而非「應從」，係不確定概念，但不論其為不確定概念或概括條款，均須無違明確性之要求（司法院釋字第432號解釋意旨參照）。是系爭試題選項A命題外觀顯然與依經驗法則之數據有間致產生爭議，且內容違反明確性原則在先，嗣後被告及訴願決定機關卻以此有爭議之事實或不完全之資訊為基礎，濫用考試評分專業判斷餘地之通念，對何者為錯誤，選項A非屬客觀正確之選項，試題非僅有一個答案，公布之標準答案並不標準，卻否准原告之主張，形成裁量濫用於後。事關應考人該職類工作權取得重要事項的考試命題內容，自應受較為嚴格、較高審查密度之審查。同時該恣意評分已違背了前揭釋字第588號解釋意旨，應屬無效而必須予以撤銷，使其失其效力，而由考試機關重為評定（司法院釋字第319號解釋翁岳生、楊日然、吳庚大法官共同提出之不同意見書參照）。

　　本項考試之評定除尊重命題（審查）、典試委員之專業判斷外，鈞院仍得據以審查是否遵守相關之程序，或其判斷、評量是否以錯誤之

事實或不完全之資訊為基礎，是否有違一般公認之價值判斷標準，是否違反相關法治國家應遵守之原理原則，是否有違一般事理之考量等違法或顯然不當之情事等。是判斷餘地仍必須不能違背經驗法則及論理法則（行政程序法第43條、最高行政法院101年度判字第1072號判決、103年度判字第455號判決足資參照）。而所謂論理法則，係指理則上當然之法則，一般人均不致有所懷疑之理論上定律，具有客觀性，非許由當事人依其主觀意見任意主張（最高法院96年度臺上字第785號裁定參照）。審視系爭試題選項A：「壓力衣起始壓力宜從25mmHg開始」之命題內容，既然為「宜從」，而非「應從」，係不確定概念，即表示此一數據並非一般人均不致有所懷疑之理論上定律，而具有客觀性。亦即對燒燙傷的介入，主張壓力衣起始壓力宜從25mmHg開始此一命題，如能提出具有信度之相關數據，而質疑該命題對任一年齡層、不同燙傷程度、身體部位之患者並非唯一之黃金標準壓力，乃屬命題外觀可能有誤必然之後果，且不能視之為絕對錯誤。是壓力25mmHg充其量僅是某些學者、作者認為對某一年齡層或某種燒燙傷程度、部位之病患，壓力衣「較佳」的起始壓力，而非對所有不論年齡及燒燙傷程度、部位「最佳」的起始壓力。再者，既然為「宜從」，而非「應從」，也就顯示本選項在命題時已明知此一數據只是比較值的相對數據，非絕對數據，而難定於一說。何能任由命題（審查）、典試委員或考試機關就不明確且內容敘述有爭議之選項，依其主觀意見執意主張起始壓力25mmHg為唯一正確，而與此數據一有不合者，即認為均不可採信？是以，只要能提出具有專業學術依據之具體數據，動搖該命題（審查）委員見解之可信度與正確性，即應被接受（釋字第462號解釋意旨參照）。是「一般有效的評價原則」容許不同觀點存在，應考人擁有適當的作答餘地，並非將考試評分的空間全歸於命題（審查）、典試委員的判斷餘地，連法院都不能介入。但可議的是，被告及訴願決定機關對非屬論理法則之數據，內容又違反明確性原則之命題，卻仍偏執於命題（審查）及典試委員主觀之一偏之見。原告及不少其他應考人考前閱讀前揭所提示2013年出版之著作，具體證據主張壓力以梯度方式從邊緣區以35毫米汞柱開始，應也是研究或醫療過程中依經驗法則的結果數據，而不能因與命

題內容之數據不同而認定爲絕對錯誤。是命題（審查）、典試委員或考試機關雖有裁量餘地，但自由裁量必須兼顧一般預防之普遍性與具體個案特別預防之妥適性，始稱相當（最高法院94年度臺上字第9號裁定可資參照）。同時，行政機關爲行使法律所授與裁量權，在遵循法律授權目的及範圍內，必須實踐具體個案正義（最高行政法院93年度判字第309號判決可資參照）。

原告提示之證據舉證歷歷，被告及訴願決定機關對該無唯一客觀正確答案之系爭試題，選項A內容又不符明確性原則，有爭議，仍堅持以原公布之答案（D）爲標準答案計分，並駁回原告之申覆及訴願。顯均已違背一般有效之評價標準，且流於恣意，並有應考量事項漏未考量之瑕疵，已逾單純評分屬判斷餘地之範圍（最高行政法院101年度判字第1072號判決參照）。徵諸被告答辯書首頁辯以：「……訴願人及其他應考人曾就系爭試題，對本部公告之答案提出疑義，本部經依『國家考試試題疑義處理辦法』第3條規定程序，將各該應考人所提疑義及相關佐證資料送請原命題委員研擬處理意見後，連同各該應考人所提疑義資料，一併提請本項考試典試委員會『職能治療組』召集人邀集典試委員及其他具典試委員資格之學者專家召開試題疑義會議審議，系爭試題經會議決議維持原正確答案（如原證八號第1頁）。……」足證系爭試題命題內容及標準答案之正確性備受許多應考人之質疑，亦即應考人對系爭試題欠缺理解可能性及預見可能性。但被告及訴願決定機關仍偏執於命題、典試委員違背前揭原則之一偏之見，而否准原告及其他應考人之主張，形成裁量濫用於後，顯然與前揭釋字第432號、462號、588號解釋意旨、行政程序法第43條、最高法院及最高行政法院之判決意旨相違，而應予撤銷。

綜上所述，系爭「生理障礙職能治療學」第46題：關於燒燙傷的介入，下列何者錯誤？之命題，在程序上，違反單一選擇題之試題中應有不致引起爭論的答案之命題原則，選項A內容違反明確性原則，均已如上述。在實體上，對事實之認定有違誤、有違背一般有效之評價標準、有應考量事項漏未考量之瑕疵、公告之標準答案並不標準，致生評分恣意之違法，而導致原告系爭考科不及格之不利益情形，已逾單純評

分之判斷餘地範圍,且與釋字第553號解釋意旨之審查密度相違,當可經由一定法定程序給予重新評閱以改正違法情事或明顯錯誤之機會,以資救濟(司法院釋字第319號解釋翁岳生、楊日然、吳庚大法官共同提出之不同意見書參照)。前揭被告及訴願決定機關之恣意作為綜述如下:

(一) 對事實之認定有違誤:被告對事實之認定有違誤,原告所提出的佐證文件如下:

1. 壓力衣起始壓力須考量患者不同的部位,以漸進方式採梯度方式從35mmHg開始(如原證二號);

2. 對快速發育、成長的兒童和青少年,壓力應考量採用低標壓力,在3-15mmHg間(如原證十號);

3. 整形外科醫師在其燙傷後注意事項一文中,對壓力衣使用的建議,提到壓力衣在15-25mmHg間(如原證十一號)。
是壓力衣起始壓力並不能夠不分年齡、燒燙傷程度、部位等,一概以宜從25mmHg開始論斷。從臨床實務之觀點,以經驗法則指出壓力衣的起始壓力應低於25mmHg,且有彈性區間,以避免如有不當,將造成疤痕增生、肢體攣縮,進而影響到關節活動功能等不利於患者之複雜情狀。

(二) 違背一般有效之評價原則:本系爭考科測驗試題為一正確答案之選擇題,試題必須有一公認的正確答案,不應有爭論的答案存在;亦即只有一個無可置疑、明顯正確的標準答案。而系爭試題被告所公布的標準答案為選項「D」,但徵諸原告所提出的佐證文件,選項「A」此答案並不是公認的正確答案,公告之標準答案並不標準,是系爭試題並不符單一選擇題考試命題的基本原則,顯然已違背了一般有效之評價原則。

(三) 有應考量事項漏未考量之瑕疵:原告所提出的佐證文件,足以顯示壓力衣起始壓力,應考量患者之年齡、燒燙傷程度、部位等,是對系爭試題選項「A」之評分不應遺漏或未考量前述各因素,一概以宜從25mmHg開始論斷。是被告公布的標準答案,有應考量而漏未考量事項,答案並不標準。

　　五、據上論結，考試之本質，在於以正確之命題，要求應考人作正確之解答，使閱卷人員得對應考人爲獨立公正之評分判斷，不包含以錯誤之命題或有疑義之命題，要求應考人作考題錯誤或有疑義應如何應變之判斷在內（高雄高等行政法院101年度訴字第60號判決參照）。在程序上，本系爭試題選項A命題內容違反一般法律原則之明確性原則致產生爭議於先。在實體上，被告對無判斷餘地之選擇題，卻濫用判斷餘地之通念，否准原告之申復，核予系爭考科不及格之處分。嗣後，訴願決定機關仍執前詞未予糾正，形成裁量濫用於後，亦有未合，實有違誤。爰聲明求爲撤銷訴願決定及原處分，請求判決如聲明所示。另者，被告已有慣例，即歷年對選擇題有疑義者，給予從寬採認處理。是選項A命題內容不周延，有瑕疵致產生爭議，爰請　鈞院對該題評分之處分予以撤銷，請被告依慣例從寬處理是禱。

伍　結論

　　雖然行政法院對於行政機關基於裁量權所爲之行政處分，除法律或司法院解釋別有規定外，司法審查範圍應僅限於裁量之合法性，而不及於裁量行使之妥當性。對於不確定法律概念，行政法院以審查爲原則，惟對於具有高度屬人性之評定如國家考試評分，則基於尊重其不可替代性、專業性及法律授權之專屬性，而承認行政機關就此等事項之決定，有判斷餘地而予尊重，僅於行政機關之判斷有恣意濫用及其他顯然違法情事時，得予撤銷或變更。（最高行政法院103年度判字第704號、637號、455號，102年度判字第37號判決參照）復按司法院釋字第553號解釋理由書，對於不確定法律概念之適法性審查密度，亦即行政機關之判斷餘地，提出各點參酌因素以資判斷，但並非謂合乎其中判斷因素任何涉及不確定法律概念案件，即應尊重行政機關之判斷而認有高度判斷餘地。行政法院固應尊重行政機關之判斷，仍應依按個別事件及法規規定內容考量之。（最高行政法院102年度判字第563號判決參照）是判斷餘地僅存在於不確定法律概念對個案之涵攝上，而不及於處分基礎事實之查證上。易言之，行政法院對行政機關享有判斷餘地之案件，就其適用不確定法律概念之涵攝，固予尊重；但就其涵攝之對

象，及處分基礎事實之眞僞，仍應依職權調查證據，依論理及經驗法則認定之，「蓋行政機關對於事實的認定，無判斷餘地之空間。」（最高行政法院103年度判字第668號判決參照）也就是，行政機關行使判斷餘地權限之際，倘未充分斟酌相關之事項，有應考量之因素而未考量之情事，甚或以無關聯之因素作爲考量，或者判斷係基於不正確之事實關係等情形，行政法院自得予以撤銷。（最高行政法院100年度判字第2088號判決參照）

　　筆者以非法律系背景挑戰本案不可能的任務，臺北高等行政法院103年度訴字第19＊＊號判決主文：「原告之訴駁回」。主要是採納試題疑義受理期間，被告送請原命題（審查）委員研擬處理意見：基於單選題係選擇正確答案或最適當答案，因而認爲系爭試題以選項D係明顯錯誤，而選項A則無錯誤之必然性，雖因原告引用教科書不同而出現不同論述，但該瑕疵並不影響選項D係最恰當答案之結果，自應依原正確答案評閱等語。是原審據以結論：被告上開試題疑義之處理，係依相關法規規定處理，由參與審議之人員基於法律授權，根據個人學識素養與經驗爲專門學術上公正之判斷，具有高度之專業性與屬人性，所爲維持原答案之決定，就形式觀察並無具有顯然錯誤或有恣意濫用等情事，其處理結果，本院自應尊重。是被告據爲原告未及格之原處分，於法尚屬無違。原告於榜示後因未獲及格，仍質疑系爭試題之公告答案有疑義，請求撤銷原處分，洵無理由，尚非可採。這樣的判決，就是本文主題，對評分「專業判斷餘地」的尊重，不感意外。實在是看過不少因國家考試評分訴訟之案例，當事人極少勝訴的。但「涉及應考人受教權益之考試其評分首重公正性，考試評分固屬專業學術判斷，惟專業判斷作成者必須被信賴其本於獨立的、客觀的、公正的、無偏私的立場進行專業判斷，其專業判斷始受尊重；當其能否本於獨立的、客觀的、公正的、無偏私的立場進行專業判斷被具體而合理的懷疑時，則不得謂其專業判斷的公正性仍不被動搖。」（最高行政法院93年度判字第140號判決參照）此即考試評分專業判斷餘地被信賴的前提。本系爭考科之系爭試題，已經該次應考之不少其他考生依規定提出疑義，且判決書也載明：原命題（審查）委員研擬之處理意見也表明選項A有瑕疵，

是選項A內容既然已有瑕疵，且原告又舉證三種不同的起始壓力值，則專業判斷客觀的、公正的、無偏私的立場能不無疑義？詎考選部對系爭試題，堅持以原公布之答案（D）為標準答案計分，且為原審所採納，未諳本次系爭考科有二題各選項全部給分，一題二個選項均給分之判斷標準又何在？兩相對照下，對系爭選項之判斷似仍有違背一般有效之評價原則，且流於恣意，並有應考量事項漏未考量之瑕疵，已逾單純評分屬判斷餘地之範圍（最高行政法院101年度判字第1072號判決參照）之虞。國家考試事關應考人職業資格及工作權之取得，揆諸上開國家考試訴願決定慣用的論述內容，考試機關對考試評分專業判斷餘地向來很制式的之堅持，由上揭最高行政法院之相關判決意旨，不妨可再多方斟酌，而不要本位的、一味的都以屬「專業判斷餘地」置辯。

　　末者，筆者雖不服原審之判決，但依《行政訴訟法》第241條之1第1項前段之規定，上訴時應委任律師為訴訟代理人，以原告已於104年再參加同職類考試及格，本案爭議就此落幕。

参考文献

黃俊杰（2010）。**行政程序法**。臺北市：元照。

教育部（2008）：**2008教育部中央教師申訴評議委員會評議書選輯**。臺北：作者。

司法院：大法官會議釋字第382號、第432號、第445號、第462號、第491號、第545號、第553號、第588號、第636號解釋文。

司法院：大法官會議釋字第319號解釋翁岳生、楊日然、吳庚大法官不同意見書。

臺北高等行政法院：101年度訴字第732號判決書。

法務部：91年4月1日法律字第910010998號函釋。

宜蘭縣政府：100年7月15日府訴字第1000061965號訴願決定書。

高雄高等行政法院：93年度訴字第726號；101年度訴字第60號判決書。

最高法院：94年度臺上字第9號；96年度臺上字第785號判決書。

最高行政法院：92年度判字第1021號；93年度判字第140號、第309號；99年度判字第

218號；100年度判字第619號、第2088號；101年度判字第1072號；102年度判字第37號、第563號、第565號；103年度判字第66號、第455號、第637號、第668號、第704號判決書。

問題與討論

一、何謂判斷餘地？對不確定法律概念行政機關之判斷餘地，司法機關可資審查之範圍為何？

二、有關國家考試或教師甄試申論題、選擇題及口試評分如有疑義，又涉及錄取與否之關鍵時，由本文相關解釋文及判決意旨之啓發，你會如何處理？爲什麼？

我們的粉絲專頁終於成立囉！

2015年5月，我們新成立了【五南圖書　教育／傳播網】粉絲專頁，期待您按讚加入，成為我們的一分子。

在粉絲專頁這裡，我們提供新書出書資訊，以及出版消息。您可閱讀、可訂購、可留言。有什麼意見，均可留言讓我們知道。提升效率、提升服務，與讀者多些互動，相信是我們出版業努力的方向。當然我們也會提供不定時的小驚喜或書籍折扣給您。

期待更好，有您的加入，我們會更加努力。

五南圖書出版股份有限公司
WU-NAN BOOK COMPANY LTD.

【五南圖書　教育／傳播網】臉書粉絲專頁

五南文化事業機構其他相關粉絲專頁，依您所需要的需求也可以加入呦！

五南圖書 法律／政治／公共行政

五南財經異想世界

五南圖書中等教育處編輯室

五南圖書 史哲／藝術／社會類

台灣書房

富野由悠季《影像的原則》台灣版　10月上市！！

魔法青春旅程－4到9年級學生性教育的第一本書

國家圖書館出版品預行編目資料

教育政策與教育發展／吳清基主編. — 初
版. — 臺北市：五南, 2015.11
　　面；　　公分.
ISBN 978-957-11-8377-0（平裝）

1.教育政策　2.教育發展　3.文集

526.07　　　　　　　　104020953

1IJ3

教育政策與教育發展

主　　　編 ― 吳清基(64)

作　　　者 ― 吳清基　張國保　胡茹萍　顏國樑　任育騰
　　　　　　　蔡進雄　劉君毅　王滿馨　陳政吉　楊振昇
　　　　　　　陳盈宏　宋雯倩　周華琪　林立生　謝念慈
　　　　　　　范熾文　白雲霞　鄭來長　鄭杏玲　許泰益

發 行 人 ― 楊榮川

總 編 輯 ― 王翠華

主　　　編 ― 陳念祖

責任編輯 ― 李敏華

封面設計 ― 陳翰陞

出 版 者 ― 五南圖書出版股份有限公司

地　　　址：106台北市大安區和平東路二段339號4樓

電　　　話：(02)2705-5066　　傳　　真：(02)2706-6100

網　　　址：http://www.wunan.com.tw

電子郵件：wunan@wunan.com.tw

劃撥帳號：01068953

戶　　　名：五南圖書出版股份有限公司

法律顧問　林勝安律師事務所　林勝安律師

出版日期　2015年11月初版一刷

定　　　價　新臺幣500元